SAMMLUNG TUSCULUM

ALCIMUS ECDICIUS AVITUS

DE SPIRITALIS HISTORIAE GESTIS

VON DEN EREIGNISSEN DER GEISTLICHEN GESCHICHTE

Lateinisch-deutsch

Herausgegeben und übersetzt
von Ulrich C. J. Gebhardt

DE GRUYTER

ISBN 978-3-11-072757-9
e-ISBN (PDF) 978-3-11-072758-6

Library of Congress Control Number: 2021932569

Bibliografische Information der Deutschen Nationalbibliothek
Die Deutsche Nationalbibliothek verzeichnet diese Publikation in der Deutschen Nationalbibliografie; detaillierte bibliografische Daten sind im Internet über http://dnb.dnb.de abrufbar.

Für Einbandgestaltung verwendete Abbildungen:
Cologny (Genève), Fondation Martin Bodmer, Cod. Bodmer 52: 6v/7r
(www.e-codices.unifr.ch)

Satz im Verlag
Druck und Bindung: Hubert & Co. GmbH & Co. KG, Göttingen

♾ Gedruckt auf säurefreiem Papier
Printed in Germany

MIX
Papier aus verantwortungsvollen Quellen
FSC® C016439

www.degruyter.com

Meiner lieben Frau
Friederike Gebhardt

INHALT

EINFÜHRUNG

Avitus' Dichtung von den Ereignissen der geistlichen Geschichte, die vielleicht schönste lateinische Blüte der Bibelepik, könnte »auch den heutigen Leser unmittelbar ansprechen.«[1] Wenn sie einem deutschsprachigen Publikum dennoch kaum ein Begriff ist, liegt dies nicht nur daran, dass bis heute keine deutsche Gesamtübersetzung vorliegt.[2] Vielmehr sind literarische Werke der Spätantike, von Ausnahmen abgesehen, nicht in den Kanon bürgerlicher Bildung und damit das Blickfeld einer breiteren Öffentlichkeit gelangt. Hinzu kommt, dass die in der Spätantike begründete und bis weit in die Neuzeit gepflegte europäische Tradition der Bibelepik im 18. Jahrhundert im Wesentlichen abgerissen ist.[3] Ihre Werke treffen seither auf ein Lesepublikum, das mit dieser Gattung nicht mehr durch zeitgenössische Vertreter vertraut ist und das im Gefolge der Aufklärung auch deren weltanschauliche oder ästhetische Prämissen vielfach nicht mehr teilt.[4] Die folgenden Darlegungen sollen Avitus' Gedicht historisch und gattungsgeschichtlich einordnen, vor allem aber die theologisch-literarische Konzeption des Werkes und seine besonderen poetischen Qualitäten herausarbeiten.

I. Autor und Publikum

Avitus von Vienne, mit vollem Namen Alcimus Ecdicius Avitus, entstammt dem senatorischen Adel Galliens.[5] Zu seinen Verwandten zählen vermutlich der Kaiser Avitus (455–456) und der berühmte Epistolograph und Dichter Sidonius Apollinaris. Nur wenig ist über Avitus' Leben vor seiner Weihe zum Bischof von Vienne bekannt. Eine Lebensbeschreibung mit stark legendenhaften Zügen[6] nennt als seinen Vater Isicius, der ihm auch im Bischofsamt von

Vienne vorangeht und den er nach dessen Tod spätestens im Jahr 494/496 bereits abgelöst hat.[7] Sein Bruder Apollinaris, mit dem er in engem Briefkontakt steht und dem er das wohl in den Jahren vor 500 entstandene, aber erst später veröffentlichte Werk *De spiritalis historiae gestis* (*SHG*) widmet,[8] war Bischof von Valence. Der Schwester Fuscina, einer Nonne, widmet Avitus ein »Tröstliches Lob der Keuschheit« (*De consolatoria castitatis laude*); es handelt sich dabei um eine Hexameterdichtung, die auch unter dem Titel »Über die Jungfräulichkeit« (*De virginitate*) als sechstes Buch der Gedichte des Avitus überliefert ist, aber durch ein eigenes Widmungsschreiben als gesondertes Opus gekennzeichnet und inhaltlich ganz verschieden ist.[9] Avitus' Geburtsjahr ist nicht überliefert, dürfte aber zwischen 450 und 460 anzusetzen sein; gestorben ist er, einer plausiblen Vermutung folgend,[10] am 5. Februar 518.

Avitus gehört einer Generation an, die ihre Ämter erst nach dem Zusammenbruch des weströmischen Reiches 476 antritt, als die zuvor reichsweite Kommunikation der alten römischen Aristokratie durch die Aufrichtung neuer Grenzen in Frage gestellt ist. Die politische Realität, in der sich Avitus bewegt, wird durch die neugebildeten germanischen Königreiche auf gallischen Boden bestimmt. Nach deren Herrschern muss sich der alte senatorische Adel Galliens ausrichten und versucht sich ihre Gunst zu erhalten.[11] In seinen Briefen deutet Avitus an, dass er selbst und seine Verwandten durch die Neuordnung der Verhältnisse außen- ebenso wie innenpolitisch bedingt großen Gefahren und Zumutungen ausgesetzt waren. Vielleicht stehen auch solche Erfahrungen des Autors im Hintergrund, wenn das vierte Buch seines Werkes die Arche als Vorbild für eine flexible Lebensführung empfiehlt, die gleichwohl ihr Innerstes nicht preisgibt (*SHG* 4.506–509).

Jedenfalls ist erkennbar, dass es Avitus trotz aller Schwierigkeiten gelungen ist, sich mit den politischen Realitäten zu arrangieren. Zwar steht mit dem Wegfall der kaiserlichen Verwaltung auch der *cursus honorum*, die traditionelle römische Ämterlaufbahn, als

Aufstiegsmöglichkeit nicht mehr zur Verfügung. Doch erweist sich neben der zivilen und militärischen Administration in den neugegründeten Reichen vor allem die Kirche als prestigeträchtiges Betätigungsfeld.[12]

Als Bischof entfaltet Avitus einen beträchtlichen kirchenpolitischen Einfluss. Von Ennodius von Pavia wird er als »hervorragendster unter den gallischen Bischöfen« bezeichnet, »in dem sich die kluge Erfahrung wie in der Herberge eines lichtdurchfluteten Hauses eingeschlossen hat«,[13] und von Gregor von Tours werden insbesondere seine Schriften gegen häretische Strömungen hervorgehoben, die er im Auftrag des burgundischen Königs Gundobad (480–516) verfasst.[14] In der Tat übernimmt Avitus für das burgundische Königshaus offenbar die Rolle eines theologischen Beraters; dazu zählen die erwähnten Stellungnahmen zu dogmatischen Fragen im Burgunderreich und darüber hinaus, aber auch Briefe im Namen des Königshauses an den Papst, den oströmischen Kaiser und andere kirchliche wie weltliche Würdenträger.[15] Die Taufe und der Übertritt von Gundobads Sohn und Nachfolger Sigismund zum katholischen Bekenntnis gehen zumindest teilweise auf den Einfluss des Avitus zurück.[16] Dieses energische Eintreten für die katholische Kirche ist auch in seiner Dichtung erkennbar.[17]

Avitus' Briefe zeigen ihn darüber hinaus als Vertreter eines Standes, für dessen Identität die briefliche Kommunikation von zentraler Bedeutung ist. Aristokratisches Standesbewusstsein äußert sich in besonderem Maße in der Einhaltung von Briefkonventionen und einem durchaus gedrechselten Stil, der die Lektüre seiner Briefe nicht unerheblich erschwert.[18] Neben der Verwendung der lateinischen Sprache an sich dienen solche sprachlich-stilistischen Merkmale sicherlich einer Betonung der *Romanitas* und mithin einer Abgrenzung von den als Barbaren empfundenen Germanen.[19] »Das Bewusstsein der kulturellen Überlegenheit gegenüber den Eindringlingen war die tragende, alle Mitglieder der Kaste einigende Kraft«.[20] Dieses Überlegenheitsgefühl speist sich aus einer offenbar noch recht sorgfältigen, vor allem auch rhetorischen Bildung.[21]

Im gleichen Zusammenhang steht, wie etwa der Brief an Apollinaris (*epist.* 51) zeigt, auch die Identifikation mit der römischen Dichtungstradition. Avitus' Gedicht ist Gegenstand brieflichen Austauschs zwischen den Mitgliedern dieses Standes; darin findet auch eine ästhetische Diskussion beziehungsweise Bewertung des Werkes statt, die dann weiteren Personen mitgeteilt wird. Insofern bestätigt sich zumindest für den Kreis um Avitus die Feststellung, dass literarische Kultur im Sinne von Schöpfung, Austausch und vertiefter Auseinandersetzung mit Literatur für den gallorömischen Adel des fünften und beginnenden sechsten Jahrhunderts große Bedeutung besaß.[22] Avitus' Werk traf also auf ein Publikum, das darin geschult war, literarische Schöpfungen einem kritischen Werturteil zu unterziehen. Zwar hat es, wie Avitus schreibt, auch an missgünstigen Kritikern nicht gefehlt (*epist.* 51, §13); doch durfte er sich von dem Beifall seines Publikums einen beträchtlichen Prestigegewinn versprechen.

Freilich ist im Vergleich mit der vorangegangenen Generation nicht zu übersehen, dass Christliches in Avitus' Bildung gegenüber den Elementen der heidnischen Bildungstradition erheblich an Gewicht gewonnen hat. »Es kann kein Zweifel darüber sein, daß die letzten Jahrzehnte des fünften Jahrhunderts für die römische Aristokratie Galliens in ihrer Gesamtheit den endgültigen Durchbruch christlicher Anschauungen brachten, und das gab auch ihren literarischen Schöpfungen das Gepräge.«[23] Wenn Avitus etwa für sein Dichten den Begriff *ludere* (›spielen, scherzen‹) verwendet (*epist.* 51, §9), dann gebraucht er zwar eine geläufige Metapher der paganen Dichtung, doch bezieht sie sich – Zeichen der gewandelten Zeit – auf das Verfassen eines christlichen Werkes »von den Ereignissen der geistlichen Geschichte«; pagane Rhetorik und christlicher Inhalt verschmelzen.

Wer hat nun Avitus' Werk gelesen? Explizit werden in den brieflichen Zeugnissen nur Einzelpersonen genannt.[24] Ob es sich bei dem Kreis um Avitus, wie man vermutet hat,[25] um ein weitgehend klerikales Publikum handelt, muss letztlich offen bleiben. Immerhin spricht der Widmungsbrief zu unserem Werk vom kritischen »Urteil meiner weltlichen Leser« (*saecularium iudicio*, §5), und im Widmungsbrief zu *De consolatoria castitatis laude* bittet Avitus seinen Bruder, dieses Werk aufgrund der privateren Natur seines Gegenstandes »nur denjenigen zu lesen zu geben, die tatsächlich entweder ein verwandtschaftliches Band oder ihre religiöse Berufung mit uns verbindet«.[26] So liegt die Vermutung nahe, dass die Bücher *De spiritalis historiae gestis* zwar durchaus mit Blick auf klerikale Leser konzipiert sind, aber doch ein weiteres Publikum ansprechen möchten,[27] das wir wohl in dem alten senatorischen Adel vor allem Galliens erblicken dürfen.

II. Bibelepik: Lesererwartungen und literarische Gattung

Im Widmungsbrief[28] an seinen Bruder Apollinaris kündigt Avitus einen »noch kühneren und waghalsigeren Auftritt« an (*coturnum petulantioris audaciae*, §1), den er mit der Veröffentlichung seines poetischen Werkes unternehme. Dabei handle es sich um einige »Büchlein«, die zwar ihren »jeweiligen Überschriften und Titeln inhaltlich entsprechen«, aber doch gelegentlich »auch andere Stoffe« (§3) berührten, die sich in das Thema einfügen. Diese Beschreibung trifft auf die Bücher über die geistliche Geschichte gewiss zu. Als kühn stellt Avitus ihre Veröffentlichung zunächst einmal sicherlich deshalb dar, weil er sich dafür von dem schlichteren Ton der Predigten zur Stilhöhe epischer Dichtung erhebt. Dabei seien diese »Büchlein«, wie er in topischer Bescheidenheit anmerkt, »unbedeutend« (§3) und erhielten erst durch den Widmungsträger ihren Glanz.[29] Doch spricht Avitus auch andernorts in Bezug auf sein Gedicht von einem »kühnen Unterfangen«, das Missgunst auf sich ziehen könnte (*audacis conatus invidia*).[30] Worin sollte diese Kühnheit also darüber hinaus bestehen?

Poetologisch befasst sich der Widmungsbrief mit dem Verhältnis von Glaubenswahrheit und dichterischer Freiheit und steht damit in einer Tradition, die bis zu den Anfängen christlicher lateinischer Dichtung zurückreicht. Eine christliche Dichtung in antiken Formen konnte sich im lateinischen Westen erst seit dem vierten Jahrhundert etablieren, als die Christen mit der Entspannung ihres Verhältnisses zum römischem Staat auch der heidnischen Kultur und ihren Literaturformen offener gegenüberzutreten vermochten. Dabei ist zu unterscheiden zwischen freien christlichen Dichtungen, etwa auch zum liturgischen Gebrauch, und Nachdichtungen der heiligen Schriften. Dem modernen Leser mag überraschend erscheinen, dass Texte des als göttlich inspiriert geltenden Alten Testamentes überhaupt einer Um- beziehungsweise Neugestaltung unterworfen werden.[31] Ein Grund dafür dürfte das Ungenügen einer wachsenden Zahl gebildeter Christen an der sprachlichen Form des lateinischen Bibeltextes sein.[32] Während die rhetorisch geschliffene Dichtung der heidnischen Antike aufgrund ihres mythologisch-theologischen Inhalts manchen Anstoß erregte, ließ die *simplicitas* beziehungsweise *rusticitas* der biblischen Texte, also ihre schlichte Form und mangelnde Glätte, das Bedürfnis nach einer auch sprachlich-stilistisch ebenbürtigen Literatur christlichen Inhalts entstehen.

Zwar war die rhetorisch elaborierte Form der antiken Poesie ebenso wie der Prosa bei den Christen ursprünglich durchaus auf Vorbehalte gestoßen, sah man darin doch im Gefolge platonischer Denkmuster den schönen Schein und das leere Gepränge gegenüber der einfachen Wahrheit der christlichen Botschaft.[33] So hatte ja auch Paulus gesprochen (*1 Kor* 2,4f): »Mein Wort und meine Verkündigung beruhte nicht auf der Überredungskunst menschlicher

Weisheit, sondern auf der Erweisung des Geistes und der Kraft, damit euer Glaube nicht stehe auf Menschenweisheit, sondern auf Gottes Kraft.«[34] Doch melden sich allmählich auch andere Stimmen zu Wort; sie sehen im erhabenen Stil einerseits die gegenüber Gott geradezu geforderte Ehrerbietung, andererseits aber auch die Möglichkeit, im christlichen Sinne auf die Rezipienten einzuwirken.[35]

Der um 450 gestorbene Bibelepiker Sedulius überträgt dieses auf den rhetorischen Schmuck der Prosa bezogene Argument auf die Rechtfertigung einer Dichtung in Versform: Die gewinnende metrische Form versüße den Inhalt und lasse ihn aufgrund der dadurch intensivierten Beschäftigung tiefer in die Herzen der Leser einsickern.[36] Es ist ein Charakteristikum christlicher Poesie, dass sie keine autonome Dichtung, sondern, wie der Name schon sagt, stets Dichtung im Dienste der christlichen Sache ist – »bestimmt,« wie es Paulinus von Nola (ca. 354–431) ausdrückt, »nicht nur den Ohren zu gefallen, sondern auch dem Verstand der Menschen zu nützen.«[37] Ihre Form muss also durch die Religion gerechtfertigt sein und der Ausbreitung beziehungsweise Festigung des christlichen Glaubens dienen. Im Sinne solcher Einflussnahme trägt alle christliche Dichtung lehrhafte Züge; insofern sie den Leser allerdings vielfach nicht bloß verstandesmäßig anzusprechen sucht, sondern auch eine gemütsmäßige, andächtige Versenkung in den Gegenstand des Glaubens bewirken möchte, haben die Kirchenväter auf diese spezifische Form der Beeinflussung den paulinischen Begriff der »Erbauung« (gr. οἰκοδομή, lat. *aedificatio*) angewandt.[38]

Es liegt auf der Hand, dass mit der Nutzung der formalen Mittel antiker Literatur, ihrer Worte, Fügungen und Metren, zumindest bis zu einem gewissen Grad auch deren Begriffe und Vorstellungen transportiert wurden und mit dem neuen christlichen Kontext in ein Verhältnis treten mussten.[39] Die Möglichkeit, sich nicht nur die formalen Mittel, sondern überhaupt das gesamte geistige Erbe der heidnischen Antike im Sinne des Christentums dienstbar zu machen, hat man durch allegorische Bibelauslegung zu begründen gesucht. Augustinus (354–430) etwa interpretiert die biblische Erzählung vom Raub der ägyptischen Schätze durch die Israeliten (*Ex* 3,21f; vgl. Avitus *SHG* 5.333–356) als Bild für die Aneignung geistiger Errungenschaften der heidnischen Antike durch die Christen; hier wie dort würden die Beutestücke »von ihren unrechtmäßigen Besitzern« (*ab iniustis possessoribus*) ohne deren Wissen »einem besseren Gebrauch« (*ad usum meliorem*), und das heißt »dem rechten Gebrauch zur Verkündigung des Evangeliums« (*ad usum iustum praedicandi evangelii*), zugeführt.[40]

In diesem Sinne hatte sich auch schon das erste lateinische Bibelepos, die um 330 entstandenen *Evangeliorum libri* des Iuvencus, mit den paganen Epen verglichen: Wie etwa Homer und Vergil verfasst auch Iuvencus ein Langgedicht in Hexametern, welches das Geschehen durch einen Erzähler vermittelt, und er gibt zu erkennen, dass er sich grundsätzlich auf die literarischen Formen und Traditionen der antiken Epik stützt. Er übernimmt also das ›Gefäß‹ der epischen Form, hält sein Werk aber für überlegen, da dessen Inhalt nicht mehr den lügenbehafteten Mythen der heidnischen Antike entstamme, sondern das Wirken Christi sei (*praef.* 15–20). Damit wurde Iuvencus zum Archegeten der Bibelepik als Gattung, deren Vertreter sich untereinander nicht zuletzt durch die Art und Weise und das Ausmaß unterscheiden, in denen sie die insbesondere durch Vergil aufgezeigten literarischen Möglichkeiten des Epos auf einen in der Bibel vorgefundenen Gegenstand anwenden.

Die Gattung der Bibelepik speist sich also prinzipiell aus drei Quellen, aus der biblischen Textvorlage, der antiken Dichtungstradition und der bibelexegetischen Tradition der Kirchenväter.[41] Diese unterschiedlichen Elemente zu verschmelzen und – zunehmend auch unter Einbeziehung früherer christlicher Dichtung – zu einem neuen Ganzen zu formen, ist die Aufgabe des Bibeldichters. Hierin sind die Vertreter der erhaltenen Dichtungen sehr unterschiedliche Wege gegangen.[42]

Nach vereinzelten griechischen Vorläufern[43] setzt die lateinische Bibelepik um 330 mit den bereits erwähnten *Evangeliorum libri* des aus Spanien stammenden Iuvencus ein, die vor allem dem Text des Matthäusevangeliums folgen und sich recht eng an die Vorlage halten; wie alle folgenden bibelepischen Dichtungen der Antike sind die *Evangelia* im Versmaß des paganen Epos, dem daktylischen Hexameter verfasst. Der Cento der Proba, Werk einer römischen Aristokratin aus der Zeit um 360, ist eine poetische Gestaltung von Perikopen des Alten und Neuen Testaments in der Form eines »Flickwerks« (*cento*) aus Versen beziehungsweise Teilversen Vergils, so dass man von einer Christianisierung Vergils sprechen kann.[44]

Auf Grundlage des ersten Kapitels aus dem Lukasevangelium preist Paulinus von Nola gegen Ende des vierten Jahrhundert in seiner unvollendet gebliebenen *Laus Sancti Iohannis* den Täufer, während drei weitere Gedichte lyrischen Charakters auf biblischen Psalmen beruhen. Unter dem Titel *Alethia* (»Wahrheit«) stellt Claudius Marius Victorius im zweiten Quartal des vierten Jahrhunderts in lehrgedichthaften Zügen und eigenwilliger Systematik die Schöpfungsgeschichte bis zur Vernichtung von Sodom und Gomorra dar. Zu einem unbekannten Zeitpunkt, aber vielleicht im Anschluss an die *Alethia*,[45] gestaltet ein anonymer Dichter, der zumeist als (Pseudo-) Cyprianus Gallus bezeichnet wird, ein Heptateuch-Gedicht; diese poetische Fassung der ersten sieben Bücher der Bibel hält sich als narrative Paraphrase recht eng an ihre Vorlage. Von einer Reihe kürzerer epischer Gedichte verdienen aufgrund ihrer inhaltlichen Überschneidung mit Avitus Erwähnung die Dichtung *In Genesin ad Leonem papam* eines Hilarius (wohl um 450) sowie die anonym überlieferten Gedichte *De Sodoma* und *De Iona propheta*.[46]

Ebenfalls im fünften Jahrhundert ist das große *Carmen Paschale* des Sedulius entstanden. Dieses »Ostergedicht«, so benannt, »weil Christus als unser Osterlamm (*pascha*) geopfert wurde«[47], schildert im ersten Buch die Wunder Gottes im Alten Testament und schafft so gewissermaßen einen Prolog für die Erzählung von Christi Leben und Wundertaten in den folgenden vier Büchern. Dabei folgt Sedulius in der Regel dem Gang der Evangelienerzählung, erweitert sie aber durch Einschaltung epischer Elemente und steigert ihr Pathos; das Erzählte wird dabei in der Regel implizit durch die Art der Erzählung gedeutet, bisweilen aber auch einer expliziten Auslegung unterzogen.[48] Von Avitus unterscheidet sich das Gedicht des Sedulius nicht zuletzt durch die Vielzahl der perikopenhaft aneinandergereihten und andächtig betrachteten Wunderereignisse.

Während die stark allegorisierende und kommentarähnliche Dichtung des Arator auf Grundlage der Apostelgeschichte (*De actibus apostolorum*) erst nach Avitus' Tod entstanden ist und 544 vorgetragen wurde, gehören die *Laudes Dei* des Karthagers Dracontius ins letzte Jahrzehnt des fünften Jahrhundert. Ob Avitus das vermutlich nach 496 veröffentlichte Werk gekannt hat, ist trotz einer Reihe ähnlicher Formulierungen nicht mit Sicherheit auszumachen.[49] Der überlieferte Titel (»Lobpreisungen Gottes«) des in vandalischer Gefangenschaft entstandenen Werkes stammt zwar möglicherweise nicht von Dracontius selbst,[50] verrät aber immerhin die hymnisch-panegyrischen Züge der Dichtung; gepriesen werden soll Gottes Gnade, die er der Welt und den Menschen von Anbeginn erzeigt hat und der die warnenden Beispiele seines gerechten Zornes gegenübergestellt werden. Während das erste Buch als Hexahemeron (»Sechstagewerk«) in freilich recht selbständiger Weise und überschwänglichem Ton dem biblischen Schöpfungsbericht folgt, bedienen sich die beiden folgenden Bücher in recht sprunghafter Abfolge und nach rein thematischen Gesichtspunkten biblischer Exempla aus Altem und Neuem Testament; das dritte Buch bindet sogar Beispiele aus römischem Mythos und Geschichte ein.

Bei allen thematischen und sprachlichen Überschneidungen zwischen Dracontius und Avitus sind die Unterschiede nicht zu übersehen: Bei Dracontius bleiben auch die narrativen Passagen dem bald hymnischen, bald gebetartigen, bald reflexiven Charakter des Gedichts verpflichtet und entfalten, anders als bei Avitus, kein Eigenleben in dem Sinne, dass etwa die Figuren psychologisch entwickelt würden oder durch längere wörtliche Reden eine Dramatisierung der Handlung bewirkt würde. Vielmehr wird die Erzählung bei Dracontius immer wieder auf ihre Argumentfunktion im Zusammenhang des Hauptthemas von Gnade und Zorn Gottes zurückgeführt und appelliert letztlich an die Milde des vandalischen Herrschers.

Die Eigenart der Bibeldichtung des Avitus liegt in ihrer thematischen Gesamtkonzeption, in der eigentümlichen Kombination und Ponderierung von epischen und exegetischen Passagen und darin, dass hier in einer bis dahin ungekannten Konsequenz die Möglichkeiten epischen Erzählens auf den biblischen Stoff angewandt werden. So ist es vielleicht als ein Ausdruck individueller künstlerischer Entscheidung zu verstehen, dass Avitus den Kahn seiner Dichtung im letzten Vers nicht einfach in einen Hafen einfahren lässt, sondern erst einen Hafenplatz anlegt. Es ist daher eine zwar nicht zu beweisende, aber naheliegende Vermutung, dass Avitus in den genannten Aspekten die Kühnheit seines poetischen Unterfangens gesehen hat. Sie sollen im Folgenden näher betrachtet werden.

III. Literarische und theologische Aspekte des Werkes

1. ›Geistliche Geschichte‹ als Auswahlprinzip und thematische Einheit

Die überlieferten Handschriften nennen nur jeweils die Einzeltitel für die fünf Bücher des Werkes; die alle fünf Bücher zusammenfassende Bezeichnung *De spiritalis historiae gestis* ist einer Formulierung in Avitus' 51. Brief an Apollinaris entnommen (§9) und nicht unbedingt der eigentliche Titel des Werkes. Dass die fünf Bücher allerdings als Einheit konzipiert sind, beweist Avitus' expliziter Hinweis am Ende des Werkes, er habe die Fünfzahl im Anschluss an die fünf Bücher Mose gewählt.[51] Demgegenüber erschließt sich die innere Einheit des Werkes weniger leicht. Die ersten drei Bücher über Schöpfung, Sündenfall und Urteil bilden, der biblischen Vorlage in *Genesis* 1–3 entsprechend, einen zusammenhängenden Erzählkomplex, mit dem die nachfolgenden Bücher auf den ersten Blick nur in loser Verbindung stehen. Die inhaltliche Kohärenz des Werkes wird also nur teilweise durch den Erzählzusammenhang der biblischen Vorlage garantiert und erweist sich zur Gänze erst durch die zugrunde liegende Gesamtkonzeption.

Epischer Tradition entsprechend eröffnet ein Proömium das Gesamtwerk. Angesprochen wird freilich nicht eine göttliche Instanz, sondern der Urvater Adam:

> Mögen auch wir selbst (hier wird der Leser einbezogen) Schuld auf uns geladen haben, so bist doch du es, der aufgrund der Ursünde für die Beschwerden des Daseins, die Begrenztheit menschlichen Lebens und moralische Verderbnis, kurz, für die Todesverfallenheit der Menschen verantwortlich ist. Zwar hat Christus durch seinen Opfertod alle Schuld getilgt, doch bleibt den Menschen die Narbe der durch dich begründeten Sünde.

So beginnt das Gedicht in denkbar düsteren Farben, gerade als würde von dem Pauluswort im ersten Korintherbrief – »Denn wie sie in Adam alle sterben, so werden sie in Christus alle lebendig gemacht werden.«[52] – der Nachsatz nur undeutlich ausgesprochen. Das programmatisch an den Werkanfang gesetzte *Quidquid* (›Was auch immer‹) zeigt an, dass eine exemplarische Auswahl der zu erzählenden Begebenheiten erfolgt. Auch die Betrachtung anderer

Begebenheiten würde zum selben Ergebnis führen: dass nämlich das gesamte menschliche Dasein von der weitervererbten Ursünde (*peccatum originale*) bestimmt ist und Hoffnung lediglich durch die Erlösungstat Christi verbleibt.[53] Diese Erbsünde wird nun einerseits als Ausgangspunkt eines Erzählrahmens bestimmt, der von der Schöpfung der Welt und des ersten Menschen bis in die eigene Gegenwart reicht, und andererseits als innere Verknüpfung der daraus ausgewählten Ereignisse benannt.

Dass wir es trotz mancher Berührungspunkte[54] nicht mit einem Lehrgedicht zu tun haben, wird durch die in Vers 14 beginnende und nach epischer Manier unmittelbar in den Schöpfungsprozess springende Erzählung nahegelegt und durch die folgenden fünf Bücher bestätigt. Sie bieten nicht eine systematisch angeordnete Belehrung über das angekündigte Thema, bei der den Erzählungen lediglich die Funktion von Exempla oder Argumenten zukäme; vielmehr handelt es sich um die epische Darbietung einer thematisch motivierten Auswahl von Ereignissen, bei der die Didaxe aus dem Erzählten hervorgeht.

Im Binnenproömium des fünften Buches weist Avitus auf die herausragende Bedeutung des aus einer Reihe von Ereignissen ausgewählten Buchgegenstandes hin (*SHG* 5.12–18); er legt damit eine bewusste Stoffauswahl offen, die nicht in erster Linie chronologischen Gesichtspunkten folgt. Dafür macht er drei Gesichtspunkte namhaft, zunächst die Zeugnisse der biblischen und bibelexegetischen Tradition (*scriptorum series*), die zusätzlich für die Wahrheit des Erzählten bürgen, sodann den ästhetischen Reiz des Gegenstandes (*pulchramque relatu* [sc. *formam*]), endlich – als wichtigsten Aspekt – dessen symbolische Bedeutung (*pulchrior… praemissae forma salutis*). Dabei behält die epische Erzählung stets ihren Eigenwert und wird auch dementsprechend ausgestaltet.[55]

Die letzten Verse des Werkes zeigen den inneren Zusammenhang der fünf Bücher in der Rückschau: Sie preisen die Geburt einer »neuen Nachkommenschaft« (*nova proles*, *SHG* 5.707f) durch

»das Wasser der lebensspendenden Taufe« (*parientis lympha lavacri*) »nach den alten Sünden, die Eva hervorgebracht hat« (*post veteres, quos edidit Eva, reatus*). So tritt der pessimistischen Eröffnung des Gedichtes ein triumphaler Abschluss gegenüber, indem die in Sünde und Tod verhaftete »hinfällige Nachkommenschaft« *(succidua proles, SHG* 1.8) durch eine neue abgelöst wird. »Von dieser« – neuen Nachkommenschaft, wie wir wohl ergänzen dürfen[56] – »hat mein bescheidenes Blatt im vorangehenden Gedicht gesprochen, während es die trauerstiftenden Fehltritte neu aufrollte.« Die Erzählung von der erlösungsbedürftigten Menschheit erfolgt also im Sinne der Heilsgeschichte stets mit Blick auf die Erlösung und Neugeburt in Jesu Christo. Damit versteht sich das Gedicht als exemplarische Darstellung des Kontinuums christlicher Heilsgeschichte,[57] und so haben es spätere Leser auch verstanden.[58]

Während die Auswahl der dargestellten biblischen Ereignisse allgemein den Präferenzen christlicher Literatur und Kunst in der Spätantike entspricht,[59] ist insbesondere die Kombination und Abfolge der biblischen Stoffe in den fünf Büchern des Avitus bereits in einer Musterkatechese in Augustinus' Schrift *De catechizandis rudibus* (»Vom ersten katechetischen Unterricht«) vorgebildet.[60] Die Parallelen in Stoffauswahl, Anordnung und Deutung zeigen, dass sich Avitus' Konzeption, die Ereignisse aus *Genesis* und *Exodus* als Teil eines zusammenhängenden göttlichen Heilsplans darzustellen, mit derjenigen des Augustinus im Wesentlichen deckt.[61] Hinzu kommen eine prinzipielle Übereinstimmung mit augustinischen Positionen in der Darstellung von Erbsünde und göttlicher Gnade[62] sowie eine gegen den Arianismus gerichtete Betonung der Einheit von Gott und Christus.[63] Als katholischem Bischof lag es in Avitus' Interesse, Burgund und dessen Herrscherhaus vom Arianismus abzubringen, häretische Strömungen insbesondere in der gallischen Kirche zu bekämpfen und im Sinne einer einheitlichen Kirche den Katholizismus augustinischer Prägung zu stärken.[64] Davon legen seine theologischen Schriften und Briefe Zeugnis ab,[65] aber auch die

Polemik gegen die »wahnsinnige Charybdis der Ketzer« im vierten Buch seiner Dichtung (*heresum vesana Charybdis*, *SHG* 4.497). Es liegt daher nahe, seinem Werk über die Ereignisse der geistlichen Geschichte das Bestreben zuzuschreiben, »vielen Lesern durch einen wohlabgemessenen Glaubenszuwachs« zu dienen,[66] so dass ihm gewissermaßen katechetische Funktion zukäme.

2. ›Geistliche Geschichte‹ als Deutungs- und Gestaltungsprinzip

Avitus' Zusammenfassung der fünf Bücher seines Werkes unter dem Titel *De spiritalis historiae gestis* (*epist.* 51, §9) lässt erkennen, wie er die biblische Textgrundlage seiner poetischen Neugestaltung auffasst: Sie erzählt von Taten beziehungsweise Ereignissen (*gesta*), die Teil der geistlichen Geschichte (*spiritalis historia*) sind. Was damit gemeint ist, wird aus dem Vergleich mit einer Passage aus Augustinus' Schrift *De genesi ad litteram libri duodecim* ersichtlich:

> Freilich bedient sich die Erzählung im Buche Genesis nicht der figürlichen Redeweise wie im Hohenlied, sondern beschränkt sich samt und sonders auf die tatsächlichen Geschehnisse wie im Buche der Könige und in anderen Büchern dieser Art. Da in der Genesis von Dingen die Rede ist, wie sie uns im wohlbekannten Ablauf unseres Lebens begegnen, fällt es nicht schwer, sondern scheint vielmehr die bequemste Art zu sein, sie vorerst einmal wörtlich zu nehmen, um dann erst festzustellen, was von ihnen sich auf zukünftiges Geschehen bezieht. Es werden aber auch Dinge berichtet, wie sie nicht im gewohnten Lauf der Natur zu beobachten sind, und das wollen manche Autoren nicht eigentlich, sondern bildlich gesagt verstehen. Und sie möchten erst an jener Stelle die Geschichte, das heißt die Erzählung von Geschehnissen, im eigentlichen Sinn wiederbeginnen lassen, wo Adam und Eva,

> vertrieben aus dem Paradies, sich vereinigt haben und Kinder in die Welt setzten. Als ob es für uns so selbstverständlich wäre, daß die beiden so viele Jahre gelebt haben, oder daß Enoch entrückt worden ist, oder daß eine hochbejahrte Unfruchtbare [*sc.* Sara] geboren hat, und ähnliche Dinge.[67]

Augustinus legt also Wert darauf, dass die biblische Schöpfungserzählung und die Paradieserzählung ebenso wie die nachfolgenden Erzählungen von Noah und Moses zunächst als geschichtliche Erzählung (*historia*) von tatsächlichen Ereignissen (*res gestae*) anerkannt werden und nicht bloß als bildliche beziehungsweise allegorische Erzählung.

Die gleiche Auffassung ist auch im Binnenproömium zu Avitus' fünftem Buch erkennbar, dessen Aussagen Geltung für das gesamte Werk besitzen und die intendierte Funktion der Dichtung am deutlichsten aussprechen. Nach der Ankündigung des Buchgegenstandes fährt der Erzähler fort (*SHG* 5.6–11): »Aber nicht, dass die Verkündigung so großer Tat nach einer angemessenen Beredsamkeit trachten dürfte: Beim Gotteslob genügt der Wille und das offene Bekräftigen seines Gelübdes durch demütige Gabe. Wenn sich aber jemand nicht mit Worten dankbar zeigen kann, liegt doch kein ganz geringes Verdienst darin, immerhin den Ereignissen Glauben zu schenken, die uns ihre Zeichen vermittels ausgewählter Menschen früherer Zeiten übermittelt haben.«

Als Verkündigung (*praeconium*) von Tat (*factum*) und Ereignissen (*gesta*) stellt sich das Werk zwar gattungsmäßig in die Tradition des antiken Epos. Doch will diese Dichtung nicht so sehr vom Ruhm eines Helden künden, sondern vielmehr zuallererst ein Lobpreis Gottes (*divina laus*)[68] sein und sodann eine Stärkung der Leser im Glauben bewirken:[69] Sie sollen den Ereignissen Glauben schenken (*credere gestis*) und sie als wirkliche Begebenheiten auffassen.[70]

Indem uns die Ereignisse allerdings »ihre Zeichen (*signa*) vermittels auserwählter Menschen früherer Zeiten übermittelt haben«

(*SHG* 5.11),[71] weisen sie über sich hinaus und halten eine Botschaft bereit, die der Entschlüsselung bedarf. Als Teil einer geistlichen Geschichte (*spiritalis historia*), die auf die Erlösungstat Jesu Christi zuläuft, muss freilich alles Geschehen mit anderen Ereignissen dieser Geschichte und insbesondere mit deren Ziel in Beziehung gesetzt und entsprechend gedeutet werden; die Schönheit »der erzählten Ereignisse« (*historiae*) hat, gesteigert durch ihre vorausweisenden Zeichen (*figurae*), »Leben empfangen und aus ihrer trächtigen Hülle zur Welt gebracht« (*SHG* 5.17f). Die letzten Verse der Dichtung nennen deren biblischen Gewährsmann: Moses hat als Prophet Gottes und gleichsam als wahrer Dichter (*vates*) im Pentateuch die Zeichen ausgebreitet, die auf die Erlösung vorausweisen (*SHG* 5.718f).

Dass menschliches Urteilen und Meinen ohne die Maßgabe des göttlichen Heilsplans in die Irre geht, ist ein Gedanke, der sich dem Erzähler schon im Zusammenhang mit der Schöpfung der Tiere aufdrängt (*SHG* 1.42f) und der dann das gesamte Werk durchzieht.[72] Es ist daher die selbstgestellte Aufgabe von Avitus' Bibelepos, den zeichenhaften Zusammenhang der Heilsgeschichte durch eigene Erzählung und Auslegung zu erhellen und so die Wahrheit ans Licht zu bringen. Dabei stützt es sich auf »auserwählte Menschen früherer Zeiten« (*SHG* 5.11) und »eine hochberühmte Reihe von Verfassern« (*SHG* 5.13f), zu der für Avitus zweifellos frühere Bibelexegeten wie Ambrosius (339–397) oder vor allem Augustinus (354–430) gehören.[73] »In sämtlichen heiligen Büchern«, sagt Augustinus, »soll der darin verborgene ewige Gehalt (*aeterna*) ebenso betrachtet werden wie die Geschehnisse (*facta*), die sie erzählen, die zukünftigen Dinge (*futura*), die sie voraussagen, ebenso wie die Forderungen und Mahnungen, die sie an uns richten (*agenda*).«[74] Diese Sinnebenen[75] lassen sich auch in Avitus' Dichtung wiederfinden, nicht selten in gegenseitiger Überschneidung. So tritt neben die Erzählung der *facta* beziehungsweise *gesta* zunächst die Deutung in einem allegorisch auf Christus bezogenen Sinn (*futura*); das hierbei angewandte Verfahren ist dasjenige der

Typologie, die in den Ereignissen und Aussagen des Alten Testaments (Typus) Verweise auf das Neue Testament respektive die Kirche findet (Antitypus).[76] Avitus markiert das Verfahren, indem er die erzählten Begebenheiten in der einschlägigen Terminologie als Modell oder Vorausdeutung bezeichnet.[77] Programmatisch ausgesprochen ist es ganz am Ende des Gedichts (*SHG* 5.718); zum ersten Mal kommt es zur Anwendung in der Verbindung von Adams Schlaf mit Christi Opfertod, die dann durch die Verknüpfung Evas mit der Kirche als Braut Christi noch erweitert wird (*SHG* 1.160–169). In gleicher Weise treten Deutungen in einem anagogischen, also auf endzeitliche oder ewige Glaubensgeheimnisse (*aeterna*) bezogenen Sinn hinzu. Wenn Adam und Eva etwa über den Verlust des Paradieses klagen, dann verweist ihre Niedergeschlagenheit und Todessehnsucht auf die Stimmung der Menschen beim Kommen des Menschensohns zum Jüngsten Gericht (*SHG* 3.40b–65). Und schließlich wird das Erzählte an einigen Stellen überwiegend in einem moralischen beziehungsweise tropologischen Sinn (*agenda*) interpretiert. So bietet der Vollzug des Sündenfalls den Anlass zu einer breit ausgeführten Kulturkritik an Versuchen, sich durch unstatthafte Künste wie Astrologie, Magie und Nekromantik selbst zu überheben (*SHG* 2.277–325). Die Überschneidung der verschiedenen Deutungen tritt besonders anlässlich des Baus der Arche zutage (*SHG* 4.318–326).[78] Während die Wogen im anagogischen Sinne auf das Jüngste Gericht verweisen, steht die Arche tropologisch für die richtige Lebensführung im Zeichen der Taufe (323f) und deutet mit ihrem Holz typologisch auf das Kreuz Christi voraus (325f); später folgen noch typologische Bezüge von der Arche zur Kirche (493–501) und eine tropologische Deutung der Arche als Vorbild für eine Lebensführung, die sich an die äußeren Bedingungen anpasst, dabei aber ihr Innerstes nicht preisgibt (506–509).

Nun hat es immer wieder Bewunderung, aber auch Verwunderung hervorgerufen, wie frei Avitus mit der biblischen Vorlage in seiner Neugestaltung verfährt.[79] Der Gedanke einer Verfälschung des Bibeltextes lag Avitus freilich denkbar fern. Seine poetologischen Überlegungen im Widmungsbrief sind ja umgekehrt ganz auf das Konzept der Wahrheit (*veritas*, §5) gerichtet.[80] Dabei räumt er zwar als unvermeidlich ein (§5), »dass man sich bei der Darlegung irgendeines Gegenstandes oder, wo es in Frage kommt, bei seiner Erklärung in der einen oder anderen Hinsicht« – also in poetischer oder theologischer Hinsicht – »Fehler zuschulden kommen lässt.« Doch schreibt er dem christlichen Dichter dadurch implizit »ein Recht auf Exegese« zu, und tatsächlich sind auch die Änderungen gegenüber der biblischen Vorlage nicht zuletzt auf Avitus' exegetisches Verfahren zurückzuführen.[81]

Hier sind zunächst einmal lektüresteuernde Formen der Kommentierung zu nennen, wie sie auch aus dem paganen Epos bekannt sind. Sie können als Teil seiner Figurenrede erfolgen, wie zum Beispiel in Moses' Ansprache an die Israeliten (*SHG* 5.227f). Besonders effektvoll geschieht dies dann, wenn in gleichsam tragischer Ironie das Richtige aus dem Munde der Fehlgeleiteten ertönt, wie in der zeitlich gestaffelten Abfolge von Aussagen des ägyptischen Volkes (*SHG* 5.310–317), des unbekannten Ägypters (*SHG* 5.620–635) und schließlich des Pharaos (*SHG* 5.672–675). Häufiger wird die Einordnung des Geschehens jedoch durch den Erzähler geleistet, der Reflexionen und Wertungen in die Erzählung einfließen lässt[82] oder diese auch an markanten Punkten durch Apostrophen unterbricht. Solche Apostrophen können sich an eine Figur der Erzählung (*SHG* 2.162–165 an Eva), an den Leser (*SHG* 5.676–682) oder an Gott richten (*SHG* 5.340f). Dabei wird die Figurenanrede gelegentlich transparent zu einer gleichlautenden Mahnung an den Leser (*SHG* 3.69–73), und die Apostrophe an Gott kann sich zu einem längeren Gebet ausweiten, bei dem der Leser in das Wir der Menschen eingeschlossen ist (*SHG* 5.247–259 an Christus).

Darüber hinaus bedient sich der Erzähler, der dann geradezu Rolle und Argumentationsmuster eines Predigers übernimmt,[83] vor allem zweier Großformen der Auslegung. Neben der expliziten Exegese in Form eines Exkurses, die zum ersten Mal in der oben angesprochenen typologischen Deutung von Adams Schlaf und der Ehe zwischen Adam und Eva erscheint (*SHG* 1.160–169), begegnen wir dem Mittel der exegetischen Erzählung. Gegenüber dem biblischen Grundtext sind natürlich bereits die Auswahl der behandelten Stoffe und die poetische Nach- oder Neuerzählung mit ihren vielfältigen Ergänzungen und Akzentuierungen eine Form der Exegese, so dass man auch bei Avitus' Werk als Ganzem von einer »exegetischen Erzählung« oder »rewriting the bible« sprechen kann.[84] Avitus setzt exegetische Erzählungen aber auch innerhalb des Werkes in der Weise ein, dass er in die Haupterzählung Erzählungen weiterer Bibel-Perikopen einschiebt, zum ersten Mal im Fall von Lot und seiner Frau (*SHG* 2.326–407): Die beiden Erzählungen sollen sich gegenseitig erläutern, indem das Verbindende (die Frau als ›Unglücksforscherin‹ und ihr Versuch, auch den Mann zu verführen) ebenso betont wird wie der zentrale Unterschied (*SHG* 2.400f); explizit wird dies dadurch, dass Lot ebenfalls als Adam bezeichnet wird, jedoch als einer, der sich nicht von seiner Frau überwältigen lässt (*SHG* 2.328; 401). Insofern diese Adam-Typologie im dritten Buch mit Bezug auf Christus als *novissimus Adam* (*SHG* 3.21) fortgeführt wird, zeigt sie exemplarisch, wie sich die Erzählungen des Alten Testaments untereinander erhellen sollen, vor allem aber, wie sie auf das Neue Testament ausgerichtet sind und von dort ihr Licht erhalten.

Um solche Entsprechungen und Beziehungen sichtbar werden zu lassen, unterziehen Avitus' exegetische Erzählungen (im doppelten Sinne einer Neugestaltung der Haupterzählung und der eingeschobenen Erzählungen) die biblische Vorlage mitunter größeren Änderungen. Dass dabei auch ästhetische Gesichtspunkte zum Tragen kommen, ist nicht von der Hand zu weisen. Doch indem die Änderungen dazu dienen, den als wahr verstandenen Sinn der Bibel umso deutlicher herauszuarbeiten, ist es möglich, von einer

»Manipulation des Bibeltextes«[85] zu sprechen, ohne das Bestreben in Abrede zu stellen, der biblischen Wahrheit treu zu bleiben.

Gemessen an den Maßstäben des antiken Epos bedeuten freilich sowohl die explizite Exegese als auch die exegetische Erzählung eine störende Unterbrechung von Illusion und Erzählkontinuität.[86] Aber erst in der Verflechtung von epischen und exegetischen Partien, und darauf verweist die Bezeichnung als »geistliche« Geschichte (*spiritalis historia*), erschließt sich Avitus' Text als ganzer.

3. Aufbau und Darstellungstechnik der Erzählung

Im Zusammenhang einer buchweisen Darstellung von Werkaufbau und Erzählzusammenhang sollen nun an geeigneten Stellen exemplarisch auch einige der für Avitus charakteristischen poetischen Gestaltungsmittel beleuchtet werden.

Erstes Buch: Der Anfang der Welt

Übersicht

Verse	Inhalt	Bibelgrundlage
1–13	Proömium	
14–43	Gott erschafft die unbelebte Natur, die Pflanzen und Tiere.	*Gen* 1,1–25
44–72	Gott fasst den Entschluss, den Menschen zu erschaffen, um der Welt einen Herrn zu geben.	*Gen* 2,5 und 1,26f
73–127	Gott erschafft Adam:	
	Wie ein bildender Künstler formt er aus Lehm den menschlichen Körper (73–120).	*Gen* 2,7
	Er belebt den Menschen, indem er ihm den Odem einhaucht (121–127).	*Gen* 2,7
128–143	Gott redet den vernunftbegabten Menschen an:	
	Die Schöpfung soll dem Menschen untertan sein (133–135).	*Gen* 1,28f

	Der Mensch soll nicht die Schöpfung vergötzen, sondern nur Gott anbeten (136–143).	*Deut* 4,16–19
144–169	Gott erschafft Eva:	
	Gott hüllt Adam in Schlaf und erschafft aus einer Rippe die Frau (144–159).	*Gen* 2,21–23
	Exkurs: Adams Schlaf verweist typologisch auf Christi Opfertod, Eva auf die Kirche als Braut Christi (160–169).	
170–192	Gott setzt die Ehe ein.	*Gen* 1,28 und 2,23f
193–298	Beschreibung des Paradieses:	
	Der Stamm der Äthiopen (193–210)	(*Gen* 2,8)
	Klima und Vegetation (211–250, darin 238–244: Der Vogel Phönix)	(*Gen* 2,9)
	Der Paradiesstrom, der sich in vier Flüsse aufteilt (251–298)	*Gen* 2,10–14
299–324	Gott führt Adam und Eva ins Paradies ein und verbietet ihnen, vom Baum der Erkenntnis zu essen.	*Gen* 2,8f und 2,15–17

Die sich über das gesamte erste Buch erstreckende Schöpfungserzählung zeigt gleich zu Beginn einen sehr freien Umgang des auktorialen Erzählers[87] mit der biblischen Vorlage. Sie beginnt mit dem dritten Schöpfungstag (*Gen* 1,9–13), der zweite Schöpfungstag (*Gen* 1,6–8) bleibt beiseite, und der erste Schöpfungstag (*Gen* 1,1–5) mit der Erschaffung des Lichts (*SHG* 1.17–19) rückt unmittelbar vor die Erschaffung der Gestirne (*SHG* 1.20–23) am vierten Schöpfungstag (*Gen* 1,14–19).[88]

Diese »Manipulation des Bibeltextes« ist ein Charakteristikum von Avitus' poetisch-exegetischer Verfahrensweise, für das neben erzählökonomischen Gesichtspunkten vor allem die thematische Fokussierung des Werkes und die Konzentration auf die theologische Aussage verantwortlich sind;[89] vergleichbare Beispiele lassen sich im ganzen Werk auf Schritt und Tritt finden.[90] Das Bestreben, der Wahrheit des biblischen Textes gerecht zu werden, ist besonders deutlich erkennbar, wenn Avitus bei der Erschaffung des Menschen die sich überschneidenden und teilweise widersprechenden

Erzählungen aus dem ersten und zweiten Kapitel der *Genesis* miteinander verschmilzt, so dass gewissermaßen eine ›Genesisharmonie‹ entsteht: Der Monolog Gottes *SHG* 1.52–72 vereinigt in rhetorischer Paraphrase die Aussagen über Gottes Absichten aus *Genesis* 1,26f und 2,5, wohingegen der Schöpfungsakt selbst aus *Genesis* 2,7 entwickelt wird, ehe die Anrede des Menschen wiederum *Genesis* 1,28f (und *Deuteronomium* 4,16–19) folgt.

Während die Schöpfung der unbelebten Natur, der Tiere und Pflanzen durch das göttliche Wort auf knapp dreißig Verse komprimiert ist, wird die Erschaffung Adams von der Hand Gottes in rund hundert Versen ausgebreitet und in weiteren fünfzig Versen durch die Erschaffung der Frau ergänzt. Erreicht wird diese Dehnung der Erzählung durch eine mit auffälliger anatomischer Präzision ausgeführte Beschreibung des gleichsam künstlerischen Schaffensprozesses und deren Rahmung durch zwei die biblische Vorlage amplifizierende Reden Gottes.[91] Durch diese Amplifikation einerseits sowie die angesprochenen Kürzungen und Auslassungen andererseits wird die Ponderierung der Erzählung gegenüber der Vorlage im Sinne der thematischen Ausrichtung des Werkes verschoben. Ziemlich genau in die Mitte des ersten Buches tritt so nämlich die typologische Deutung von Adams Schlaf und Eva als Braut.[92]

Möglich wird dies auch dadurch, dass Avitus auf die Einsetzung der Ehe durch Gott eine Paradiesschilderung folgen lässt, die er in der Manier epischer Ekphraseis (Beschreibungen) und mit sichtlicher Freude am exotischen Detail aus den dürren Andeutungen der biblischen Vorlage ausspinnt.

Zwar steht sie von vornherein explizit im Zeichen des kommenden Verlustes (Prolepse der Ereignisse in Buch 3: *SHG* 1.211–217; 1.293f), doch enthält sie mit der Erzählung vom Vogel Phönix (*SHG* 1.238–244) zumindest einen impliziten Verweis auf die Auferstehung Christi, so dass der heilsgeschichtliche Gehalt der folgenden Bücher symbolisch angedeutet ist. Unter solchen Auspizien folgt am Ende des Buches die Einführung der ersten Menschen ins Paradies. In verschobener Reihenfolge wird erst jetzt der Baum der Erkenntnis erwähnt, so dass das Buch gleichsam als erster Akt mit Gottes bedeutungsschwerem Verbot und frohgemutem Abgang endet.

Zweites Buch: Die Ursünde

Übersicht

Verse	Inhalt	Bibelgrundlage
1–34	Paradiesisches Leben:	
	Die ersten Menschen leben in der Fülle des Paradieses frei und ohne Sorgen, Mühen, Hunger oder Scham (1–25).	
	Exkurs: Dieses Leben genießen die Engel und werden auch die durch Christus Erlösten dereinst genießen (26–34).	(*Mt* 22,30)
35–76	Der Teufel wird vorgestellt:	
	Seine Vorgeschichte als gefallener Engel (35–52)	
	Seine Vielgestaltigkeit und Macht (53–76)	
77–117	Der Teufel gelangt zum Entschluss, die Menschen zu verderben:	
	Er empfindet zunehmend Neid und Eifersucht auf die Menschen (77–86).	
	In einer Rede entwickelt er seinen Plan, die Menschen aus dem Paradies zu vertreiben (87–117).	
118–135	Der Teufel verwandelt sich in eine Schlange:	
	Unter allen Tieren wählt er die Schlange, um ihre Gestalt anzunehmen (118–125).	*Gen* 3,1
	Beschreibung der Schlange (126–135)	
136–234	Die Schlange verführt Eva:	
	Sie fürchtet die Standhaftigkeit des Mannes und nähert sich daher Eva (136–144).	*Gen* 3,1
	In einer Schmeichelrede hinterfragt sie das göttliche Verbot (145–160).	*Gen* 3,1
	Der Erzähler wendet sich in einer indignierten Apostrophe an Eva (161–165).	
	Eva zeigt sich für die Schmeichelworte empfänglich und fragt in ihrer Rede nach dem Wesen des Todes (166–182).	*Gen* 3,2f
	Die Schlange erklärt den Tod für unbedeutend und verheißt den Menschen gottgleiche Erkenntnis (183–203).	*Gen* 3,4f

	Eva gerät ins Schwanken und kostet schließlich von dem Apfel (204–234).	*Gen* 3,6
235–276	Die Verführung Adams vollendet beider Unglück:	
	Eva verführt Adam (235–260).	*Gen* 3,6
	Beide werden von Schuldgefühl und Scham erfüllt (261–276).	*Gen* 3,7
277–325	Exkurs: Polemik gegen Neugierde und Vermessenheit:	
	Astrologie (277–291)	
	Magie (292–316)	(*Ex* 7,8–8,15)
	Nekromantik (317–325)	
326–407	Exegetische Erzählung: Lot und seine Frau	*Gen* 18–19
408–423	Die teuflische Schlange triumphiert und lässt Adam und Eva allein zurück.	

Das zweite Buch knüpft bruchlos an das erste an. Wie sich dort mit der Betonung der menschlichen Unbedarftheit die drohende Gefahr bereits ankündigt, so wird auch nun die Ahnungslosigkeit der beiden ersten Menschen hervorgehoben. Die folgende scheinbar unbeschwerte Schilderung der Paradieseswonnen, welche die von der biblischen Vorlage gelassene Leerstelle mit aus der paganen Dichtung übernommenen Motiven des goldenen Zeitalters ausfüllt, steht so unter Vorbehalt. Indem der Erzähler dieses glückliche Dasein allerdings mit den Freuden der Engel und der von Christus dereinst Erlösten vergleicht (*SHG* 2.25–34), erinnert er schon vor dem Auftritt des Teufels an die Möglichkeit einer Rückkehr der Menschen zu Gott.

Die Einführung des Teufels und seine Identifikation mit der biblischen Schlange haben in der Genesiserzählung selbst kein Vorbild.[93] Die Beschreibung seiner Vorgeschichte und seine Charakterisierung, im Übrigen ein Beispiel für Avitus' häufige Nachahmung christlicher Dichtung,[94] dienen der Exposition des Teufels als Akteur und werden psychologisch sorgfältig an die Erzählhandlung angeknüpft. So liegt etwa der Engelssturz des Teufels zu dem Zeitpunkt, da die ersten Menschen sich des Paradiesesglücks erfreuen, erst kurze Zeit zurück, so dass zu seinem Neid auf die Menschen auch noch schambesetzte Erinnerung hinzukommt und ihn zum Handeln drängt (*SHG* 2.83–86). Auch seine nun folgende Rede (*SHG* 2.89–116) ist, wie häufig bei Avitus,[95] im Bibeltext nicht angelegt. Sie dient, auch dies durchaus typisch, nicht nur der Strukturierung und Dramatisierung der Erzählung, sondern vor allem der Charakterisierung des Sprechers; durch die effektvolle Darstellung psychologischer Vorgänge wird die Handlung nicht nur äußerlich, sondern auch innerlich motiviert. Zugleich ist dieser Monolog des Teufels ein besonders schönes Beispiel für Avitus' Verfahren, Vorbilder aus der exegetischen und der literarischen Tradition in seiner Dichtung verschmelzen zu lassen. So handelt es sich bis in wörtliche Entsprechungen hinein um eine Imitation der Rede Junos im siebten Buch von Vergils *Aeneis*, während die Argumentation in Ambrosius' Schrift *De paradiso* vorgebildet ist.[96] Freilich beruht die Zugänglichkeit von Avitus' Dichtung nicht zuletzt darauf, dass die Wiedererkennung solcher Prätexte zwar sowohl die Lektüre steuern als auch das Lesevergnügen erhöhen kann, die Erzählung grundsätzlich aber auch ohne sie verstehbar bleibt.

Das Herzstück des zweiten Buches, die Verführung Evas durch die Schlange, folgt zwar dem in der *Genesis* angelegten Dialog, gestaltet diesen aber, wie schon die ersten Worte der Schlange erkennen lassen (*SHG* 2.145ff), zu einem rhetorischen Schaustück aus. Die fein gezeichnete Gegenüberstellung gewiegter Schmeichelei und Überredung einerseits und unbedarfter Leichtgläubigkeit andererseits erhöht die psychologische Glaubwürdigkeit der Verführung ebenso wie die anschließende Darstellung von Evas innerem Ringen, bevor sie endlich dem Drängen der Schlange erliegt.

Dass die Schlange bei Avitus ihren Jubel zunächst unterdrückt (*SHG* 2.233f), erlaubt nicht nur eine zweite dramatische Szene, in der eine verwandelte Eva als verführte Verführerin ihren ahnungslosen Ehemann zum Genuss des Apfels überredet, so dass beiden die Augen aufgehen und sie von Schuldgefühlen geplagt werden. Der Kunstgriff ermöglicht auch die Einbettung eines tropologischen Exkurses und einer ausführlichen exegetischen Erzählung, die von dem Motiv vermessener Neugierde ausgehen und als Folie für die psychologische und moralische Beurteilung der Protagonisten fungieren; erst zu seinem Abgang am Ende des Buches lässt der Teufel seinen Triumphgefühlen freien Lauf.

Drittes Buch: Der Urteilsspruch Gottes

Übersicht

Verse	Inhalt	Bibelgrundlage
1–26	Scham als unmittelbare Folge der Sünde:	
	Von Scham ergriffen bedecken sich Adam und Eva mit Feigenblättern (1–19).	*Gen* 3,7
	Exkurs: Das Holz des Baumes verweist typologisch auf das Kreuz Christi, die eherne Schlange auf den Gekreuzigten (20–26).	(*Num* 21,4–9; *Joh* 3,14f)
27–65	Gewissensbisse und Todessehnsucht:	
	Von Gewissensbissen geplagt wünschen sich Adam und Eva den Tod herbei (27–40a).	*Gen* 3,8
	Exkurs: Die Furcht und Trauer der ersten Menschen weist auf das Jüngste Gericht voraus (40b–65).	*Mt* 25,31–33 *Gen* 19,24
66–196	Gott hält über die ersten Menschen Gericht:	
	Adam und Eva hoffen, durch Flucht unentdeckt zu bleiben (66–73).	*Gen* 3,8
	Gott verhört Adam und überführt ihn (74–89).	*Gen* 3,9–11
	Adam versucht sich zu rechtfertigen, indem er Eva und ihrem Schöpfer die Schuld zuschiebt (90–107).	*Gen* 3,12
	Gott verhört Eva, die der Schlange die Schuld zuschiebt (108–115).	*Gen* 3,13
	Gott spricht sein Urteil über die Schlange (116–136).	*Gen* 3,14f
	Gott spricht sein Urteil über Eva (137–152).	*Gen* 3,16
	Gott spricht sein Urteil über Adam und verstößt die beiden aus dem Paradies (153–196).	*Gen* 3,17–19 *Gen* 4,8 *Gen* 3,21.23
197–314	Der Verlust des Paradieses als Beispiel für zu späte Reue:	
	Adam und Eva lernen die Erde kennen und brechen über das verlorene Paradies in Tränen aus (197–212).	

	Exkurs: Vergleich mit der reumütigen Seele nach dem Tod (213–219)	
	Exegetische Erzählung: Lazarus und der reiche Prasser (220–305)	*Lk* 16,19–31
	Aufforderung, sich von Adams Beispiel noch rechtzeitig zur Reue bewegen zu lassen (306–314)	
315–361	Die Konsequenzen der Vertreibung aus dem Paradies:	
	Das Böse gewinnt an Macht und bringt die Natur gegen die ersten Menschen auf (315–333).	
	Das Böse und die Sünde breiten sich unter den Menschen aus (334–361).	
362–425	Hymnisches Gebet an Gott (Vater und Sohn) mit der Bitte um Erlösung und Rückführung ins Paradies:	
	Du bist der Töpfer, der das zerbrochene Gefäß wiederherstellt (363f).	*Röm* 9,21 / *Jer* 18,6;
	Du findest den verlorenen Groschen wieder (365f).	*Lk* 15,8;
	Du suchst als guter Hirt das verlorene Schaf (367–369).	*Lk* 15,4f;
	Du nimmst als verzeihender Vater den verlorenen Sohn wieder auf (370–398).	*Lk* 15,13–24
	Du trägst als barmherziger Samariter den Verletzten in die Herberge (399–406).	*Lk* 10,30–34
	Du schenkst dem reuigen Räuber am Kreuz das Himmelreich (407–419):	*Lk* 23,40–43
	So errette auch uns (420–425)!	

Einer epischen Ausmalung der sanften Abendstimmung zu Beginn des dritten Buches treten in assoziativer Verknüpfung die Gewissensstürme im Herzen der beiden Menschen gegenüber. Auch die Schilderung ihrer Scham nimmt in einem Rückgriff nochmals frühere Verse auf (*SHG* 2.271–276) und signalisiert so die Fortsetzung der Haupterzählung. Wie schon zu Beginn des zweiten Buches ist den Ereignissen ein hoffnungsvoller Blick auf die Vernichtung der alten Schlange und die Erlösung der Menschen durch Jesus Christus vorgeschaltet (*SHG* 3.20–26); diese mehrfache Typologie formt zusammen mit dem abschließenden Gebet eine Klammer um das dritte Buch.[97]

Demgegenüber trifft Gottes Gegenwart im Paradies das sündige

Paar wie ein Donnerschlag (*SHG* 3.29f) und verweist auf die Trauer beim Kommen des Weltenrichters (*SHG* 3.40ff), so dass das Gericht über die ersten Menschen auf das Weltgericht am Jüngsten Tag vorausdeutet. Ein die Vorlage amplifizierender regelrechter Prozess mit Gestellung der flüchtigen Angeklagten und Verhör führt zum Urteil über Eva, Adam und die Schlange. Etwa in der Mitte des dritten Buches wird das Urteil mit der Vertreibung aus dem Paradies vollstreckt, deren Begründung aus *Gen.* 3,22 freilich ausgespart bleibt.

Der von der schmerzvollen Reue des ersten Menschenpaares ausgehende Bezug auf das Jüngste Gericht (*SHG* 3.213–219) schließt nun nicht nur die Gerichtsszene ein, sondern bildet auch den Ausgangspunkt für die exegetische Erzählung von Lazarus und dem Reichen. So steht die zweite Buchhälfte im Zeichen einer ausführlichen Reflexion über verspätete Reue, die dann in die Aufforderung zur rechtzeitigen Umkehr mündet. Die Verse 315–361 sind ohne Vorbild in der *Genesis*, führen aber nach der langen Ausweichung wieder zur Haupterzählung zurück. Indem sie die Folgen der Ursünde als Erbsünde ausführlich illustrieren, bilden sie den Hintergrund für das hymnische Gebet am Ende des Buches, das sich an die wesensgleichen Personen Gottvater und Gottsohn richtet. Typologische Einschübe hatten bereits zuvor die menschliche Hoffnung auf Errettung zum Ausdruck gebracht. Nun, etwa in der Mitte des Gesamtwerkes, unterstreicht dieses Gebet die Erlösungsbedürftigkeit des Menschen und seine Abhängigkeit von der Gnade Gottes.

Viertes Buch: Die Überschwemmung der Welt

Übersicht

Verse	Inhalt	Bibelgrundlage
1–10	Binnenproömium: Ich will wahrheitsgemäß von der Sündhaftigkeit der Welt und ihrer Sühnung durch die Sintflut erzählen.	
11–85	Die Ausbreitung der Sünde:	

	Wie ein vernachlässigtes Feld verwildern die Menschen (11–58).	
	Wie ein anschwellender Fluss nimmt die sündhafte Frechheit immer weiter zu, weil die Menschen so lange leben (59–85).	
86–132	Zwei Beispiele für Vermessenheit:	
	Zur selben Zeit sind auch die Giganten entstanden, von denen die griechischen Dichter so viel Unwahres erzählen (86–112).	*Gen* 6,1–4
	Wahr ist jedenfalls die Erzählung vom Turmbau zu Babel und von der babylonischen Sprachverwirrung (113–132).	*Gen* 11,1–9
133–189	Das sündige Fleisch soll durch eine Flut vernichtet werden:	
	Gott beschließt nach langem Zusehen die Vernichtung der Welt durch eine Sintflut (133–166).	*Gen* 6,5–7
	Nur Noah soll mit seiner Familie verschont werden; Vergleich mit Henoch und Elias (167–189).	*Gen* 6,8f (*Gen* 5,21–24; *2 Kön* 2,11)
190–294	Noah erhält die Anweisung zum Bau der Arche:	
	Der Erzengel Gabriel, der auch die Ankunft Christi und des Täufers verkündigen wird, soll Noah aufsuchen (190–216).	(*Lk* 1,26–35; 1,5–25)
	Gabriel tritt zu Noah und gibt ihm Anweisungen zum Bau der Arche (217–285).	nach *Gen* 6, 13–21; 7,1–4
	Noah nimmt den Auftrag demütig an (286–294).	*Gen* 6,22; 7,5
295–343	Der Bau der Arche:	
	Noah baut die Arche (295–305).	*Gen* 7,5
	Noahs Mitmenschen scheiden sich darüber in Spott oder Bewunderung (306–317)	
	Exkurs: So sind die Menschen auch heute angesichts des Jüngsten Gerichts uneins (318–343).	
344–424	Die Arche wird gefüllt und abgeschlossen:	
	Die Tiere füllen instinktiv die vollendete Arche (344–351).	*Gen* 7,8f; 7,13–16
	Exkurs und exegetische Erzählung: Die Menschen hingegen missachten die Hinweise auf den drohenden Tod; Beispiel dafür sind die Sünder von Gomorra; positives Gegenbeispiel sind aber die Einwohner von Ninive (352–390).	*Gen* 18–19; *Jona* 1–3

	Nachdem auch die Haustiere und Noahs Familie – als ganze, denn Hams Sünde hat ihn erst später zum Sklaven gemacht – in der rettenden Arche sind, verschließt der Erzengel sie (391–424).	*Gen* 7,7 (*Gen* 9,22–27; *Joh* 8,34)
425–522	Die Sintflut:	
	Die zur großen Flut anwachsenden Wasser vernichten alles (425–487).	*Gen* 7,10–12; 7,17–24
	Wie die Arche, so hält auch die Kirche allen Fluten und Stürmen stand; die Arche als Vorbild für die Lebensführung (488–522).	*Gen* 7,18; 7,23
523–584	Die Sintflut kommt zum Ende:	
	Die Regengüsse enden, doch die Wasser ziehen sich nur langsam zurück (523–540).	*Gen* 8,2–5
	Noah sendet einen Vogel aus, der zurückkehrt, ohne Land entdeckt zu haben (541–562).	*Gen* 8,6; 8,8f
	Noah sendet einen Raben aus, der über dem Aasfressen die Rückkehr vergisst; polemischer Ausfall gegen die Juden (563–573).	*Gen* 8,7
	Noah sendet eine Taube aus, die mit einem Ölzweig zurückkehrt (574–584).	*Gen* 8,10f
585–658	Abschluss der Sintflut und neues Heilsversprechen:	
	Noah entlässt die Tiere aus der Arche und bringt Gott ein Dankopfer dar, das Annahme findet (585–598).	*Gen* 8,13f; 8,18–20
	Gott schließt mit den Menschen einen neuen Bund; typologischer Vergleich der einmaligen Sintflut mit der einmaligen Taufe (599–620).	*Gen* 8,21–9,11
	Der Regenbogen als Typus für die Errettung, die Gott den Menschen durch seinen Sohn und die Taufe bietet; Aufforderung an den Leser, die Gabe anzunehmen (621–658)	*Gen* 9,12–17 *1 Petr* 3,20f

Das in einem Binnenproömium angekündigte Thema – die Sündhaftigkeit der Welt und ihre Reinigung durch die Sintflut – bedeutet einen handlungsmäßigen Sprung. Allerdings bindet Avitus sowohl die Erzählung vom Bruderzwist (*Gen* 4; *SHG* 3.184–189) als auch Noahs Geschlechtsregister (*Gen* 5; *SHG* 4.172ff) in seine Erzählung ein, so dass der in der Bibel hergestellte genealogische Erzählzusammenhang zwischen der Vertreibung aus dem Paradies und der Sintflut gewahrt bleibt. Die in ausführlichen Gleichnissen und Beispielen (*SHG* 4.11–132) dargestellte Ausbreitung der Sünde greift einen bereits im vorigen Buch (*SHG* 3.315–361) beschriebenen Gegenstand erneut auf; sie führt die Erzählung nach dem langen Gebet am Ende des dritten Buches fort und dient einer Motivierung des nun folgenden göttlichen Strafgerichts.

Zwar distanziert sich der Erzähler dabei mehrfach von der »Lügenfabel« des griechischen Mythos und betont, ganz im Sinne des Widmungsbriefes, seinen Wahrheitsanspruch; doch lässt er in seine Darstellung von Giganten und Sintflut immer wieder Vorstellungen und Formulierungen der heidnischen Dichtung einfließen.[98]

Auch Gottes Entschließung zur Sintflut, die zwar schon in der *Genesis* als wörtliche Rede angelegt ist, wird von Avitus zu einer epischen Götterrede in Anlehnung an Ovid ausgestaltet.[99] Wenn Gott in diesem Zusammenhang verkündet, es solle »das Angesicht der Welt in das ursprüngliche Chaos zurückverfallen« und »das trockene Land […] den Wassern weichen«, dann möchte er, wie sich aus dem stichwortartigen Rückverweis auf Avitus' eigene Erzählung ergibt, die Schöpfung wieder rückgängig machen und einen Neubeginn schaffen.[100] Anders als in der *Genesis* ist es freilich nicht Gott selbst, der Noah diesen Neubeginn verheißt, sondern der Erzengel Gabriel. Dessen sorgfältig nach dem Modell des ersten Lukas-Kapitels gestalteter Auftritt signalisiert die typologische Beziehung zwischen Noah und Christus, und in Analogie zu Christus wird Noah von ihm auch als »zweiter Gründer« nach Adam angeredet (*secundus… auctor*, *SHG* 2.257). Noah erhält demnach eine erneuerte Gelegenheit zur Entscheidung (*SHG* 4.282): »Du denke nach Adams mahnendem Beispiel daran, meinen Weisungen zu gehorchen!« Der Erzähler betont also bereits innerhalb seiner Darstellung der alttestamentarischen Handlung die von Gott gewährte Möglichkeit des Menschen, durch die richtige Entscheidung von der ewigen Verdammnis loszukommen. Insofern stellt das vierte Buch, und mit ihm das fünfte, im Sinne christlicher Heilsgeschichte ein unverzichtbares Komplement zu den ersten drei Büchern dar.[101]

Anders als die Protagonisten der ersten drei Bücher, aber ebenso wie später Moses und im negativen Sinne der Pharao, ist Noah als statischer Charakter gezeichnet, der als gleichsam epischer Glaubensheld mit einem stehenden Epitheton versehen und darüber hinaus sogar als *heros* bezeichnet wird.[102] So wird er zum Prüfstein für seine Mitwelt und erhält eine moralische Vorbildfunktion für den Leser. Im Zentrum des vierten Buches steht dementsprechend auch die Reaktion der Mitmenschen auf Noahs Bau der Arche (*SHG* 4.306–343), die ebenso wie die Beispiele von Gomorra und Ninive (*SHG* 4.352–390) auf falsches und richtiges Verhalten angesichts des drohenden göttlichen Gerichts verweist. So wird die am Ende des Buches vorgetragene typologische Deutung von Noahs Errettung als Symbol der Taufe vorbereitet.

Fünftes Buch: Die Durchquerung des Roten Meeres

Übersicht

Verse	Inhalt	Bibelgrundlage
1–18	Binnenproömium: Nach der Herrschaft der Fluten über das Land tritt nun das Land zwischen den Fluten hervor; der Gegenstand ist vielfach beglaubigt und vor allem typologisch von herausragender Bedeutung.	
19–32	Das wachsende Volk der Israeliten wird in seiner ägyptischen Gefangenschaft zunehmend drangsaliert.	*Ex* 1,8–22
33–126	Gott offenbart sich Moses und tut auch dem Pharao seine Macht kund:	
	Gott erbarmt sich seines Volkes und offenbart sich Moses im Dornbusch (33–39).	*Ex* 2,23–3,3
	Moses bittet den Pharao um Erleichterung für sein Volk und die Möglichkeit zum Gottesdienst, wird aber unter Drohungen zurückgewiesen (40–66).	*Ex* 5,1–19; 5,17f; 10,28
	Moses demonstriert durch das Stabwunder die Macht Gottes (67–97).	*Ex* 7,8–12
	Da sich der trotzige Pharao seinem Willen widersetzt, verheißt Gott seinem bedrängten Volk Rettung (98–126).	*Ex* 5,22–6,13; 7,1–7
127–307	Die zehn Plagen:	

	Gott bringt die ersten neun Plagen über die Ägypter (127–217).	*Ex* 7,17–10,29
	Gott kündigt die zehnte Plage an und unterweist sein Volk im Ritus des Passahlamms; typologische Deutung auf das Osterlamm (218–264)	*Ex* 11,1; 11,4–8; 12,1–28
	Die ägyptischen Erstgeborenen werden durch den Todesengel getötet (265–307).	*Ex* 12,29f
308–356	Vorbereitung des Auszugs der Israeliten:	
	Das ägyptische Volk fordert vom Pharao die Vertreibung der Israeliten (308–332).	nach *Ex* 12,31–33; vgl. *Ex* 8,15; 10,7
	Die Israeliten erhalten die Schätze der Ägypter (333–356).	*Ex* 12,35f
357–466	Der Exodus beginnt:	
	Der Israeliten treten in einem Heereszug den Marsch an (357–400).	*Ex* 12,37; 12,51
	Die Wolken- und Feuersäule führt die Israeliten (401–449).	*Ex* 13,21f
	Gottes Fürsorge zeigt sich im Manna- und Quellwunder, die typologisch auf die jungfräuliche Geburt Christi und seinen Opfertod verweisen (450–466).	*Ex* 16,35; 17,5f
467–576	Verfolgung durch die Ägypter an Land:	
	Das ägyptische Volk verlangt zornig die Rückholung der Israeliten (467–500).	*Ex* 14,5
	Das ägyptische Heer rüstet sich und tritt die Verfolgung an (501–525).	*Ex* 14,7
	Die Israeliten verzagen ob der anrückenden Heeresmacht, werden aber von Moses und Aaron ermutigt (526–576).	*Ex* 14,9–14 *Ex* 14,19f
577–703	Verfolgung im Roten Meer und Vernichtung der Ägypter:	
	Die Israeliten ziehen durch das Rote Meer (577–601).	*Ex* 14,21f; 14,29
	Die Ägypter verfolgen einem Warner aus ihren eigenen Reihen zum Trotz die Israeliten ins Meer hinein (602–649).	*Ex* 14,23
	Das ägyptische Heer wird mitsamt dem zu spät bereuenden Pharao auf Gottes Geheiß von den zusammenschlagenden Wogen vernichtet (650–703).	*Ex* 14,24–28; 14,30

704–721	Moses' Lobgesang; die Wasser werden typologisch auf die Taufe bezogen; Epilog zum Gesamtwerk der Bücher 1–5.	*Ex* 15,1–21

Die Handlungen des vierten und fünften Buches stehen scheinbar unvermittelt nebeneinander. Dementsprechend stellt das Binnenproömium zum fünften Buch auch nur einen assoziativen Zusammenhang zur vorhergehenden Sintfluterzählung her (*SHG* 5.1–5).[103] Doch handelt es sich dabei um mehr als ein bloßes Wortspiel. Indem die Ereignisse beider Bücher als *diluvium* (›Überschwemmung‹) bezeichnet sind (*SHG* 5.3f), werden sie auch beide als Verweis auf die Taufe aufgefasst (vgl. *SHG* 5.18; 5.706ff). Gegenüber dem Aspekt individueller Entscheidung im vierten Buch tritt nun der Antagonismus zwischen dem sündigen und »zum Untergang bestimmten Volk« der Ägypter (*SHG* 5.5) und dem geweihten Volk Israel (*SHG* 5.30) in den Vordergrund, das unter Gottes Führung aus der Unterdrückung zur Erlösung gelangen soll.

Durch diesen auch militärisch ausgestalteten Antagonismus kommt das fünfte Buch einer epischen Erzählung im Gefolge der Aeneis sicherlich am nächsten. Zugespitzt wird die Konstellation in den beiden Führungsfiguren: Der tyrannische Pharao erhält in seiner Verstockung zunehmend finstere Züge und erscheint zuletzt gar als diabolischer Unterweltsfürst. Ihm tritt mit Moses ein Glaubensheld entgegen, dessen mit Gottes Hilfe vollbrachte Ruhmestaten Gegenstand der Verkündung durch einen epischen Erzähler werden.[104] Wenn Avitus daher auch über das Proömium hinaus die Erzählung mithilfe von Techniken und Bauformen des antiken Epos ausgestaltet,[105] so geschieht dies ganz in Entsprechung zu deren Gegenstand.

Neben der Gegenüberstellung von Moses und dem Pharao nimmt auch die Darstellung von Stimmungen und emotionalen Impulsen der beiden Völker großen Raum ein. Dabei dienen die beiden Reden der Ägypter (*SHG* 5.310–330; 472–496) nicht nur der Betonung ihres Wankelmuts, sondern motivieren in ihrer Hybris den späteren Untergang und lassen diesen als gerechte Folge erscheinen. Frei von Wankelmut sind auch die Israeliten nicht: Die Euphorie ihres epischen Heereskatalogs (*SHG* 5.371–388) lässt sie vergessen, dass sie Gottes Hilfe bedürfen, und so müssen sie vom Erzähler erst daran erinnert werden, woher ihnen Rettung erwächst (*SHG* 5.391–393). Wenig später erscheinen sie, in Übereinstimmung mit der biblischen Erzählung, als zagend und ohne rechtes Gottvertrauen (*SHG* 5.544–555, vgl. 5.384; 450–457; 649). Erst Moses' epische »Feldherrnrede« verleiht ihnen wieder Zuversicht, indem er an sie an Gottes Fürsorge in der Vergangenheit und dessen Versprechen erinnert, für sein Volk zu streiten (*SHG* 5.558–574).

Im gleichen Paradox, mit dem »der Flüchtige Beute bei seinem Herrn« gemacht hatte (*SHG* 5.346–348), flieht das erwählte Volk Gottes nun und überwindet zugleich seine Verfolger (*SHG* 5.494f). Ein letztes Mal gibt sich der Pharao, der doch schon längst um die Wahrheit weiß (*SHG* 5.98), seiner Verblendung hin und spornt nun seinerseits die Ägypter an. Mit dem Innehalten des ägyptischen Heeres angesichts der wundersamen Teilung des Meeres erweitert Avitus die biblische Erzählung; die Suspension der Handlung gibt für einen kurzen Augenblick (*SHG* 5.616f) den Bedenken eines ungenannten Ägypters Raum, der mit seiner Rede aber nur Entrüstung hervorruft. Angesichts der nun folgenden Katastrophe markiert diese Rede den Augenblick der beinahe zu späten Reue, der dann die bereits zu späte Reue des Pharaos gegenübertritt (*SHG* 5.672–675).[106]

Die Vernichtung der Ägypter, die in einem epischen Katalog der Todesarten (*SHG* 5.683–693) vorgeführt wird und im Untergang des Pharaos kulminiert, besiegelt den Triumph des Meeres über das Land (*SHG* 5.702f). Dadurch wird einerseits der zu Beginn des Buches eröffnete Gegensatz von Wasser und Land (*SHG* 5.1f) zu einem Abschluss geführt, andererseits in typologischer Deutung die triumphale Neugeburt des »wahren Israel« (*SHG* 5.716) im Zeichen der Taufe heraufgeführt: Die neue Nachkommenschaft (*SHG* 5.707f) löst als Kollektiv die von der Erbsünde gezeichnete Nachkommenschaft Adams ab.[107]

4. Sprache und Stil

Avitus geht bei der Gestaltung seiner Erzählung allem Anschein nach von der lateinischen Bibel als Grundtext aus; er kennt mit Sicherheit bereits die als *Vulgata* bezeichnete Übersetzung des Hieronymus (347–420), weicht davon aber gelegentlich aus theologischen oder stilistischen Gründen ab.[108]

Zusammen mit der metrischen Form übernimmt Avitus auch den Wortschatz der episch-poetischen Tradition der heidnischen Antike.[109] Hinzu kommt, insbesondere in den exegetischen Passagen, eine Anzahl von aus der Bibel oder christlich-theologischer Sprache stammenden Gräzismen. Erweitert wird das Vokabular ferner vor allem durch Wörter, die entweder christlichen Ursprungs sind oder bei Avitus eine spezifisch christliche Bedeutung tragen. Nicht selten ist auch ein Oszillieren zwischen paganer und christlicher Bedeutung eines Wortes zu beobachten.[110] Avitus liebt es, christliche Konzepte wie Paradies, Hölle oder Sünde durch eine Fülle von Ausdrücken aus der poetischen oder theologischen Sprache zu bezeichnen oder zu umschreiben. Die sich aus dem Zusammenspiel von poetischer Sprache und christlichem Inhalt für den lateinischen Leser ergebenden Assoziationen sind wesentlicher Bestandteil der literarischen Konzeption des Werkes.[111]

Sehr häufig übernimmt Avitus auch Junkturen oder ganze Halbverse aus poetischen Vorbildern, vor allem aus Vergil, aber auch aus der späteren, insbesondere epischen, Tradition und aus christlichen Dichtern. Die Verwendung und das Erkennen solcher Zitate sind Teil des literarischen Spiels spätantiker Dichtung und nicht allein für Avitus charakteristisch.[112] Ihre Modifikation, Neukombination oder Übertragung in einen neuen Kontext rückt den erzählten Inhalt durch den Kontrast zu ihrem Ursprungskontext in ein neues Licht.[113] Die dadurch entstehende Struktur des poetischen Textes als Komposition aus einer Vielzahl preziöser Einzelelemente hat man zu Recht mit spätantiken Mosaiken verglichen.[114] Freilich kommt Avitus' Dichtung modernem ästhetischem Empfinden dadurch entgegen, dass darin, um im Bilde zu bleiben, der Erzähler den Mosaizisten überwiegt und trotz aller Feinheit und Kleinteiligkeit das große Tableau nicht aus dem Blick gerät.

Zu den auffälligsten stilistischen Merkmalen von Avitus' Dichtersprache gehört die Personifikation von Abstrakta, die an die Stelle der handelnden Personen tritt (zum Beispiel *libertas*, *SHG* 2.1–3), oder entsprechende Metonymien, besonders zur Bezeichnung Gottes (beispielsweise *SHG* 1.51 *sapientia*). Häufig wechselt die Erzählung zwischen Perfekt und historischem Präsens, bisweilen sogar im selben Satz und erkennbar aus rein metrischen Gründen.[115] Avitus' poetische Sprache ist durch eine Häufung insbesondere von Partizipialkonstruktionen und eine Vorliebe für lange Satzreihen geprägt; das Proömium ist in dieser Hinsicht nur ein besonders markantes Beispiel und keine grundsätzliche Ausnahme.[116] Für manche Passage ist es durchaus zutreffend, wenn der Benediktiner Ekkehart IV. von St. Gallen Avitus eine ›knotig-verwickelte‹ Erhabenheit des Stils zuschreibt.[117]

5. Überlieferung und Rezeption

Wenig ist über die Frühphase der Überlieferung von Avitus' Gedicht bekannt.[118] Aus seinen Briefen ergibt sich, dass schon zu Avitus' Lebzeiten mehrere Manuskripte im Umlauf gewesen sein müssen.[119] Der spätere Bischof von Poitiers, Venantius Fortunatus, nimmt Avitus bereits um das Jahr 575/576 in einen Kanon christlicher Dichter auf, ebenso zu Beginn des siebten Jahrhunderts Isidor von Sevilla, und im siebten Jahrhundert wird sein Bibelepos in Spanien als Schullektüre benützt.[120] In der Karolingerzeit wird das Werk zur Lektüre empfohlen und häufig im Unterricht gelesen; auch in zahlreichen Bibliothekskatalogen sind Avitus-Handschriften nachgewiesen.[121] Dagegen ist ab dem zehnten Jahrhundert ein nachlassendes Interesse an dem Werk und sein Verschwinden aus dem Kanon der Schullektüre zu beobachten. Dies gilt auch für das spätere Mittelalter, wenngleich noch bis zur ersten Druckausgabe 1507 eine ganze Reihe von Abschriften hergestellt wird.[122]

Zwar hat man auch bei einer größeren Anzahl von Dichtern bis ins hohe Mittelalter Reminiszenzen an Avitus wahrscheinlich machen können, doch beschränken sich diese zumeist auf einzelne Stellen und sind in ihrer Häufigkeit nicht mit anderen Bibelepikern wie Iuvencus oder Sedulius zu vergleichen.[123] Dass die unbekannten Dichter der altenglischen *Genesis A*, *Genesis B* und *Exodus* (8./9. Jahrhundert) das Werk des Avitus kannten, ist möglich, aber kaum zu beweisen.[124] Gleiches gilt auch für das althochdeutsche *Evangelienbuch* des Otfrid von Weißenburg (9. Jahrhundert).[125] Seinen größten Einfluss hat Avitus mutmaßlich auf John Miltons Bibeldichtung *Paradise Lost* (1667) ausgeübt, und zwar insbesondere auf dessen Paradiesbeschreibung, die Darstellung des Teufels als Schlange sowie die Erzählung des Sündenfalls.[126] Ebenso wie eine umfassende Gattungsgeschichte der Bibelepik bleibt freilich auch die Rezeptionsgeschichte von Avitus' Dichtung erst noch zu schreiben.

IV. Anmerkungen zur Einführung

1 Fuhrmann 1994, 302.

2 Als größere Teilübersetzungen liegen vor die Versübersetzung des zweiten Buches von Krüger 1919 (der allerdings durch Auslassung der exegetischen Partien ein verzerrtes Bild vermittelt, dazu s. Anm. 86 zur Einf.), die Prosaübersetzung des dritten Buches in dem vorzüglichen Kommentar von Hoffmann 2005 sowie die Prosaübersetzung einzelner Partien vor allem des zweiten Buches in der instruktiven Monographie von Döpp 2009. Eine englische Übersetzung, die sich allerdings häufig sehr weit vom Original entfernt, hat Shea 1997 vorgelegt, eine französische Version bietet der grundlegende Gesamtkommentar von Hecquet-Noti 1999 und 2005. Neben den genannten Werken ist der ausgezeichnete Teilkommentar zu Passagen des vierten und fünften Buches in der auch sonst wichtigen Arbeit von Arweiler 1999 hervorzuheben. Der Vollständigkeit halber seien noch die Kommentare zum ersten Buch von Schippers 1945 (mit niederländischer Übersetzung) und Morisi 1996 (mit italienischer Übersetzung) erwähnt. Die nach wie vor maßgebliche Textedition, die auch allen späteren Ausgaben zugrunde liegt, ist Peiper 1883; hinzuzuziehen sind nun vor allem die erwähnte Ausgabe von Hecquet-Noti sowie die scharfsinnigen Denkanstöße und Einzelanalysen zu textkritischen Fragen von Gärtner (dazu s. die Bemerkungen zum lateinischen Text, S. 273).

3 Einen skizzenhaften Überblick über Vertreter der Gattung von der Antike bis in die Neuzeit bietet Döpp 2009, 10–18; s. auch Anm. 4 zur Einf. Einen guten Einblick in die neulateinische Bibelepik bietet etwa Hofmann 2001, bes. 162–173.

4 Hinzugefügt sei, dass sich auch die Literaturwissenschaft erst seit den 1960er Jahren von ästhetischen Vorbehalten gegenüber der Gattung, wie sie noch bei Ernst Robert Curtius wirksam sind (s. Anm. 31 zur Einf.), freigemacht hat und zu einer differenzierteren Betrachtung gelangt ist (Wehrli 1963). Grundlegend sind die Arbeiten von Herzog 1975 und Kartschoke 1975, wozu vor allem Roberts 1985, Nodes 1993 und die in Pollmann 2017 zusammengeführten Aufsätze kommen; für weitere Arbeiten zur Gattung s. die Hinweise in Anm. 43 zur Einf.

5 Avitus *de consolatoria castitatis laude* 658–661; eine knappe Zusammenfassung biographischer Daten bietet Stroheker 1948, 154f. Die wichtigste Quelle zu Avitus sind seine fragmentarisch überlieferten Briefe. Von besonderem Interesse im Hinblick auf seine Dichtung sind der als *Prologus* überlieferte, an seinen Bruder Apollinaris gerichtete Widmungsbrief zu *De spiritalis historiae gestis* sowie sein Brief an den gleichnamigen Verwandten Apollinaris (*epist.* 51 Peiper = *epist.* 48 Malaspina/Reydellet [im Folgenden werden die Briefe nach

Peipers Nummerierung zitiert]). Da sich aus diesen Briefen Einblicke in den biographischen, historischen und kulturellen Kontext von Avitus' Werk, aber auch in dessen Entstehungsprozess und Poetologie gewinnen lassen, ist ihr lateinischer Text mit einer deutschen Übersetzung in diese Ausgabe mit aufgenommen.

6 Text bei Peiper 1883, 177–181; vgl. auch das Zitat aus dem *Chronicon* des Ado von Vienne bei Peiper 1883, 177 Anm.)

7 S. Shanzer/Wood 2002, 7.

8 Zur Datierung s. Anm. 236 zum Widmungsbrief und Anm. 242 zu *epist.* 51.

9 Auch Gregor von Tours nennt *De consolatoria castitatis laude* in seiner Werkaufzählung in einem Atemzug mit den übrigen fünf Büchern (*Historia Francorum* 2.34): *Scripsit* [...] *de mundi principio et de diversis aliis conditionibus libros sex versu compaginatus.* (»Er hat [...] sechs Bücher in Versform über den Anfang der Welt und verschiedene andere Gegenstände geschrieben.«); Isidor von Sevilla (*de viris illustribus* 36) trennt hingegen die beiden Werke voneinander. Zum Widmungsbrief zu *De consolatoria castitatis laude* s.u. S. 13. Da *De consolatoria castitatis laude* ein eigenes Werk darstellt, wird die Dichtung *De spiritalis historiae gestis* abweichend von der Zitation im *Thesaurus Linguae Latinae* hier nicht als *carm.* (= *carmina*), sondern als *SHG* zitiert.

10 Vgl. Shanzer/Wood 2002, 10. Der bereits erwähnten Lebensbeschreibung folgend soll er noch zur Regierungszeit des oströmischen Kaisers Anastasios (491–518) gestorben sein (Peiper 1883, 181, Z. 9: *Moritur Anastasio adhuc principe.*). Sicher ist, dass Avitus am Konzil von Epao 517 noch als Bischof mitwirkte, beim Konzil von Lyon 522 aber bereits tot war. Der 5. Februar ergibt sich aus seinem Gedenktag im Heiligenkalender (*Nonis Februariis*: Ado, *Martyrologium*, zitiert bei Peiper 1883, 177 Anm.), der üblicherweise mit dem Todestag übereinstimmt.

11 Hierzu und zum Folgenden grundlegend: Stroheker 1948, 92ff.

12 Außer Avitus selbst, seinem Vater, dem Bruder Apollinaris sowie dem mutmaßlichen Cousin Apollinaris (vgl. Anm. 249 zu *epist.* 51, §11) sind aus Grabinschriften weitere Bischöfe aus derselben Familie nachweisbar, vgl. den *Titulorum Gallicanorum liber* bei Peiper 1883, 183–196; Kleriker unter seinen Vorfahren erwähnt Avitus am Ende von *De consolatoria castitatis laude* (653–657).

13 Ennodius, *Vita Epiphanii* 173, zitiert bei Peiper 1883, 182, Z. 8–12: [...] *praestantissimus inter Gallos Avitus Viennensis episcopus, in quo se peritia velut in diversorio lucidae domus inclusit.*

14 *Historia Francorum* 2.34.

15 Eine gute Übersicht bietet die nach Adressat und Thema angeordnete Übersetzung der Briefe in Shanzer/Wood 2002.

16 Vgl. Stroheker 1948, 103, und Shanzer/Wood 2002, 9; zu Gundobads wohl politisch motiviertem Verbleiben bei seinem arianischen Bekenntnis s. Gregor von Tours *Historia Francorum* 2.34.

17 Hierzu s.u. S. 22f.

18 Zu diesem ›gallicanischen‹ Stil vgl. Norden 1898, 631–642; für eine exemplarische Beschreibung von Avitus' Briefstil vgl. Peiper 1883, xii; Goelzer 1909 bietet eine minutiöse Analyse von Avitus' Sprache in Prosa und Poesie; zusammenfassende Charakteristiken seines Prosastils bei Shanzer/Wood 2002, 70–85, und Malaspina/Reydellet 2016, liii–lxvi, die sich um eine wertfreie Beschreibung bemühen. Zur Einhaltung von Briefkonventionen s. auch Anm. 243 zu *epist.* 51.

19 In einem Brief an Heraclius schreibt Avitus über einen jungen Freund namens Ceratius, »der es von der Weisheit seiner Mutter hat, dass er vor den Barbaren gerne die Flucht ergreift, von der väterlichen Tapferkeit, dass er vor der Literatur nicht Reißaus genommen hat« (*sumens de matris sapientia, quod libenter barbaros fugit, de virtute paterna, quod litteris terga non praebuit.* [*epist.* 95, Peiper 1883, 102, Z. 24f]).

20 Fuhrmann 1994, 279; ähnlich Hess 2019, 69, der darauf hinweist, dass *Romanitas* als Begriff keinen »ausdifferenzierten ethnischen Charakter« besaß und »ganz offenbar mit dem Wegfall ihres rechtlich-politischen Bezugsrahmens an identitätsstiftendem Potential und damit an distinguierender spezifisch ›römischer‹ Qualität im Verlauf des 5. Jahrhunderts in Gallien« verlor. »Vielmehr drängten nun kulturelle Attribute in den Vordergrund.«

21 Zwar hatte bereits Sidonius Apollinaris über den Niedergang der Bildung geklagt, doch könnte der Hinweis auf solche vermeintlichen Verfallstendenzen auch dem Bestreben geschuldet sein, die aristokratische Exklusivität des eigenen literarischen Zirkels hervorzuheben, vgl. Mathisen 1993, 105–110, der auf Sidonius *epist.* 2.10.6 verweist; anders Hess 2019, 71.

22 Fuhrmann 1994, 280: »Beschäftigung mit Literatur muß in den Kreisen des gallischen Adels ziemlich verbreitet gewesen sein. Bestandteil des Landsitzes war daher eine Bibliothek; dort las und schriftstellerte man, dort debattierte man mit Freunden und Gästen. Man entlieh sich Bücher, um sie kopieren zu lassen; man tauschte miteinander die eigenen Produkte aus.« Vgl. Hess 2019, 74: »Bildung und damit auch die Fähigkeit zur angemessenen literarischen Produktion und die vollendete Beherrschung der lateinischen Sprache werden zum Mittelpunkt des Selbstverständnisses der römischen Oberschicht in Gallien, da diese als einzige Distinktionsmittel übrig zu bleiben scheinen.« Aufschlussreich ist ein Brief des Avitus an Viventiolus (*epist.* 57, Peiper pp. 85–87; zitiert auch bei Bardenhewer 1932, 345), in dem sich Avitus gegen den Vorwurf zur Wehr

setzt, er habe gegen die Regeln der klassisch-lateinischen Prosodie verstoßen. Der Brief setzt ein Lesepublikum voraus, das mit der klassischen römischen Dichtung nicht nur vertraut war, sondern die Beherrschung ihrer sprachlichen und metrischen Regeln als identitätsstiftend empfand. Ein Infragestellen dieser Kompetenz wurde, wie Schenk 2020 am Beispiel des Briefes zeigt, als rufschädigend empfunden und von Avitus daher entsprechend beantwortet.

23 Stroheker 1948, 93, der auch ein Zurücktreten der »Kenntnis der klassischen Prosa« bei Avitus gegenüber der Kenntnis theologischer Literatur konstatiert (a. a. O., 101).

24 Vgl. Anm. 250 zu *epist.* 51 §12.

25 So Wood 2001, 275.

26 Peiper 1883, 275 Z. 2–4: *illis tantummodo legendum dare, quos revera nobis aut vinculum propinquitatis aut propositum religionis adnectit.*

27 Damit steht nicht in Widerspruch, dass Avitus im Widmungsbrief zu *De consolatoria castitatis laude* erklärt, seine Versdichtung würde einen kleineren Leserkreis als seine Prosaschriften erreichen (Peiper 1883, 275, Z. 9–12): *Decet enim dudum professionem, nunc etiam aetatem nostram, si quid scriptitandum est, graviori potius stilo operam ac tempus insumere nec in eo inmorari, quod paucis intellegentibus mensuram syllabarum servando canat, sed quod legentibus multis mensurata fidei adstructione deserviat.* (»Es ist nämlich unserer Berufung schon lange angemessen, und auch unserem Alter, dass wir, wenn etwas zu schreiben ist, unsere Mühe und Zeit eher auf einen ernsthafteren Stil verwenden und nicht bei dem verweilen, was unter Einhaltung der Silbenmessungen eine Dichtung für wenige Verständige ist, sondern was vielen Lesern durch einen wohlabgemessenen Glaubenszuwachs dient.«).

28 Text und Übersetzung des Briefes: S. 256–261.

29 Vergleichbare Bescheidenheitsformeln finden sich auch im Werk selbst, etwa zu Beginn und am Ende des fünften Buches (*SHG* 5.6f; 711; 720f).

30 Avitus *epist.* 51, §10 (Text und Übersetzung des Briefes: S. 262–269).

31 Daran stößt sich auch Ernst Robert Curtius zwar berühmtes, aber allzu einseitiges und von der Forschung heute nicht mehr akzeptiertes Verdikt (Curtius 1948, 457): »Das Bibelepos ist während seiner ganzen Lebenszeit – von Juvencus bis Klopstock – eine hybride und innerlich unwahre Gattung gewesen, ein *genre faux*. Die christliche Heilsgeschichte, wie die Bibel sie darbietet, verträgt keinen Umguß in pseudoantike Form. Nicht nur verliert sie dadurch ihre kraftvolle, einmalige, autoritative Prägung, sondern sie wird durch die der antiken Klassik entlehnte Gattung und durch die dadurch bedingten sprachlich-metrischen Konventionen verfälscht.« Zur Auseinandersetzung mit dem Verdikt einer ›verfehlten Gattung‹ s. Smolak 1999.

32 In seinen *Confessiones* (»Bekenntnisse«) schildert der Kirchenvater Augustinus (354–430) sein eigenes anfängliches Ungenügen (*conf.* 3.5.9).

33 Eine kurze Übersicht hierzu mit weiteren Belegstellen bei Kartschoke 1975, 23–29.

34 *1 Kor* 2,4f: καὶ ὁ λόγος μου καὶ τὸ κήρυγμά μου οὐκ ἐν πειθοῖ σοφίας, ἀλλ᾽ ἐν ἀποδείξει πνεύματος καὶ δυνάμεως, ἵνα ἡ πίστις ὑμῶν μὴ ᾖ ἐν σοφίᾳ ἀνθρώπων ἀλλ᾽ ἐν δυνάμει θεοῦ.

35 Belegstellen in Bezug auf den Prosastil bei Norden 1898, 533f, der auch Avitus *epist.* 53 (Peiper 1883, 82 Z. 9–11) anführt; vgl. auch Herzog 1975, 182f.

36 Sedulius, *Carmen Paschale: Epistula ad Macedonium*, zitiert und besprochen bei Kartschoke 1975, 67; vgl. auch Herzog 1975, lii–liv.

37 Paul. Nol. *epist.* 16.11: *non solis placitura auribus, sed et mentibus hominum profutura*; zur Vorbereitung des Gedankens bei Laktanz vgl. van der Nat 1977, bes. 221–225.

38 Hierzu vgl. v.a. Herzog 1975, lxxvi–lxxviii; 124ff; Herzog 1979. Zum Streben nach Autorität und Einflussnahme im christlichen Sinne als Funktionsbestimmung frühchristlicher Dichtung s. Pollmann 2017, passim.

39 Hierzu und zum Folgenden s. die grundlegenden Bemerkungen von Gnilka 1979, 144–146, und Gnilka 1984, passim.

40 Augustinus *de doctrina Christiana* 2.40.60f (Text und Besprechung bei Gnilka 1984, 89–91; die Deutung findet sich bereits zuvor bei Origenes und Gregor von Nyssa: Gnilka 1984, 57f und 78f). Noch deftiger ist die Auslegung von *Deuteronomium* 21,10–14 durch Hieronymus, der den stilistischen Glanz paganer Rhetorik mit der Schönheit der dort erwähnten Kriegsgefangenen vergleicht; wie diesen die Haare und Nägel geschnitten werden müssten, bevor sie zur Frau genommen werden könnten, so müsse man jene von ihren Irrtümern befreien, um sie dann für die christlichen Zwecke fruchtbar zu machen (Hieronymus *epist.* 70.2.5f [CSEL 54,702f], dazu Gnilka 1979, 142, und Gnilka 1984, 17).

41 Insofern die Dichtung den Leser mit den biblischen Erzählungen vertraut macht und ihm mit ihren Mitteln deren Wahrheit nahezubringen versucht, gewinnt sie freilich auch lehrhafte Züge; es ist daher nicht verwunderlich, dass die antiken Bibelepen, und so auch Avitus, Einflüsse der (christlichen) Lehrdichtung aufgenommen haben; in Bezug auf Avitus s. dazu Arweiler 1999, 40–52.

42 Einige der im Folgenden erwähnten Dichter hat Venantius Fortunatus in einen Dichterkanon zu Beginn seiner metrischen Lebensbeschreibung des heiligen Martin von Tours aufgenommen (*Vita Sancti Martini* 1.14–25, entstanden 575/576); das Einfügen dieses Kanons und darin die Verbindung so unterschiedlicher Dichter wie (Alcimus) Avitus und Prudentius zeigen, dass

Venantius Fortunatus keine strenge Scheidung zwischen Bibelepik und anderen christlichen (Sub-) Gattungen vorgenommen hat. Auch Isidor von Sevilla (*Codex Vaticanus* 276, zitiert bei Peiper 1883, lxiv–lxv) stellt zu Beginn des siebten Jahrhunderts Avitus zusammen mit Prudentius, Iuvencus und Sedulius den heidnischen Dichtern Vergil, Horaz, Ovid, Persius, Lucan und Statius gegenüber, ohne eine gattungsmäßige Unterscheidung zu treffen. Zur Kanonbildung s. Herzog 1975, xix–xxiii.

43 Hierzu und zum Folgenden vgl. die Übersicht bei Kartschoke 1975, 32–55, Herzog 1975, xix–xxxiii und Döpp 2009, 10ff; vgl. auch Consolino 2005, bes. 457–463; 500–506. Die Forschungsdiskussion zur Bestimmung des beziehungsweise der literarischen Genres ist noch nicht abgeschlossen, was sich auch in unterschiedlichen Gattungsbezeichnungen und -zuordnungen widerspiegelt; vgl. auch Schubert 2019, 81f (mit weiterer Literatur).

44 Vgl. Smolak 1999, 12, der für die spätantiken Bibelepen in einer Gattungstypologie eine Christianisierung Vergils (Proba), eine interpretierende Erweiterung (von Ansätzen bei Iuvencus ausgehend bei Sedulius, Dracontius, Avitus) sowie eine narrative Paraphrase des Bibeltextes (ausgehend von Iuvencus zum Beispiel im Heptateuchgedicht) unterscheidet.

45 Die Prioritätsfrage ist umstritten; die Priorität der *Alethia* zu erweisen sucht Jakobi 2010.

46 Weitere kleine Dichtungen unbekannter Autoren, die ebenfalls dem fünften Jahrhundert angehören: *Carmen de martyrio Maccabaeorum, Carmen de evangelio, De verbi incarnatione, De ecclesia, De Iesu Christo deo et homine.* Das kleine *Carmen de Christi Iesu beneficiis* eines Rusticius Helpidius ist Ende des fünften oder Anfang des sechsten Jahrhunderts entstanden.

47 *Epistula ad Macedonium: quia pascha nostrum immolatus est Christus.*

48 Für eine exemplarische Analyse der Kindermordperikope (*Carmen Paschale* 2.76–133, nach *Mt* 2,1–18) s. Döpp 2004, 34–41.

49 Roberts 1985, 100, mit Anm. 158; Arweiler 1999, 229; zur Datierung von Dracontius' Werk s. Moussy/Camus 1985, 26–29.

50 Vollmer 1905, vii Anm. 1, der ausgehend vom Inhalt als Titel *De Dei ira et venia* (»Von Gottes Zorn und Gnade«) vermutet.

51 *SHG* 5.719–721.

52 *1 Kor* 15,22: ὥσπερ γὰρ ἐν τῷ Ἀδὰμ πάντες ἀποθνῄσκουσιν, οὕτως καὶ ἐν τῷ Χριστῷ πάντες ζῳοποιηθήσονται.

53 Mit seiner Darstellung der Erbsünde positioniert sich Avitus, wie Nodes 1984 gezeigt hat, in einer theologischen Kontroverse des fünften und sechsten Jahrhunderts, die später als Semipelagianismus-Streit bezeichnet wurde. Im Mittelpunkt dieser Auseinandersetzung steht die Frage, ob der von der Erbsünde

betroffene Mensch, wie die Semipelagianer annehmen, aus freiem Willen zum Anfang des Glaubens (*initium fidei*) gelangen und sich somit auf sein Heil zubewegen kann oder ob er dafür, wie Augustinus meint, gänzlich auf das Geschenk und die Initiative göttlicher Gnade angewiesen ist. Avitus bezieht zugunsten der Auffassung des Augustinus Position, indem er die vollständige Abhängigkeit des Menschen von der göttlichen Gnade betont; vgl. dazu im Detail Anm. 84 zu *SHG* 3.362.

54 Vgl. Arweiler 1999, 15f, für Parallelen zur Tradition christlicher Lehrgedichte; s. auch oben Anm. 41 zur Einf.

55 Dies gilt auch für das zentrale dritte Buch, wo Exegese und exegetische Parallelerzählung im Verhältnis zur Primärerzählung den größten Raum einnehmen und wo das Verhältnis von Sünde, Reue und Gnade am ausführlichsten reflektiert wird.

56 Der lateinische Text des Verses 709 ist insoweit nicht eindeutig, als sich die Satzeinleitung *De qua* grammatikalisch sowohl auf die neue Nachkommenschaft (*novam… prolem*, 707f) als auch auf *Eva* (708) beziehen kann. Doch ist die erste Möglichkeit vorzuziehen, zumal die Verse durch eine Beziehung auf *Eva* zur Tautologie würden.

57 Sucht man in der antiken Literaturgeschichte nach Vergleichbarem, so lässt sich einerseits eine Verwandtschaft mit Ovids Metamorphosen als epischem Sammelgedicht konstatieren (so Arweiler 1999, 54). Andererseits wird man aber auch festhalten müssen, dass die *Metamorphosen* im Unterschied zu Avitus' Gedicht »kein bestimmtes Weltbild propagieren. Sie sind kein ›Weltanschauungsgedicht‹.« (Hoffmann 2005, xlvi). Mit Vergils *Aeneis* ist Avitus' Gedicht insbesondere durch das Merkmal einer »teleologischen Geschichtsauffassung« verbunden (Hoffmann 2005, xlvii, der zudem zu Recht eine Vielzahl von wenig überzeugenden Versuchen verwirft, in Avitus' Gedicht Strukturelemente oder Figurenkonstellationen der *Aeneis* wiederzufinden). Für den interessanten Gedanken, dass Avitus' Darstellungsweise im fünften Buch nicht nur eine Interpretation der biblischen Erzählung im Lichte der *Aeneis*, sondern auch eine Reinterpretation der *Aeneis* als »moral allegory of salvation« nahelege, s. Roberts 1983, 71f (vgl. auch Herzog 1975, 200: »Stabilisierung der Bibeldichtung als Vergildeutung«).

58 Notker Balbulus schreibt um 885 in seiner Briefabhandlung *de viris illustribus* (zitiert bei Glauche 1970, 57): *Alcimus autem nomine Avitus licet hystoriam geneseos quasi solam assumpserit, tamen omnia nostra dulcissimo carmine decantavit* (»Alcimus aber mit Beinamen Avitus hat zwar allein die Schöpfungsgeschichte zu seinem Gegenstand erwählt, aber doch all unsere Glaubensinhalte in einer überaus gefälligen Versdichtung vorgetragen.«).

59 Arweiler 1999, 52, Anm. 132.

60 Zu Avitus' an Augustinus und anderen Kirchenvätern orientierten exegetischen Verfahren vgl. das folgende Kapitel. Die größere Musterkatechese in *De catechizandis rudibus* lässt in zusammenfassender Argumentation auf die Schöpfung (18.29) die Einsetzung der Menschen ins Paradies, einen Rückblick auf den Engelssturz des Teufels, Sündenfall und göttliches Urteil folgen (18.30). Die Reflexion menschlicher Sündhaftigkeit – die Menschheit teilt sich in zwei Bürgerschaften, die der Ungerechten und die der Heiligen – führt dann wie bei Avitus zum Gedanken an den Tag des Gerichts, aber auch an die geduldige Barmherzigkeit Gottes (19.31, vgl. *SHG* 3.213–219; 3.362ff). Wie Avitus kommt auch Augustinus unmittelbar auf die Sintflut zu sprechen (19.32), nicht freilich ohne als Beispiel für rechtzeitige Reue die Niniviter zu erwähnen (vgl. *SHG* 4.352ff) und die Arche typologisch auf die künftige Kirche zu deuten (vgl. *SHG* 4.488ff). Auch Augustinus überbrückt mit einem kurzen Verweis auf Abraham die übrige Genesiserzählung und konzentriert sich stattdessen auf das Volk Israel, in dem für ihn die künftige Kirche »zeichenhaft vorgebildet ist« (*figurata est*, 19.33; vgl. *SHG* 5.716). In einer Avitus vergleichbaren, assoziativen Weise verknüpft Augustinus die Wassermassen der Sintflut mit denen des Roten Meeres (20.34, vgl. *SHG* 5.1–5) und bezieht beide Erzählungen aufeinander, indem er das Holz von Noahs Arche und Moses' Stab zusammenstellt und beide als Symbol des Heils mit der Taufe in Verbindung bringt (19.32; 20.34; vgl. *SHG* 4.325; 5–659–661). Auch die typologische Interpretation der Opferung des Passah-Lamms als Verweis auf Leiden und Opfertod Christi findet sich bereits bei Augustinus (20.34; vgl. *SHG* 5.247–253).

61 Dies gilt unabhängig von der Frage, ob Avitus bei der Abfassung tatsächlich die Schrift *De catechizandis rudibus* vor Augen hatte; auch dass Augustinus dort die Reihe biblischer Begebenheiten noch weiter fortsetzt, kann hier außer Betracht bleiben.

62 Vgl. Anm. 84 zu *SHG* 3.362. Darüber hinaus betont Avitus, worauf Hecquet-Noti 2013, 611, hinweist, im Sinne des Augustinus den Gegensatz von Hochmut und Demut, etwa in der Erzählung von Lazarus und dem reichen Prasser (*SHG* 3.220–305) oder in der Darstellung von Moses und dem Pharao im fünften Buch.

63 S. Anm. 84 zu *SHG* 3.362 und vgl. Anm. 165 zu *SHG* 4.643–647. Auch Avitus' Schöpfungserzählung bezieht Stellung gegen arianische Positionen, s. *SHG* 1.51 mit Anm. 4, *SHG* 1.96 mit Anm. 8 und *SHG* 1.125-127 mit Anm. 10.

64 Vgl. Wood 2001, 275f; Shanzer/Wood 2002, 10–13.

65 Vgl. S. 11.

66 Widmungsbrief zu *De consolatoria castitatis laude* (Peiper 1883, 275, Z. 12): [...]

quod legentibus multis mensurata fidei adstructione deserviat. (Vollständig zitiert und übersetzt in Anm. 27 zur Einf.).

67 *Augustinus de genesi ad litteram libri duodecim* 8.1.2: *Narratio quippe in his libris non genere locutionis figuratarum rerum est sicut in cantico canticorum, sed omnino gestarum est sicut in regnorum libris et huiuscemodi ceteris. Sed quia illic ea dicuntur, quae vitae humanae usus notissimus habet, non difficile, immo promtissime primitus accipiuntur ad litteram, ut deinde ex illis quid etiam futurorum res ipsae gestae significaverint exculpatur; hic autem, quia ea dicuntur, quae usitatum naturae cursum intuentibus non occurrant, nolunt ea quidam proprie, sed figurate dicta intellegi atque ex illo loco volunt incipere historiam, id est rerum proprie gestarum narrationem, ex quo dimissi de paradiso Adam et Eva convenerunt atque genuerunt. Quasi vero usitatum nobis sit, vel quod tot annos vixerunt vel quod Enoch translatus est vel quod et grandaeva et sterilis peperit et cetera eiusmodi.* (Übersetzung: Perl 1961).

68 Vgl. *Ps.* 49,14 [iuxta LXX] *immola Deo sacrificium laudis | et redde Altissimo vota tua* (*»Opfere Gott das Opfer des Preisens und löse für den Höchsten deine Gelöbnisse ein«*).

69 Einen »wohlabgemessenen Glaubenszuwachs« benennt Avitus als Ziel seines Schreibens auch in dem Widmungsbrief zu *de consolatoria castitatis laude* (Peiper 1883, 275, Z. 12 [zitiert in Anm. 27 zur Einf.]).

70 Erkennbar ist dieses Bestreben beispielsweise auch in der über den Bibeltext hinausgehenden namentlichen Nennung des Pharaos *SHG* 5.642 (s. Anm. 219).

71 Die Doppelnatur der biblischen Erzählung als *historia* und *figura* hebt Avitus auch in dem an die Schwester gerichteten Gedicht *De consolatoria castitatis laude* hervor (379–382).

72 Vgl. auch Shea 1997, 4f. Für den Gedanken menschlicher Blindheit als Folge der Sünde, der das Gedicht leitmotivisch durchzieht, s. die Anmerkungen zu *SHG* 2.261–268 (mit weiteren Stellen).

73 Vgl. Nodes 1993, 55–73, und Wood 2001, bes. 265–269, für unmittelbare Übereinstimmungen zwischen Avitus und Augustinus *de genesi ad litteram libri duodecim*.

74 *Augustinus de genesi ad litteram libri duodecim* 1.1.1: *In libris autem omnibus sanctis intueri oportet, quae ibi aeterna intimentur, quae facta narrentur, quae futura praenuntientur, quae agenda praecipiantur vel admoneantur.* (Übersetzung: Perl 1961; die lateinischen Entsprechungen wurden hinzugefügt.).

75 Es ist nicht eindeutig zu entscheiden und für das Verständnis des Gedichts auch kaum erheblich, ob Avitus selbst vom Modell eines dreifachen (vgl. de Lubac 1959–1964, 1.1.139–143) oder eines vierfachen Schriftsinns (zusammenfassend Fladerer 2010, 72–84) ausging.

76 Das Verfahren findet sich prominent schon in den Evangelien; in seiner Schrift *Contra Arrianos* (Peiper 1883, 3, Z. 10–22) bietet Avitus eine Aufzählung einschlägiger Textstellen aus dem Neuen Testament.

77 Häufige verwendete Begriffe: *forma, figura, signum, indicium*; vgl. auch Arweiler 1999, 36.

78 Vgl. Augustinus *de civitate Dei* 15.26f.

79 Zum Beispiel Ehlers 1985, 356: »[...] es ist, als wollte der Autor von vornherein das Recht beanspruchen, die gültige Überlieferung in selbstbewusster Autarkie durch Eingriffe abzuwandeln, deren unorthodoxe Gewagtheit auch heute noch staunen macht.«

80 So stellt er dem »Gesetz der Versdichtung« (*metri lex*, §4) das Gesetz des Glaubens (*fidei lex*) gegenüber und erklärt, die künstlerische »Freiheit, sich eine Lüge auszudenken« (*licentia mentiendi*), sei »von so ernsten Gegenständen« (*a causarum serietate*) fernzuhalten. In diesem Sinne wird auch im Binnenprömium zum vierten Buch die wahrheitsgemäße Erzählung von der »Lügenfabel« (*fabula mendax*) der heidnischen Dichtung abgegrenzt (vgl. *SHG* 4.3 mit Anm. 98). Im Widmungsbrief geht Avitus sogar noch einen Schritt weiter, indem er nicht nur die Inhalte der paganen Dichtung als unzulässig verwirft, sondern auch diejenigen Verweise auf die heidnische Religion ausgeschlossen wissen möchte, welche durch die Übernahme poetischer Muster uneigentlichen Sprechens (*conpendia poetarum aliud ex alio significantia*, §5, s. dort Anm. 240) bedingt sind. Avitus nimmt damit einen rigideren Standpunkt ein als andere spätantike christliche Dichter, was wohl in seiner Eigenschaft als »geistlicher Dichter« (*dicens clericus*, §5) begründet ist; die dazu erwartete Kritik von Seiten weltlicher Leser nimmt er jedenfalls billigend in Kauf.

81 S. Hoffmann 2005, li–lii (Zitat auf S. li). Für Beispiele s.u. S. 30.

82 Zum Beispiel die Reflexion über den menschlichen Begriff von Schönheit *SHG* 1.42f. Auf sehr subtile Weise werden Wertungen vermittelt, wenn das Geschehen in einem nur scheinbar historischen Präsens wiedergegeben ist, das die Gegenwartsrelevanz des Erzählten aufzeigt (z. B. SHG 3.39f oder 5.267ff, bes. 285–290).

83 Vgl. Arweiler 1999, 38–40.

84 Hierzu s. Döpp 2009, 24–26 (mit weiteren Literaturhinweisen).

85 Roberts 1985, 107.

86 Vermutlich aus diesem Grund lässt der erste Versuch einer teilweisen Übertragung von Avitus' Werk ins Deutsche, Gustav Krügers Versübersetzung des zweiten Buches, dessen Verse 277–407 aus und vermittelt dadurch eine sehr verzerrte Vorstellung von Buch und Werk. Zur Kontinuität als Erzählprinzip bei Vergil vgl. Heinze 1903, 379f. Für die exegetische Erzählung ließe sich im-

merhin auf Ovids *Metamorphosen* als Vorgänger verweisen, in denen häufig Vergleichserzählungen assoziativ angefügt werden (z. B. *met.* 6.313–317). Evans 1968, 133, weist darauf hin, dass sich die typologische Exegese gewissermaßen als Äquivalent zu den historischen Digressionen des Epos betrachten lasse: »Instead of invoking the sense of the past by tracing something or someone's history he created a forward-looking perspective by revealing their fulfilment«. Zur Herstellung typologischer Beziehungen in Vergils *Aeneis* vgl. Binder 1971, 1–6.

87 Auktoriale Erzählweise wird in der souveränen Überschau des Erzählers über Vergangenheit, Gegenwart und Zukunft sichtbar (z. B. Prolepse der Vertreibung aus dem Paradies, *SHG* 1.211–217, und des Lebens der Erlösten, *SHG* 2.25–34; Analepse der Himmelssturzes des Teufels *SHG* 2.38–46); zudem kennt der Erzähler vielfach die Gedanken der Figuren (z. B. der Hintergedanke des Teufels *SHG* 2.140f oder der Blick ins Gemüt der ersten Menschen *SHG* 3.32–38). Zur wertenden Kommentierung und Mahnung durch den Erzähler s.o. S. 27; vgl. auch Hecquet-Noti 2009.

88 Ehlers 1985, 356f; vgl. auch Roberts 1985, 123f.

89 Zur Begründung s.o. S. 26–28. Roberts 1985, 107–160, vergleicht unter dieser Rubrik den Umgang der verschiedenen Bibelepiker mit dem biblischen Text; s. dort auch für die Gesichtspunkte Kürzung und Auslassung, Umstellung und Verschmelzung, Einsatz direkter Rede und Umschreibung (zur Amplifikation bei Avitus ebd., 193–198).

90 An der vorliegenden Stelle entsteht, wie Nodes 1993, 119–121, darlegt, durch die Verkürzung und Umstellung der Schöpfungserzählung der Eindruck einer geradezu explosionsartigen Schöpfung der farbenprächtigen Welt aus dem Nichts; Sprache, Stil und Erzählung treten so in den Dienst der theologischen Aussage.

91 Vgl. Ehlers 1985, 358f; zum naturkundlichen Interesse des Erzählers s. Shea 1997, 15f.

92 S.o. S. 26.

93 Avitus folgt hier der bibelexegetischen Tradition, die aus alt- und neutestamentlichen Textstellen, v.a. *Jesaja* 14,4b–21 und *Lukas* 10,18 sowie *Offenbarung* 12,9 die Vorstellung vom Engelssturz des Teufels entwickelt hatte und diesen in der Schlange aus *Genesis* 3,1–6 am Werk sah; dazu vgl. Döpp 2009, 46–53.

94 Vgl. *SHG* 2.38–76 mit Prudentius, *Hamartigenia* 126–205; dazu s. Arweiler 1999, 44f; Döpp 2009, 57–59.

95 Roberts 1985, 146f; dort auch zur Funktion der Reden.

96 Vergil, *Aeneis* 7.293–322 (wörtliche Entsprechung z. B. *SHG* 2.108f und *Aen.* 7.312); Ambrosius, *de paradiso* 12,54; vgl. Roncoroni 1972, 312; Hecquet-Noti

1999, 199, Anm.5; zum literarischen Spiel der Übernahme von Junkturen aus der lateinischen Dichtungstradition s. das folgende Kapitel (unten S. 45).

97 Vgl. Hoffmann 2005, xxvf, der zu Recht darauf verweist, dass die Erzählung innerhalb dieser Klammer vor allem die Verdammnis als gerechte Folge der Sünde betont.

98 S.o. Anm. 80 zur Einf. sowie die Anmerkungen 99 zu *SHG* 4.1-7 und 107/108 zu *SHG* 4.86-96.

99 S. Arweiler 1999, 232f, der zeigt, wie Avitus das Vorbild so verändert, dass Gott deutlich souveräner erscheint als der ovidische Jupiter. Für eine eingehende Analyse des vierten Buches unter dem Gesichtspunkt episierender Gestaltung s. Deproost 1991.

100 S. Arweiler 1999, 59 und 308f, der diese für Avitus charakteristische Stichworttechnik beziehungsweise »Selbstimitation« beschreibt und an *SHG* 4.160–163, *SHG* 1.15f und *SHG* 4.553–562 nachweist.

101 Dies gilt auch unter dem Gesichtspunkt der Ponderierung des Gesamtwerks: Den 1173 Versen der ersten drei Bücher tritt mit 1379 Versen in den Büchern vier und fünf eine vergleichbare Zahl gegenüber. Ins räumliche Zentrum des Gedichts rückt dadurch das auch theologisch zentrale Gebet *SHG* 3.362–425 (vgl. Arweiler 1999, 17 Anm. 17).

102 S. Arweiler 1999, 64f (dort auch zur moralischen Vorbildfunktion); vgl. Anm. 135 zu *SHG* 4.341. Das der Bibel entsprechende Epitheton *iustus* z. B. *SHG* 4.339; vgl. auch Moses' Epitheton *legifer* (*SHG* 2.295, 5.67, 5.371); auch die Bezeichnung als *heros* teilen sich Noah und Moses (*SHG* 4.222, 4.285; 5.67); Moses wird darüber hinaus aufgrund seiner militärischen Qualitäten auch als »ruhmreicher Führer« (*inclitus… ductor, SHG* 5.704) bezeichnet.

103 Immerhin hatte bereits das vierte Buch die Giganten (*Gen* 6) mit der Erzählung des Turmbaus zu Babel (*Gen* 11) verknüpft und erneut auf die bereits im zweiten Buch erzählte Zerstörung von Sodom und Gomorra (*Gen* 18f) hingewiesen. Doch werden zentrale Figuren der *Genesis*-Erzählung von Avitus entweder gar nicht erwähnt (Joseph) oder nur gestreift (*SHG* 3.257ff: Abraham; 5.361–365: Jakob).

104 Zum Pharao als »Führer des schwarzen Heereszuges« (*nigri dux agminis*) s. Anm. 218 zu *SHG* 5.641. Zu Moses als episiertem Glaubenshelden s.o. S. 41; zur epischen Verkündung der Ruhmestaten s.o. S. 24.

105 Über bereits zuvor besprochene Elemente wie Reden als Mittel der Charakterisierung und Handlungsmotivierung (z. B. *SHG* 5.48–66; s.o. S. 34) sowie ausführlichen Beschreibungen (Ekphraseis, *SHG* 5.401–411; s.o. S. 31) hinaus seien beispielsweise genannt: die späte namentliche Bezeichnung des Protagonisten Moses (*SHG* 5.40), die der homerisch-vergilischen Eigenart entspricht,

den Namen einer Figur erst zu nennen, wenn sie in Aktion tritt (Heinze 1903, 376f); die epische Schilderung des Tagesanbruchs (z. B. *SHG* 5.127–130); Unsagbarkeitstopoi (*SHG* 5.340f; vgl. auch 5.6f sowie 2.292–294; 3.334–339; 4.295f); das Ausmalen »ungeschehenen Geschehens« (*SHG* 4.456–460; 5.535–539); Heereskataloge (*SHG* 5.371–388; 5.501–518); zu Moses' Feldherrnrede (*SHG* 5.558–574), ihrer kurzen Entsprechung von Seiten des Pharaos (*SHG* 5.605–608; vgl. 672–675) und zu der sogenannten *tis*-Rede des anonymen Ägypters (*SHG* 5.620–635) s. das Folgende. Eine ausführliche Analyse und Interpretation im Lichte paganer und christlicher Vorgänger bietet Roberts 1983.

106 S. Anm. 216 zu *SHG* 5.616–619.

107 Daneben ist auch eine tropologische Interpretation der Erzählung des fünften Buches im Sinne der *Psychomachia* des Prudentius denkbar; die durch die Israeliten repräsentierte Seele würde dann in dem letzten Kampf im Roten Meer von Teufel und Sünden in Gestalt des Pharaos und der Ägypter befreit: s. Roberts 1983, 78f.

108 S. hierzu die Bemerkungen bei Hecquet-Noti 1999, 74–77; Gärtner 2000, 157f, weist überzeugend nach, dass den Versen *SHG* 4.563–568 der Text der vorhieronymianischen lateinischen Bibelübersetzung zugrunde liegt. Wenn in den Anmerkungen zur Übersetzung aus der *Vulgata* zitiert wird, stammen Text und Übersetzung, sofern nicht anders angegeben, aus der zweisprachigen Ausgabe von Beringer/Ehlers/Fieger 2018, die sich ihrerseits auf den lateinischen Text der Ausgabe von Weber/Gryson 2007 stützt.

109 Hierzu und zum Folgenden vgl. die Nachweise bei Arweiler 1999, 347–354 sowie Hecquet-Noti 1999, 79–81; zur Vermeidung tropischer Bezeichnungen, die aus christlicher Sicht bedenklich erschienen s. §5 des Widmungsbriefs und die Anmerkung dazu.

110 Für ein Beispiel s. Anm. 221 zu *SHG* 5.659f (*insigne lignum*).

111 Vgl. Roberts 1983, 77: »It is from this interaction of poetic idiom and Christian intent that the particular qualities of the SHG emerge.« Die vorliegende Übersetzung ist deshalb darum bemüht, die Bedeutungsnuancen und unterschiedlichen Konnotationen der gewählten Ausdrücke wo immer möglich nachzuzeichnen und sie nicht durch eine einheitliche Wiedergabe einzuebnen.

112 Zur literarischen Kultur im spätantiken Gallien und ihrer Orientierung an der römischen Dichtungstradition vgl. die Bemerkungen oben S. 12.

113 In dieser Transparenz zum Ursprungskontext unterscheidet sich Avitus' Technik von den Regeln für den Cento, die Ausonius im Einleitungsschreiben zu seinem *Cento Nuptialis* formuliert (dazu s. Herzog 1975, 4–7). Für besonders augenfällige Beispiele s.o. S. 34 (zu *SHG* 2.89–116) sowie *SHG* 4.359 (*multum*

ille et terris iactatus et alto) mit Anm. 139. Es liegt auf der Hand, dass eine Übersetzung die Anspielungen auf den Ursprungskontext im Regelfall nicht kenntlich machen kann. Der Leser sei daher auf die Nachweise in den einschlägigen wissenschaftlichen Arbeiten verwiesen, vor allem Peiper 1883, 302–307; Manitius 1886; Costanza 1968, passim; Roberts 1983, 62ff; Gärtner 2000 und 2001a; außerdem in den Kommentaren von Arweiler 1999, Hecquet-Noti 1999 und 2005, Hoffmann 2005.

114 Roberts 1989, 70ff.

115 Die Übersetzung folgt diesem Wechsel aus Gründen der Lesbarkeit nicht immer; wo allerdings das lateinische Präsens für gnomische Aussagen gewählt scheint, ist dies auch im Deutschen entsprechend wiedergegeben (z. B. *SHG* 5.197; 5.399f).

116 Insbesondere die hierdurch bedingte Verdichtung lässt es geradezu aussichtslos erscheinen, das Gedicht ohne sprachliche Zerdehnungen oder inhaltliche Einbußen in deutsche Verse übertragen zu wollen. Für weitere stilistische Eigentümlichkeiten s. Arweiler 1999, 354–358.

117 Sein Scholion im Codex Sangallensis 264 (10. Jh.), S. 237, empfiehlt Werke für Stilstudien: *quid dicam* […] *Prudentium et Avitum nodose quidem in suo coturno facundos?* (zitiert bei Glauche 1970, 87). Im Sinne der Lesbarkeit sind die beschriebenen Konglomerate in der Übersetzung häufig aufgelöst.

118 Hierzu und zum Folgenden s. Hecquet-Noti 1999, 86–105, sowie Gärtner 2002; zur handschriftlichen Überlieferung des Gedichts vgl. die Bemerkungen zum lateinischen Text S. 273.

119 Vgl. Anm. 250 zu *epist.* 51 §12 sowie die Bemerkungen oben S. 13.

120 Zu Venantius Fortunatus und Isidor s.o. Anm. 42 zur Einf.; zu der in Spanien entstandenen Schrift *de dubiis nominibus* s. Manitius 1911, 127f; Glauche 1970, 8; Hecquet-Noti 1999, 88.

121 Hierfür und für das Folgende s. die grundlegenden Aussagen und Nachweise bei Glauche 1970, passim, bes. 80, 83, 106, 112, 124 Anm. 43; vgl. auch Hecquet-Noti 1999, 88.

122 Übersichten über die erhaltenen Handschriften bei Peiper 1883, lxxv–lxxvi, und Hecquet-Noti 1999, 102f; Editio princeps: Johannes Adelphus [genannt Muling] (ed.): Alcimi Aviti Viennensis libri sex, Straßburg: Grüninger 1507.

123 Gärtner 2002, 111.

124 Kartschoke 1975, 213–218; McBrine 2017, 270ff.

125 Kartschoke 1975, bes. 276f; 290–292.

126 Evans 1968, passim; Nodes 1985a, 7–10, der einige frappierende Übereinstimmungen zwischen Miltons und Avitus' Formulierungen zusammenstellt; Döpp 2009, 97f (mit weiterer Lit.).

TEXT UND ÜBERSETZUNG

Quidquid agit varios humana in gente labores,
unde brevem carpunt mortalia tempora vitam,
vel quod polluti vitiantur origine mores,
quos aliena premunt priscorum facta parentum,
addatur quamquam nostra de parte reatus,
quod tamen amisso dudum peccatur honore,
adscribam tibi, prime pater, qui semine mortis
tollis succiduae vitalia germina proli.
Et licet hoc totum Christus persolverit in se,
contraxit quantum percussa in stirpe propago:
Attamen auctoris vitio, qui debita leti
instituit morbosque suis ac funera misit,
vivit peccati moribunda in carne cicatrix.
Iam pater omnipotens librantis pondere verbi
undique collectis discreverat arida lymphis
litoribus pontum constringens, flumina ripis.
Iam proprias pulchro monstrabat lumine formas
obscuro cedente die, varioque colore
plurima distinctum pingebat gratia mundum.
Temporibus sortita vices tum lumina caelo
fulsere alterno solis lunaeque meatu.
Quin et sidereus nocturno in tempore candor
temperat horrentes astrorum luce tenebras.
Actutum suavi producens omnia fetu
pulchra repentino vestita est gramine tellus.
Accepere genus sine germine iussa creari

Was auch immer die mannigfaltigen Mühen im Menschengeschlecht herbeiführt, wovon das Dasein der Sterblichen die Kürze des Lebens erntet, oder dass schon von ihrem Ursprung her unsere Sitten besudelt und verdorben sind (auf ihnen lastet das Fehlverhalten unserer Ureltern, das nicht wir zu verantworten haben, zu dem allerdings auch von unserer Seite noch Schuld hinzukommt, weil man, obwohl unser Ehrenrecht[1] längst verloren ist, trotzdem noch sündigt): All dies werde ich dir, erster Vater, zuschreiben, der du der hinfälligen Nachkommenschaft durch deinen Todessamen die Lebenskeime nimmst.[2]

Und hat auch Christus in seiner Person all das getilgt, was an Schuld dein an der Wurzel verwundetes Geschlecht aufgehäuft hat, trotzdem: Durch das Vergehen seines Begründers, der die Todesschuld beginnen und den Seinen Krankheit und Begräbnis zukommen ließ, lebt in unserem todgeweihten Fleische weiter die Narbe der Sünde.

Schon hatte der allmächtige Vater mit dem Gewicht seines wägenden Wortes von überall her die Wasser gesammelt, vom Trockenen geschieden, mit Küsten das Meer begrenzt und mit Ufern die Flüsse. Schon ließ er, als die Dunkelheit vom Tage wich, in herrlichem Lichte die jeweils eigenen Formen erscheinen. Anmutigste Schönheit zierte die Welt, die in mannigfaltiger Farbe hervortrat.

Ihren Platz in den Zeiten erhielten sodann die Lichter am Himmel und erstrahlten im wechselnden Laufe von Sonne und Mond. Ja, und auch zur Nachtzeit milderte himmlischer Glanz durch das Licht der Gestirne das schauderhafte Dunkel.

Sogleich brachte die Erde in süßer Frucht alles hervor und gewandete sich schön in ein unvermutetes Graskleid. Es erhielten ihre eigene Gattung die Pflanzen, die ohne Keim erschaffen wur-

et semen voluisse fuit. Sic ubere verbi
frondescunt silvae: Teneris radicibus arbor
duravit vastos parvo sub tempore ramos.
Protenus in taetras animalia multa figuras
surgunt et vacuum discurrunt bruta per orbem.
Elatae in altum volucres motuque citato
pendentes secuere vias et in aere sudo
praepetibus librant membrorum pondera pinnis.
Post etiam clausi vasto sub gurgite pisces
respirant lymphis flatusque sub aequore ducunt:
Quaeque negant nobis, illis dant umida vitam.
Nec minus in pelago vivescunt grandia cete
accipiuntque cavis habitacula digna latebris.
Et quae monstra solet rarus nunc prodere pontus,
aptat ad informes condens sollertia formas.
Quodque hominum falso credit mens nescia foedum,
per propriam speciem natura iudice pulchrum est.
Ergo ubi conpletis fulserunt omnia rebus,
ornatuque suo perfectus constitit orbis,
tum pater omnipotens aeterno lumine laetum
contulit ad terras sublimi ex aethere vultum
inlustrans, quodcumque videt: Placet ipsa tuenti
artifici factura suo laudatque creator
dispositum pulchro, quem condidit, ordine mundum.
Tum demum tali sapientia voce locuta est:
»En praeclara nitet mundano machina cultu.
Et tamen impletum perfectis omnibus orbem
quid iuvat ulterius nullo cultore teneri?
Sed ne longa novam contristent otia terram,

den, nur auf Geheiß, und Same war einzig der göttliche Wille. So schlugen an der nährenden Brust des Wortes die Wälder aus: Mit zarten Wurzeln härtete der Baum in kurzer Zeit seine weithinragenden Äste.

[30] Gleich darauf erwuchsen zu garstigen Gestalten viele Tiere und wuselten dumpf über den leeren Erdkreis. In die Höhe erhoben sich die Vögel, schnitten in schneller Bewegung gleitend ihre Bahn und tarierten in der heiteren Luft mit schnellem Gefieder das Gewicht ihrer Glieder.

[35] Danach kamen, zwar eingeschlossen unter der weiten Flut, auch die Fische im Wasser zu Luft und erhielten ihren Atem unter der Oberfläche: Das Nass, das uns es verweigert, gibt ihnen das Leben. Und ebenso begannen im Meer die großen Walfische zu leben und erhielten in den Höhlungen ihrer Schlupfwinkel eine würdige Wohnstatt. [40] Ungeheuer, die heute die See gewöhnlich nur selten enthüllt, formte die kunstreiche Schöpfung zu ungestalten Gestalten. Und was der unwissende Sinn der Menschen für hässlich hält, ist der Natur, soll sie darüber richten, nach seiner je eigenen Art etwas Schönes.[3]

Wie nun die Welt mit Leben erfüllt war, alles erstrahlte [45] und der Erdkreis in seinem Schmuck zur Vollendung kam, da wandte der allmächtige Vater sein Antlitz, ewigen Lichtes froh, vom hohen Äther zur Erde. Was immer er ansieht, bringt er zum Leuchten: Das Werk findet, wie der es betrachtet, Gefallen bei seinem eigenen Künstler; der Schöpfer lobt [50] die Welt, die er begründet und in schöner Ordnung eingerichtet hat.

Da sprach schließlich mit solchen Worten die göttliche Weisheit:[4] »Siehe, es glänzt herrlich das Getriebe der Welt in seinem Schmuck. Und doch: Was hilft es, dass der Erdkreis von all diesen vollendeten Schöpfungen erfüllt ist, wenn ihn nicht auch noch ein Pfleger bewohnt? [55] Aber damit nicht lange Untätigkeit die neue Erde in Betrübnis bringt, soll nun der Mensch gebildet werden:

nunc homo formetur, summi quem tangat imago
numinis, et nostram celso donatus honore
induat interius formonsa in mente figuram!
Hunc libet erectum vultu praeponere pronis,
qui regat aeterno subiectum foedere mundum,
bruta domet, legem cunctis ac nomina ponat,
astra notet caelique vias et sidera norit,
discat et inspectis discernere tempora signis.
Subiciat pelagus saevum ingenioque tenaci
possideat, quaecumque videt: Cui bestia frendens
serviat, et posito discant mansueta furore
imperium iumenta pati iussique ligari
festinent trepidi consueta in vincla iuvenci!
Quoque magis natura hominis sublimior extet,
accipiat rectos in caelum tollere vultus:
Factorem quaerat proprium, cui mente fideli
inpendat famulam longaevo in tempore vitam!«
Haec ait et fragilem dignatus tangere terram
temperat umentem consperso in pulvere limum
orditurque novum dives sapientia corpus.
Non aliter quam nunc opifex, quibus artis in usu est
flectere laxatas per cuncta sequacia ceras
et vultus implere manu seu corpora gypso
fingere vel segni speciem conponere massa:
Sic pater omnipotens victurum protenus arvum
tractat et in lento meditatur viscera caeno.
Hinc arcem capitis sublimi in vertice signat
septiforem vultum rationis sensibus aptans

An ihn soll das Bild meines erhabenen Gottseins rühren. Beschenkt mit dieser hohen Ehre soll er sich tief im Innern seines edlen Geistes in mein Abbild kleiden![5] Mit seinem aufrechten Antlitz will ich ihn über die gebeugten Kreaturen setzen. So soll er die Welt, die ihm durch ewigen Bund unterworfen sei, lenken, die unvernünftigen Tiere sich untertan machen, jeglichen Dingen ihre Gesetze und Namen geben, die Himmelskörper bezeichnen, Himmelsbahnen und Gestirne erkunden und durch Betrachtung der Sternbilder die Zeiten des Jahres zu unterscheiden lernen. Unterwerfen soll er die wilde See und mit seiner angeborenen Beharrlichkeit in Besitz nehmen, was immer er sieht: Dienen soll ihm das grimmige Tier, seine Wut ablegen und als Zugtier lernen, seinen Befehl zahm zu dulden; und wenn er die jungen Stiere festgebunden wünscht, dann sollen sie hastig in ihre vertrauten Bande eilen! Und damit das Wesen des Menschen umso erhabener hervortrete, soll er das Vorrecht erhalten, sein aufrechtes Antlitz zum Himmel erheben zu dürfen: Seinen eigenen Schöpfer soll er suchen, um ihm zeit seines langen Daseins getreulich ein dienstbares Leben zu widmen.«

So spricht er, lässt sich dazu herbei, die schlaffe Erde zu berühren, und bringt den feuchten Schlamm in ein Mischungsverhältnis mit dem Ton, den er hinzugibt; und so beginnt seine reiche Weisheit, einen neuen Körper zu gestalten. Nicht anders als heute ein bildender Künstler,[6] zu dessen Kunst es gehört, biegsames Wachs, das in allem der Hand folgt, zu verformen, mit der Hand die einzelnen Gesichtszüge auszuführen, Körper aus Gips herauszubilden oder der formbaren Masse ein menschliches Aussehen zu geben:

So bearbeitet auch der allmächtige Vater die Erdkrume, die sogleich zu Leben kommen soll, und entwirft aus dem zähen Kot die Eingeweide. Auf dem hohen Scheitel markiert er die Burg des menschlichen Hauptes und lässt den Wahrnehmungen des Geistes ein Gesicht mit sieben Öffnungen entsprechen, das zu riechen ver-

olfactu, auditu, visu gustuque potentem;
tactus erit solus, toto qui corpore iudex
sentiat et proprium spargat per membra vigorem.
Flexilis artatur recavo sic lingua palato,
pressus ut in cameram pulsantis verbere plectri
percusso resonet modulatus in aere sermo.
Exim succiduum porrecto in corpore pectus
spargit ramosas post brachia fortia palmas.
succedit stomacho medius, qui tegmine molli
inter utrumque latus foveat vitalia, venter.
Dividuam partem femur excipit, aptius ut se
alternum moveat duplicato poplite gressus.
At parte ex alia, fingit quam conditor unus,
occipiti submissa suo descendere cervix
incipit et vastos compagibus addere nervos.
Spina rigens crebris inter commercia nodis
diffundit duplicem costarum ex ordine cratem.
Pars interna novos vitae formatur ad usus,
naturale parant tegmen vitalia cordi,
massaque congestis pendens absconditur extis.
Additur et tenui pascendus ab aere pulmo,
qui concepta trahens lenti spiramina flatus
accipiat reddens, reddat, quas sumpserit, auras,
inque vicem crebro pellatur anhelitus haustu.
Dextra tenet iecoris vegetandum sanguine fontem,
quo clausum venae spargant per viscera flumen.
Lienis laevam sortitur regula partem,
qua crines perhibent unguesque recrescere sectos:

mag, zu hören, zu sehen und zu schmecken; [85] nur der Tastsinn soll die Fähigkeit besitzen, am ganzen Körper wahrzunehmen und zu urteilen und seine besondere Kraft in allen Gliedern zu entfalten.[7] Die biegsame Zunge schmiegt sich so in den Hohlraum des Gaumens, dass die Sprache, eingezwängt in die Mundkammer, über den Luftstrom, den der Anschlag dieses hämmernden Plektrons trifft, artikuliert ertönen kann.

[90] Dann breitet die Brust, die sich an der Vorderseite des Körpers hinabzieht, am Ende der kräftigen Arme die verzweigten Hände aus. An die Speiseröhre schließt sich in der Mitte des Körpers der Bauch an, um durch seine weiche Decke zwischen beiden Seiten die lebenswichtigen Organe zu wärmen. Die Oberschenkel nehmen dann je eine Hälfte des Körpers auf, damit sich der Schritt [95] durch abwechselndes Beugen der Knie geschickter bewegen kann. Aber auf der anderen Körperseite, die der gleiche eine Erschaffer gestaltet,[8] beginnt, unten an den Hinterkopf anschließend, der Nacken hinabzuwandern und den Gelenken weitausgreifende Sehnen anzufügen. Das starre Rückgrat lässt mit zahlreichen Wirbeln an den Verbindungsstellen [100] ein Doppelgeflecht in der Anordnung der Rippen von sich ausgehen.

Der innere Teil des Körpers wird nach den neuen Lebensbedürfnissen eingerichtet: Die lebenswichtigen Organe bieten dem Herzen einen natürlichen Schutz, und diese Herzmasse verbirgt sich hängend in den zusammengehäuften Eingeweiden. Hinzu kommt auch die Lunge, die sich an der feinen Luft nähren [105] und den empfangenen Atem in langen Zügen einsaugen, aufnehmen und wieder zurückgeben soll. Zurückgeben soll sie die Luft, die sie zu sich genommen hat, und in häufigem Wechsel sollen sich Ausatmen und Einatmen ablösen. Die rechte Seite enthält die Leber, die durch Blut gespeist werden soll und aus deren Quell die Adern ihren eingeschlossenen Blutstrom über die Eingeweide verteilen. [110] Die bolzenförmige Milz[9] erhält die linke Seite des Körpers, und durch sie sollen, sagt man, Haare und Nägel nach dem

Quae vivunt sensuque carent in corporis usu
nec abscisa dolent, hinc nunc augmenta resumunt.
Postquam perfectae iacuit novitatis imago
formatumque lutum speciem pervenit in omnem,
vertitur in carnem limus durataque molles
visceribus mediis traxerunt ossa medullas.
Inseritur venis sanguis, vivoque colore
inficit ora rubor: Toto tum corpore pallor
pellitur et niveos depingit purpura vultus.
Inde ubi perfectis consuescit vivere membris
totus homo et fumant calefacta ut viscera, solam
expectant animam, puro quam fonte creator
promat et erectos recturam mittat in artus.
Lenem perpetuo flatum profundit ab ore
inspiratque homini, quem protenus ille receptum
attrahit et crebri discit spiraminis auras.
Postquam nascentem sollers prudentia sensum
inbuit et puro rationis lumine fulsit,
surgit et erectis firmat vestigia plantis.
Tum varias mundi species caelumque refulgens
mirantem tali conpellat voce creator:
»Haec quae mundanis cernis pulcherrima rebus
incrementa novis ornatum tensa per orbem,
solus habe totisque prior dominare fruendo!
Tu mihi, cuncta tibi famulentur. Maximus ordo est,
te parere pio, qui subdidit omnia, patri.
Non species ullae nec numina vana colantur,
non si quid caelo sublime novumque coruscat,

Schneiden nachwachsen: Sie sind zwar lebendig, nehmen aber von der körperlichen Betätigung nichts wahr; und so empfinden sie auch durch Abschneiden keinen Schmerz und erhalten von der Milz nun wieder ihr Wachstum.

Nachdem diese Neuheit vollendet als Puppe da lag [115] und der Lehm durch Formung zur vollen Entfaltung gelangt war, wandelte sich der Schlamm zu Fleisch, und die gehärteten Knochen nahmen inmitten der Eingeweide ihr weiches Mark auf. In die Adern schießt Blut ein, und Röte überzieht den Mund mit lebendiger Farbe: Da wird dem ganzen Körper die Blässe [120] ausgetrieben, und ein Purpurton malt das schneeweiße Gesicht aus.

Dann sind die einzelnen Teile des Körpers vollendet, der Mensch als Ganzes macht sich mit dem Leben vertraut, und seine Eingeweide dampfen wie erhitzt. Und nun warten sie nur noch auf ihre Seele, die der Schöpfer aus reiner Quelle holen und in die aufgerichteten Gliedmaßen einlassen soll, damit sie sie lenke. [125] Sanften Odem lässt er seinem ewigen Munde entströmen und haucht ihn dem Menschen ein, der ihn sogleich empfängt, einsaugt und dabei das wiederholte Luftholen erlernt.[10]

Nachdem nun die kunstreiche Einsicht sein gerade erst entstehendes Bewusstsein benetzt hatte und im reinen Lichte der Vernunft erstrahlte, [130] erhob sich der Mensch, richtete seine Beine auf und festigte seine Schritte. Wie er dann über die mannigfaltigen Erscheinungen der Welt und den hell erstrahlenden Himmel staunte, redete ihn mit solchen Worten sein Schöpfer an: »Die herrliche Auszierung der neuen Welt, die du hier siehst, erstreckt sich über den schmuckreichen Erdkreis. [135] Sei du allein ihr Besitzer, herrsche in deiner Überlegenheit über alles, und freue dich daran! Du sollst mir und alles soll dir dienen. Das wichtigste Gebot ist: Gehorche deinem gütigen Vater, der dir alles untertan gemacht hat! Kein Trugbild und keine hohlen Götzen sollst du verehren: nicht, wenn etwas Erhabenes oder Unbekanntes am

non quae vel terris vivunt formata vel undis
nec quod forte premens prohibet natura videri.
Usibus ista tuis, non cultibus, esse memento;
praecellens factis factorem pronus adora!«
Interea sextus noctis primordia vesper
rettulit alterno depellens tempore lucem:
Dumque petunt dulcem spirantia cuncta quietem,
solvitur et somno laxati corporis Adam.
Cui pater omnipotens pressum per corda soporem
iecit et inmisso tardavit pondere sensus,
vis ut nulla queat sopitam solvere mentem:
non si forte fragor securas verberet aures,
nec si commoto caelum tunc intonet axe;
sed nec pressa manu rupissent membra quietem.
Tum vero cunctis costarum ex ossibus unam
subducit laevo lateri carnemque reponit.
Erigitur pulchro genialis forma decore,
inque novum subito procedit femina vultum.
Quam deus aeterna coniungens lege marito
coniugii fructu pensat dispendia membri.
Istius indicium somni mors illa secuta est,
sponte sua subiit sumpto quam corpore Christus.
Qui cum passurus ligno sublimis in alto
penderet nexus, culpas dum penderet orbis,
in latus extensi defixit missile lictor.
Protenus exiliens manavit vulnere lympha,
qua vivum populis iam tum spondente lavacrum
fluxit martyrium signans et sanguinis unda.

Himmel schimmert, [140] nicht die Geschöpfe, die da zu Land oder in den Wogen des Meeres hausen, noch auch etwa, was die Natur bedeckt hält und so daran hindert, in Erscheinung zu treten! Denke daran: Zu deinem Gebrauch, nicht zur Anbetung sind diese Dinge da. Bete du, der du herausragst aus allen Geschöpfen, gebeugten Hauptes deinen Schöpfer an!«

Inzwischen brachte der sechste Abend wieder den Beginn der Nacht [145] zurück und verscheuchte im Wechsel der Zeiten das Licht: Und während alles, was da lebt, die süße Ruhe sucht, gibt sich auch Adam mit gelösten Gliedern dem Schlaf hin. Ihm wirft der allmächtige Vater einen dichten Schlummer über sein Herz, beschwert seine Sinne und hemmt sie so, [150] dass keine Gewalt den entschlummerten Geist daraus lösen kann: nicht, wenn etwa ein Krachen an seine sorgenfreien Ohren schlägt, nicht, wenn die Himmelsachse sich rührt und das Firmament ertönt; vielmehr hätten seine Glieder nicht einmal auf den Druck einer Hand hin ihre Schlafesruhe unterbrochen. Da aber entwendet er der ganzen Zahl von Rippenknochen einen [155] an der linken Seite und füllt die Stelle mit Fleisch auf: Schön wie eine Braut richtet sich die Gestalt in herrlichem Schmuck auf, und auf einmal tritt neu die Frau in Erscheinung. Gott verbindet sie nach ewigem Gesetz mit ihrem Gatten und wiegt ihm den Verlust seiner Rippe durch den Genuss der Ehe auf.

[160] Der Vorausdeutung durch diesen Schlaf entsprach hernach jener Tod, den Christus, nachdem er menschlichen Körper angenommen hatte, aus freiem Willen auf sich nahm.[11] Als dieser, festgebunden und bereit, die Passion zu erleiden, hoch oben schwer am Holze hing, um schwer für die Schulden der Welt zu bezahlen, da bohrte ein Scherge seine Lanze in die Seite des am Kreuze Hingestreckten. [165] Sogleich lief aus der Wunde sprudelnd ein Wasser, das schon da den Völkern ein lebendiges Taufbad verhieß,[12] und als Zeichen des Martyriums floss ein Strom von Blut.

Inde quiescenti, gemina dum nocte iaceret,
de lateris membro surgens ecclesia nupsit.
Principio rector tanti sacrare figuram
disponens vincli nectit conubia verbo:
»Vivite concordi studio mundumque replete,
crescat longaevum felici semine germen,
non annis numerus vitae nec terminus esto!
Progeniem sine fine dedi, quam tempore toto
adspicies, generi primus qui poneris auctor.
Pronepos eductos spargens per saecla nepotes
viventes numeret proavos inque ora parentum
ducant annosos natorum pignora natos.
Tum lex coniugii toto venerabilis aevo
intemerata suo servabitur ordine cunctis.
Femina persistat de viscere sumpta virili
coniugio servare fidem, nec separet alter,
quod iungit sociatque deus! Cum patre relinquat
et matrem iusto constrictus amore maritus!
Ista parentales non rumpant vincula curae,
vita sed amborum carnem teneatur ad unam!«
Taliter aeterno coniungens foedere vota,
festivum dicebat hymen castoque pudori
concinit angelicum iuncto modulamine carmen.
Pro thalamo paradisus erat, mundusque dabatur
in dotem, et laetis gaudebant sidera flammis.
Est locus eoo mundi servatus in axe
secretis, natura, tuis, ubi solis ab ortu
vicinos nascens aurora repercutit Indos.
Hic gens ardentem caeli subteriacet axem,

Und so wurde dem Ruhenden, wie er zwei Nächte lang da lag, die Kirche angetraut, die aus einem Glied seiner Seite emporwuchs.[13]

[170] Der Weltenlenker will von Anfang an das Symbol einer so wichtigen Verbindung weihen und knüpft die Ehe mit folgenden Worten: »Lebt in Eintracht, und füllt die Welt! Lang soll das Geschlecht aus eurem fruchtbaren Samen leben und wachsen, und euren Lebensjahren sei keine Zahl und keine Grenze! [175] Eine Nachkommenschaft ohne Ende, auf die du alle Zeit wirst sehen dürfen, habe ich dir gegeben, der du als erster Urheber dieses Geschlechts eingesetzt wirst.[14] Dein Urenkel soll die Enkel, die er aufgezogen hat, über die Jahrhunderte verteilen und seine Urgroßväter unter die Lebenden zählen; und vor das Angesicht der Eltern sollen der Kinder Sprösslinge ihre dann auch schon bejahrten Kinder führen. [180] Dann wird das ehrwürdige Gesetz der Ehe in alle Ewigkeit unverletzt nach seiner Ordnung bei allen befolgt werden. Die Frau, genommen aus den Eingeweiden des Mannes, soll das Eheversprechen getreulich einhalten, und auch ihr Gegenüber soll nicht trennen, was Gott verbindet und vereint! Der Ehemann soll, [185] durch eine rechtmäßige Liebe dazu verpflichtet, Vater und Mutter zugleich verlassen! Auch die Sorge um die Eltern soll das Band der Ehe nicht zerreißen; vielmehr soll das Leben beider immer ein Fleisch bleiben!« So band er die Gelübde in einem ewigen Bund, stimmte eine heitere Hochzeitsweise an, [190] und der Chor der Engel fiel mit seinem Sange ein in das Lied auf die ehrbare Unschuld. Anstelle des Brautgemachs war da der Paradiesgarten; die Welt erhielten sie als Mitgift, und die Sterne zeigten mit heiteren Flammen ihre Freude.

Es gibt einen Ort unter dem östlichen Himmelszelt, der deinen Geheimnissen, Natur, vorbehalten ist und wo beim Aufgang der Sonne [195] die neu entstehende Morgenröte ihre Nachbarn, die Inder, blendet. Hier hat unter dem feurigen Himmelszelt ein Volk

quam candor fervens albenti ex aethere fuscat.
His semper lux pura venit caeloque propinquo
nativam servant nigrantia corpora noctem.
Attamen in taetris splendentia lumina membris
captivo fulgore micant, visuque nitente
certior adcrescit pullatis vultibus horror.
Caesaries incompta riget, quae crine supino
stringitur, ut refugo careat frons nuda capillo.
Sed magnum nostros quidquid perfertur ad usus,
his totum natura dedit telluris opimae.
Quidquid odoratum pulchrumque adlabitur, inde est.
Concolor his ebeni piceo de fomite ramus
surgit, et hic, eboris munus quae porrigit orbi,
informis pulchros deponit belua dentes.
Ergo ubi transmissis mundi caput incipit Indis,
quo perhibent terram confinia iungere caelo,
lucus inaccessa cunctis mortalibus arce
permanet aeterno conclusus limite, postquam
decidit expulsus primaevi criminis auctor,
atque reis digne felici ab sede revulsis
caelestes haec sancta capit nunc terra ministros.
Non hic alterni succedit temporis umquam
bruma, nec aestivi redeunt post frigora soles,
excelsus calidum cum reddit circulus annum,
vel densante gelu canescunt arva pruinis.
Hic ver adsiduum caeli clementia servat;
turbidus auster abest, semperque sub aere sudo
nubila diffugiunt iugi cessura sereno.

seinen Platz, das der vom weißen Äther herabglühende Glanz schwarz färbt.[15] Zu diesen Menschen kommt stets ein ungetrübtes Licht, und die schwarzen Körper bewahren in sich die aus dem nahen Himmel geborene Nacht. [200] Aber aus den garstig-dunklen Gliedern funkeln ihre strahlenden Augen in berückendem Glanz hervor, und durch den gleißenden Blick verbindet sich mit ihren trauerschwarzen Gesichtszügen umso gewisser ein Schaudern. Ungeglättet und struppig ist ihr Schopf, die Frisur nach hinten gebunden, so dass die Stirn von dem zurückweichenden Haar ganz unbedeckt bleibt. [205] Aber alles, was an bedeutenden Gütern zu unserem Gebrauch erst angeliefert werden muss, das hat diesen Menschen der natürliche Reichtum ihres Landes geschenkt. Alles, was an Düften und edlen Gütern bei uns anlangt, stammt von dort. Bei ihnen wächst in gleicher Farbe wie sie selbst aus pechschwarzem Stamm der Zweig des Ebenholzbaumes empor; ja, hier [210] legt auch das unförmige Riesentier seine schönen Zähne ab und bietet sie dem Erdkreis als Geschenk aus Elfenbein.

Wo also, wenn man die Inder hinter sich gelassen hat, der Anfang der Welt liegt und wo die Erde an ihren Grenzen mit dem Himmel verbunden sein soll, da liegt auf einer für alle Sterblichen unzugänglichen Anhöhe noch immer ein Hain, verschlossen durch eine ewige Grenze, seit [215] der Urheber der Ursünde daraus vertrieben wurde und seinen Fall erlitt; und nachdem die Schuldigen zu Recht aus dem glücklichen Aufenthalt herausgerissen wurden, nimmt dieser heilige Fleck nun die himmlischen Diener auf.[16] Hier tritt niemals Winterfrost im Wechsel der Jahreszeiten ein, und es kehrt auch nicht nach der Kälte die Sommerglut dahin zurück, [220] wenn der Kreislauf am Himmel das Jahr heiß werden lässt oder mit dichter werdendem Frost die Felder vom Reif ergrauen. Hier lässt die Milde des Klimas einen ewigen Frühling bestehen; der gewitterbringende Südwind bleibt fort, und stets zerstreuen sich unter der trockenen Himmelsluft die Wolken, um einem heiteren Wetter Platz zu machen, das nie zu Ende geht.

Nec poscit natura loci quos non habet imbres,
sed contenta suo dotantur germina rore.
Perpetuo viret omne solum terraeque tepentis
blanda nitet facies, stant semper collibus herbae
arboribusque comae: Quae cum se flore frequenti
diffundunt, celeri confortant germina suco.
Nam quidquid nobis toto nunc nascitur anno,
menstrua maturo dant illic tempora fructu.
Lilia perlucent nullo flaccentia sole,
nec tactus violat violas, roseumque ruborem
servans perpetuo suffundit gratia vultu.
Sic cum desit hiems nec torrida ferveat aestas,
fructibus autumnus, ver floribus occupat annum.
Hic, quae donari mentitur fama Sabaeis,
cinnama nascuntur, vivax quae colligit ales,
natali cum fine perit nidoque perusta
succedens sibimet quaesita morte resurgit.
Nec contenta suo tantum semel ordine nasci,
longa veternosi renovatur corporis aetas
incensamque levant exordia crebra senectam.
Illic desudans fragrantia balsama ramus
perpetuum pingui promit de stipite fluxum.
Tum si forte levis movit spiramina ventus,
flatibus exiguis lenique inpulsa susurro
dives silva tremit foliis, ac flore salubri,
qui sparsus terris, suaves dispensat odores.
Hic fons perspicuo resplendens gurgite surgit:
Talis in argento non fulget gratia, tantam
nec crystalla dabunt nitido de frigore lucem.
Margine riparum virides micuere lapilli,

[225] Aber die Natur an diesem Ort verlangt nicht nach dem Regen, den sie nicht bekommt; vielmehr erhalten die Keime zufrieden ihren Tau als Gabe. Ununterbrochen grünt aller Boden, und schmeichelnd strahlt das Antlitz der warmen Erde. Immer steht Gras auf den Hügeln und Laub in den Bäumen: Wenn diese sich in dichter Blüte ergießen, [230] verleihen sie ihren Zweigen rasch Saft und Kraft. Denn alles, was bei uns nun in einem ganzen Jahr entsteht, spendet dort eine Monatsfrist mit reifer Frucht. Die Lilien leuchten, ohne von der Sonne welk zu werden; keine Berührung verletzt die Veilchen, und eine Anmut, die ihr Rot [235] bewahrt, benetzt das immerwährende Antlitz der Rosen. Da so der Winter fehlt und auch nicht dörrende Hitze glüht, nimmt der Herbst mit Früchten und der Frühling mit Blüten das Jahr für sich ein.

Hier entsteht, was nach erlogener Kunde den Sabäern[17] geschenkt ist: der Zimt, den der lebenskräftige Vogel für sich sammelt, [240] wenn er Lebensende und Geburt zugleich erleidet, im Nest verbrannt sich selbst nachfolgt und durch einen selbstgesuchten Tod wieder aufersteht.[18] Und da er nicht zufrieden damit ist, nach seiner natürlichen Bestimmung nur einmal geboren zu werden, erneuert sich das lange Leben seines gealterten Körpers, und ein immer wiederkehrender Neubeginn hilft über das im Feuer endende Alter hinweg.

[245] Dort schwitzt ein Baum den duftenden Balsam aus und lässt einen steten Fluss aus dem harzigen Stamm rinnen. Wenn sich dann etwa der Hauch eines leichten Windes rührt, dann erzittert, aufgeregt von linden Lüften, mit sanftem Säuseln ein prächtiger Wald in seinen Blättern; mit seiner heilsamen Blütenpracht, [250] die ausgebreitet auf dem Boden liegt, verströmt er süße Düfte.

Hier erhebt sich aus klarem Grund eine Quelle: Sie strahlt mit einer Anmut, wie sie Silber nicht besitzt, und mit einer Intensität des Lichtes, wie sie Kristalle aus glitzerndem Eis nicht bieten können. Am Uferrand blitzen grüne Steinchen auf, [255] und was die

et quas miratur mundi iactantia gemmas,
illic saxa iacent; varios dant arva colores
et naturali campos diademate pingunt.
Eductum leni fontis de vertice flumen
quattuor in largos confestim scinditur amnes.
Euphraten Tigrinque vocant, qui limite certo
longa sagittiferis faciunt confinia Parthis.
tertius inde Geon, Latio qui nomine Nilus
dicitur, ignoto cunctis plus nobilis ortu.
Cuius in Aegyptum lenis perlabitur unda
ditatura suam certo sub tempore terram:
Nam quotiens tumido perrumpit flumine ripas
alveus et nigris campos perfundit harenis,
ubertas taxatur aqua caeloque vacante
terrestrem pluviam diffusus porrigit amnis.
Tunc inclusa latet lato sub gurgite Memphis
et super absentes possessor navigat agros.
Terminus omnis abest; aequatur iudice fluctu
annua suspendens contectus iurgia limes.
Gramina nota videt laetus subsidere pastor,
inque locum pecorum viridantis iugere campi
succedunt nantes aliena per aequora pisces.
At postquam largo fecundans germina potu
lympha maritavit sitientis viscera terrae,
regreditur Nilus sparsasque recolligit undas,
fit fluvius pereunte lacu: Tum redditur alveo
pristina riparum conclusis fluctibus obex,
donec dividuum spargens per devia finem
gurgite septeno patulum percurrat in aequor.
Sed cur dicatur tantum mundana latere
vertex, Nile, tuus? Nam qui nesciris ab ortu,

eitle Prahlerei der Welt als Juwel bewundert, liegt dort als Stein herum. Die Fluren stiften bunte Farben und malen die Felder mit einem natürlichen Schmuck aus. Aus dem sanften Strudel der Quelle entspringt ein Fluss und teilt sich zugleich in vier breite Ströme.[19]

Euphrat und Tigris heißen die, welche durch eine klare Linie die lange Grenze zu den pfeilbewehrten Parthern bilden.[20] Als dritter entspringt dort der Geon, der mit lateinischem Namen Nil heißt und mehr als die übrigen den Ruhm eines unbekannten Ursprungs genießt. Dessen sanfter Strom fließt nach Ägypten hinüber, um dort zu bestimmter Zeit seine Erde reich zu beschenken: Denn sooft der angeschwollene Flusslauf seine Ufer durchbricht und die Felder mit schwarzem Sand übergießt, kann man deren Fruchtbarkeit und Wert am Wasser ermessen; zwar ist der Himmel wolkenfrei, doch spendet der Strom, der sich ergossen hat, auf Erden seinen Regen.

Dann liegt Memphis eingeschlossen unter der breiten Flut, und über die verschwundenen Felder fährt ihr Besitzer mit seinem Kahn.[21] Jeglicher Grenzstein ist verschwunden; die Grenze wird durch den Richterspruch der Fluten eingeebnet und lässt, so bedeckt, die Zwistigkeiten des Jahres in der Schwebe. Der Hirt sieht froh, wie sich das vertraute Gras ins Wasser senkt, und anstelle des Viehs rücken auf seinem Stück grünenden Feldes die durch fremde Flächen schwimmenden Fische nach. Aber nachdem das Wasser mit reichlichem Trunk die Keime befruchtet und die Eingeweide der dürstenden Erde begattet hat, zieht sich der Nil zurück. Er sammelt seine verteilten Wogen wieder ein und wandelt sich – der See verschwindet – zum Fluss: Da werden seine Fluten wieder eingehegt, und das Flussbett erhält seinen alten Uferdamm zurück – bis er dann am Ende seine geteilte Mündung über das Gelände breitet und in siebenfachem Strom zum offenen Meer hineilt. Aber warum sagt man nur von dir, Nil, der Welt sei deine Quelle unbekannt? Denn du bist nicht der Einzige,

non solus, sed quartus eris diffusus ab illo,
despicit excelso qui flumina cuncta meatu
ipsius atque pater pelagi supereminet omnes,
quas montes, quas plana vomunt, quas nubila lymphas.
Quartus Physon erit, quem possidet India Gangen,
motus odorifero quotiens qui vertice crevit,
deciduas pulchro quas spargunt flamina luco,
praelambens furatur opes et gurgite nostrum
ducit in exilium: Nam ripa largus utraque;
amnibus ut nostris enodes ferre papyros
aut scirpos algasque leves deducere mos est,
excrementa trahens magnus sic ditia Ganges
hoc etiam donat mundo, quod proicit alveo.
Interea primi, summus quos iunxerat auctor,
in paradisiaca ponuntur sede beati.
Tum rector tali proponit praemia lege:
»O summum factoris opus, quos sola creavit
nostra manus, nasci cum cetera voce iuberem:
Adspicitis, quanto pulcherrimus ubere lucus
per multas famuletur opes? Haec cuncta dabuntur
ad vestros sine fine cibos, hinc esca petatur:
Sumite concessas fruges et carpite poma!
Hic operis dulci studio secura quiescat
deliciisque fruens longaevo in tempore vita!
Est tamen in medio nemoris, quam cernitis, arbor
notitiam recti pravique in germine portans.
Huius ab accessu vetitum restringite tactum!
Nec vos forte premat temeraria discere cura,

dessen Ursprung man nicht kennt; nein, als einer von vieren bist du von jenem Strom abgeflossen, der in seinem erhabenen Lauf auf alle Flüsse hinabblickt und der als Vater des Meeres selbst über all den Wassern thront, die Berge, Ebenen und Wolken ausspeien.[22]

[290] Vierter wird dann der Physon sein, den Indien als Ganges für sich beansprucht. Sowie er aus seiner duftspendenden Quelle entsprungen und angewachsen ist, leckt er im Vorüberfließen an den Schätzen, die der Wind im schönen Haine fallen lässt und hinstreut, stiehlt sie und führt sie in seinem Strudel bis an unseren Verbannungsort:[23] Denn in großer Breite läuft er zwischen seinen beiden Ufern; [295] und wie unsere Flüsse gewöhnlich glatte Papyrusstauden mitreißen oder Binsen und leichte Algen mit sich führen, so schleppt der große Ganges seinen reichen Auswurf mit sich und bereitet noch mit dem, was er aus seinem Flussbett wirft, der Welt Geschenke.

Unterdessen wurden die ersten Menschen, die ihr hocherhabener Schöpfer miteinander verbunden hatte, [300] glücklich zu ihrem Wohnsitz, dem Paradies, gebracht. Da bot ihnen der Lenker Lohn unter solcher Bedingung: »Meisterwerk eures Schöpfers seid ihr, die allein meine Hand geschaffen hat, während ich alles andere durch mein Wort ins Leben rief: Seht ihr, wie große Fülle dieser wunderschöne Hain besitzt [305] und mit wieviel Schätzen er euch dient? All dies soll euch zu unbegrenzter Nahrung gegeben werden, und hier sollt ihr eure Speise suchen: Nehmt von den Früchten, die euch gestattet sind, und pflückt das Obst! Hier soll euer Leben freudig seiner Aufgabe nachgehen; frei von Sorgen soll es seine Ruhe finden und diese Freuden zeit eures langen Daseins genießen! [310] Doch gibt es in der Mitte des Haines, den ihr hier seht, einen Baum, der in seinen Früchten das Wissen von Gut und Böse trägt. Bleibt diesem Baume fern, und lasst eure Hand von ihm, denn es ist verboten! Auch soll blinde Neugier euch nicht

quod doctor prohibet: Melius nescire beatis,
quod quaesisse nocet. Testor quem fecimus orbem,
quod si quis vetitum praesumpserit arbore pomum,
audax commissum mortis discrimine pendet.
Non inmensa loquor: Facilis custodia recti est.
Servator vitam, finem temerator habebit.«
Accipiunt iuvenes dictum laetique sequuntur
spondentes cuncto servandam tempore legem.
Sic ignara mali novitas nec conscia fraudis
incautas nulla tetigit formidine mentes.
At pater instructos sacrata in sede relinquens
laetus in astrigeram caeli se sustulit aulam.

etwa drängen zu erfahren, was euch euer Lehrer verwehrt: Besser ist es für die Glücklichen nicht zu kennen, [315] wonach man nur zum eigenen Schaden sucht. Zum Zeugen nehme ich die Welt, die ich schuf: Wenn jemand sich die verbotene Frucht vom Baume nimmt, so soll er sein freches Vergehen mit der bangen Aussicht auf den Tod bezahlen. Nichts Unangemessenes sage ich da: Es ist leicht, sich an das Rechte zu halten: Wer es einhält, wird leben; wer es verletzt, sein Ende finden.«

[320] Die jungen Menschen nehmen seine Worte auf, wollen ihnen freudig Folge leisten und versprechen, die Bedingung jederzeit einzuhalten. So lässt der neugeschaffene Mensch, der das Böse nicht kennt und von Trug nichts weiß, keine Furcht an seinen arglosen Sinn rühren. Der Vater aber lässt die beiden wohlbelehrt in dem heiligen Wohnsitz zurück [325] und erhebt sich froh zu seinem gestirnten Himmelshof.

Utitur interea venturi nescia casus
libertas secura bonis fruiturque beata
ubertate loci. Largos hinc porrigit illis
tellus prompta cibos; fruticis quin alter opimi
sumitur adsiduus tenui de caespite fructus.
At si curvati fecundo pondere rami
mitia submittunt sublimi ex arbore poma,
protenus in florem vacuus turgescere palmes
incipit inque novis fetum promittere gemmis.
Iam si praedulces delectat carpere somnos,
mollibus in pratis pictaque recumbitur herba,
cumque voluptati sacrum nemus offerat omnes
delicias opibusque novis se praebeat amplum,
sic epulas tamen hi capiunt escamque requirunt,
conpellit quod nulla fames nec lassa fovendo
indigus hortatur conpleri viscera venter.
Et nisi concessum libuisset noscere pastum,
esuries ignota cibos non posceret ullos,
nullaque constantem fulcirent pabula vitam.
Corpora nuda vident et mutua cernere membra
non pudet, atque rudis foedum nil sentit honestas.
Non natura hominis, vitii sed causa pudori est.
Nam quaecumque bonus formavit membra creator,
ut pudibunda forent, carnis post compulit usus.
Tunc mens intactos servabat candida visus,
angelicae qualis narratur gloria vitae
sidereas habitare domos qualemque redemptis
spondet reddendam mortis post tempora Christus,
quis neque coniugium curae nec foedere turpi

ZWEITES BUCH: DIE URSÜNDE[24]

Unterdessen nutzen die Menschen, ohne von ihrem künftigen Fall etwas zu ahnen, die Güter in sorgloser Freiheit und genießen glücklich die Fülle dieses Ortes. Von da an bietet ihnen die Erde bereitwillig reichliche Speisen; ja, und dazu heben sie vom zarten Rasen auch die nie zu Ende gehende Frucht des nährenden Baumes auf. Aber wenn die Äste sich unter dem Gewicht ihrer Fruchtbarkeit biegen und das reife Obst vom hohen Baume fallen lassen, beginnt sogleich der leere Zweig wieder mit Blüten anzuschwellen und an neuen Knospen Frucht zu versprechen. Und wenn sie gern den süßen Schlaf genießen möchten, dann lassen sie sich auf den weichen Wiesen im farbenfrohen Grase nieder. Zwar bietet dieser heilige Hain der Lust alle Freuden und zeigt sich mit seinem neuen Reichtum großzügig, doch nehmen sich die Menschen ihre Speisen und suchen sich ihr Essen, ohne dass sie irgendein Hunger antreibt oder ein leerer Magen darauf drängt, den vom Nähren ermatteten Bauch zu füllen. Und würden sie nicht gern die ihnen zugestandene Kost versuchen, dann würde auch der Hunger, den sie nicht kennen, nicht nach irgendwelcher Speise verlangen, und keine Nahrung müsste ihr ohnedies gesichertes Leben aufrechterhalten.

Sie sehen ihre nackten Körper und schämen sich nicht, gegenseitig ihre Glieder anzuschauen: Ihr unbekümmerter Anstand findet nichts verwerflich. Nicht die Natur des Menschen, sondern seine Sündhaftigkeit führt bei ihm zur Scham. Denn alle Glieder, die der gütige Schöpfer erschuf, hat erst später das Bedürfnis des Fleisches gezwungen, schamhaft zu sein. Damals bewahrte sich ihr reiner Sinn noch seinen keuschen Blick.

In solchem Ruhmesglanz sollen, wie uns berichtet wird,[25] auch die Engel leben und ihre himmlischen Häuser bewohnen; und solchen Glanz verspricht Christus den Erlösten nach ihrem Tod zurückzugeben: Sie werden nicht nach ehelicher Verbindung streben,

miscebit calidos carnalis copula sexus.
Cessabit gemitus, luxus, metus, ira, voluptas,
fraus, dolor atque dolus, maeror, discordia, livor.
Nullus egens, nullus cupiens, sed pace sub una
sufficiet cunctis sanctorum gloria Christus.
His protoplastorum sensum primordia sacra
continuere bonis, donec certamine primo
vinceret oppressos fallacem culpa per hostem.
Angelus hic dudum fuerat, sed crimine postquam
succensus proprio tumidos exarsit in ausus,
se semet fecisse putans, suus ipse creator
ut fuerit, rabido concepit corde furorem
auctoremque negans: »Divinum consequar«, inquit,
»nomen et aeternam ponam super aethera sedem
excelso similis summis nec viribus inpar.«
Talia iactantem praecelsa potentia caelo
iecit et eiectum prisco spoliavit honore.
Quique creaturae praefulsit in ordine primus,
primas venturo pendet sub iudice poenas.
Quandoquidem gravior talem sententia punit,
quem mirum cecidisse putes. Nam crimen acerbat
auctor: In ignoto minor est peccante reatus
durius atque malum, quod maior fecit, habetur.
Sed quod vivaces pertendit in abdita sensus
quodque futura videt rerumque arcana resignat,
angelici fervens superest natura vigoris.
Horrendum dictu signisque notabile monstrum:

und keine fleischliche Vereinigung wird ihre Geschlechter in schändlichem Bunde erhitzen und vermengen. Ein Ende haben werden dann Seufzen, Ausschweifung, Furcht, Zorn und Lust, Trug, Leid und List, Betrübnis, Zwietracht und Neid. Keiner wird entbehren, keiner wird begehren: Nein, alle werden in diesem einen Frieden an Christus, dem Ruhmesglanz der Heiligen, Genüge finden.

Und mit diesen Gütern stellte die heilige Zeit des Anfangs die Sinne der ersten Geschöpfe zufrieden, bis dann sündhaftes Verschulden sie im ersten Kräftemessen durch die List des trügerischen Feindes niederdrückte und bezwang. Ein Engel war dieser einst gewesen; aber nachdem er durch seine eigene Sünde entflammt war und dieses Feuer sich zu der aufgeblasenen Dreistigkeit gesteigert hatte zu glauben, er habe sich selbst geschaffen und sei somit sein eigener Schöpfer gewesen, da gab er in seinem rasenden Herzen dem Wahnwitz Raum und verleugnete seinen Erschaffer, indem er sprach: »Ich werde den Namen ›Gott‹ erlangen und ewig meinen Stuhl über den Äther stellen, ich, der ich dem Erhabenen gleichkomme und auch den höchsten Kräften gewachsen bin.«[26]

Wie er so vermessen daherredete, warf ihn die erhabene Macht Gottes vom Himmel und beraubte den Hinausgeworfenen seines früheren Ehrenrechts.[27] Und so wird er, der in der Reihe der Geschöpfe glanzvoll den ersten Platz eingenommen hat, die erste Strafe verbüßen unter dem Richter, der kommen wird. Denn ein schwereres Urteil trifft einen solchen, über dessen Sturz man sich wundert. Der Verursacher verschlimmert nämlich sein Vergehen: Bei einem niedrigen Sünder ist der Vorwurf geringer, und schwerer wiegt die Missetat, die ein höherstehender verübt hat.

Aber darin, dass er seine lebhaften Sinne nach Verborgenem ausstreckt, die Zukunft voraussieht und die Geheimnisse der Welt enthüllt, bleibt ihm das feurige Wesen und die Kraft eines Engels erhalten. Ein Ungeheuer ist er, schrecklich beim Namen zu

Nam quidquid toto dirum committitur orbe,
iste docet scelerumque manus ac tela gubernat
pugnat et occultus per publica crimina latro.
Et nunc saepe hominum, nunc ille in saeva ferarum
vertitur ora novos varians fallentia vultus.
Alitis interdum subito mentita volantis
fit species habitusque iterum confingit honestos.
Apparens nec non pulchro ceu corpore virgo
protrahit ardentes obscena in gaudia visus.
Saepe etiam cupidis argentum inmane coruscat
accenditque animos auri fallentis amore
delusos fugiens vano phantasmate tactus.
Nulli certa fides constat vel gratia formae;
sed quo quemque modo capiat teneatque nocendo,
opportuna dolis clausaeque adcommoda fraudi
sumitur exterior simulata fronte figura.
Maior adhuc etiam saevo permissa potestas,
ut sanctum fingat. Dudum conlata creato
sic natura valet, rectam quam condidit auctor,
sed post ad pravos subversor transtulit usus.
Vidit ut iste novos homines in sede quieta
ducere felicem nullo discrimine vitam,
lege sub accepta famulo dominarier orbi
subiectisque frui placida inter gaudia rebus,
commovit subitum zeli scintilla vaporem
excrevitque calens in saeva incendia livor.
Vicinus tunc forte fuit, quo concidit alto,

nennen und an den Zeichen seines Wirkens erkennbar. Denn alles, was an Grässlichem auf dem ganzen Erdkreis verübt wird, dazu stiftet dieser an; er steuert die verbrecherischen Hände und Waffen und führt als Räuber aus dem Verborgenen heraus seinen Kampf durch offen sichtbare Verbrechen.[28] Und mal verwandelt er sich in die Gestalt von Menschen, mal in die von wilden Tieren, und täuscht dadurch ein immer neues Aussehen vor. Bisweilen nimmt er unversehens die Gestalt eines fliegenden Vogels an, dann wiederum spiegelt er eine ehrbare Erscheinung vor. Wenn er sich dann als ein Mädchen mit schönem Körper zeigt, zieht er Blicke auf sich, die glühend nach schmutzigen Freuden verlangen. Oft auch schillert er als furchtbares Silber vor den Augen der gierigen Menschen und entzündet ihre Herzen mit dem Begehren nach trügerischem Gold: Doch entzieht er sich durch ein hohles Trugbild ihrem enttäuschten Zugriff. Verlässlich ist da für niemanden etwas, weder Treue noch die Anmut einer schönen Gestalt; nein, je nachdem, auf welche Weise er einen jeden fangen, besitzen und schädigen kann, legt er sich mit erheucheltem Anschein eine äußere Gestalt zu, die für seine List und seinen verdeckten Trug günstig und passend ist. Auch eine größere Macht noch ist diesem wilden Wesen überlassen, nämlich Heiligkeit vorzuspiegeln. Solches Können verdankt sich der Natur, welche diesem Geschöpf einst zugestanden wurde und die sein Urheber als gut geschaffen hat, dieser Umstürzer aber zu bösem Gebrauch verkehrt hat.[29]

Als dieser nun sah, dass die neuerschaffenen Menschen an ruhiger Wohnstatt ein glückliches Leben ohne Gefahr führten, dass sie unter dem von Gott empfangenen Gesetz über die dienstbare Erde herrschten und in stiller Freude genossen, was ihnen unterworfen war, da erweckte plötzlich der Funke der Eifersucht eine Glut in ihm, und sein hitziger Neid wuchs sich zu einem wüsten Brand aus. Nahe war da gerade noch der Sturz, mit dem er aus der

lapsus, et innexam traxit per prona catervam.
Hoc recolens casumque premens in corde recentem
plus doluit periisse sibi, quod possidet alter.
Tum mixtus cum felle pudor sic pectore questus
explicat et tali suspiria voce relaxat:
»Pro dolor hoc nobis subitum consurgere plasma
invisumque genus nostra crevisse ruina!
Me celsum virtus habuit, nunc ecce reiectus
pellor et angelico limus succedit honori.
Caelum terra tenet, vili conpage levata
regnat humus, nobisque perit translata potestas.
Non tamen in totum periit: Pars magna retentat
vim propriam summaque cluit virtute nocendi.
Nec differre iuvat: iam nunc certamine blando
congrediar, dum prima salus experta nec ullos
simplicitas ignara dolos ad tela patebit.
Et melius soli capientur fraude, priusquam
fecundam mittant aeterna in saecula prolem.
Inmortale nihil terra prodire sinendum est,
fons generis pereat, capitis deiectio victi
semen mortis erit. Pariat discrimina leti
vitae principium! Cuncti feriantur in uno:
Non faciet vivum radix occisa cacumen.
Haec mihi deiecto tantum solacia restant.
Si nequeo clausos iterum conscendere caelos,
his quoque claudantur. Levius cecidisse putandum est,

Höhe gefallen war und die ihm verbundene Schar auf abschüssiger Bahn mit sich gerissen hatte. [85] Wie er sich dies in Erinnerung rief und den noch frischen Sturz in seinem Herzen zu unterdrücken suchte, da schmerzte es ihn umso mehr, dass ihm verloren gegangen war, was nun ein anderer besaß.

Da vermischte sich Scham mit galliger Gehässigkeit; er gab seinen Klagen Raum in der Brust und verschaffte seinen Seufzern mit solchen Worten Luft: »Ach, wie es mich schmerzt, dass plötzlich vor meinen Augen diese Kreatur ersteht [90] und dieses verhasste Geschlecht durch meinen Sturz groß werden konnte! Mich hielt die Macht Gottes in hohen Ehren; und siehe da, nun werde ich verstoßen und vertrieben, und Unflat tritt an die Stelle meines Engelsruhms! Die Erde hält den Himmel besetzt; auf ein wertloses Gefüge gestützt, herrscht ihr Schlamm, und für mich ist die einmal weitergereichte Macht verloren. [95] Nein, trotz alledem ist sie nicht völlig verloren: Ein großer Teil von mir behält die ihm eigene Kraft und gelangt zu Ruhm durch sein überragendes Vermögen, Schaden anzurichten. Ich will es nicht weiter aufschieben: Jetzt werde ich durch Verführung die Auseinandersetzung suchen, solange ihr anfängliches Glück und ihre nichtsahnende Einfalt, die keine List kennt, meinen Waffen schutzlos ausgeliefert sind.

[100] Und besser wird es sein, sie allein, und bevor sie ihre fruchtbare Nachkommenschaft für alle Ewigkeit in die Welt setzen, durch meinen Trug ins Netz gehen zu lassen. Es darf nichts Unsterbliches aus der Erde entstehen: Dieses Geschlecht soll gleich an seinem Ursprung zugrunde gehen, und der Sturz seines bezwungenen Ahnherrn wird der Samen seines Todes sein! [105] Schon der Anfang seines Lebens soll die bange Aussicht auf den Tod gebären. Durch diesen Einen sollen alle getroffen werden: Eine abgehauene Wurzel wird keinen lebendigen Wipfel bilden. Dies allein bleibt mir nach meinem Sturz als Trost. Wenn ich nicht wieder zu dem mir verschlossenen Himmel hinaufsteigen kann, dann soll er auch diesen Menschen verschlossen werden. Ich muss mir sagen,

si nova perdatur simili substantia casu.
Sit comes excidii, subeat consortia poenae
et, quos praevideo, nobiscum dividat ignes.
Sed nec difficilis fallendi causa petetur.
Haec monstranda via est, dudum quam sponte cucurri
in pronum lapsus. Quae me iactantia regno
depulit, haec hominem paradisi limine pellet.«
Sic ait et gemitus vocem clausere dolentis.
Forte fuit cunctis animantibus altior astu,
aemulus arguto callet qui pectore, serpens.
Huius transgressor de cunctis sumere formam
eligit aerium circumdans tegmine corpus
inque repentinum mutatus tenditur anguem:
Fit longa cervice draco, splendentia colla
depingit maculis teretisque volumina dorsi
asperat et squamis per terga rigentibus armat.
Qualis vere novo, primis cum mensibus aestas
praemittit laetos post frigora pigra tepores,
evadens veterem reparatis motibus annum
et siccum nitido discingens corpore tegmen
procedit coluber terrarumque abdita linquens
perfert terribilis metuendum forma decorem.
Dira micant oculi; tum lumine visus acuto
laetior optatum discit consuescere solem.
Nunc simulat blandum, cerebro ceu carmine fauces
ludunt et trifidam dispergunt guttura linguam.

dass mein Sturz erträglicher ist, wenn dieses neue Wesen durch einen ähnlichen Sturz zugrunde geht. Er soll Gefährte meines Niedergangs sein, die gleiche Strafe wie ich erleiden und mit mir die Höllenfeuer teilen, die mir schon vor Augen stehen.

Aber es wird nicht schwer sein, einen Vorwand zu finden, um den Menschen zu täuschen. Ich muss ihm nur den Weg zeigen, den schon ich zuvor aus freiem Willen gelaufen bin und dabei in den Abgrund fiel. Dieselbe Selbstüberhebung, die mich aus dem Himmelreich hinabstieß, wird auch den Menschen von der Schwelle des Paradieses stoßen.« So sprach er, und Seufzer verschlossen ihm in seinem Leid den Mund.

Nun traf es sich, dass da die Schlange war, die alle übrigen Tiere an List übertrifft und in ihrem verschlagenen Herzen Eifersucht und Schlauheit paart. Von allen Tieren wählt der Rebell[30] nun dieses aus, um seine Gestalt anzunehmen; er umgibt seinen luftigen Körper mit einer Hülle, verwandelt sich plötzlich und streckt sich zu einem Kriechtier: Er wird zu einer Schlange mit langem Nacken, besprenkelt seinen glänzenden Hals mit Flecken, raut die Windungen seines glatten Rückens auf und bewaffnet seine Rückseite mit starrenden Schuppen.

So kommt zu Frühlingsanfang, wenn die heitere Jahreszeit in ihren ersten Monaten nach der trägen Winterkälte froh die lauen Lüfte vorausschickt, die Schlange hervor, indem sie mit wiedergewonnener Bewegung das alte Jahr hinter sich lässt und die ausgetrocknete Haut von ihrem schillernden Körper löst; beim Verlassen ihres Erdverstecks trägt sie in ihrer schauderhaften Gestalt eine fürchterliche Pracht zur Schau. Grässlich funkeln ihre Augen; freudig machen sich da ihr Blick und ihr scharfes Auge allmählich mit der ersehnten Sonne vertraut. Nun stellt sie sich schmeichelnd; ihr Rachen ergeht sich gleichsam in wiederholten Zauberformeln, und ihre Kehle lässt die dreifach gespaltene Zunge hierhin und dorthin schießen.

Ergo ut vipeream malesuada fraude figuram
induit et totum fallax processit in anguem,
pervolat ad lucum. Nam forte rubentia laeti
carpebant iuvenes viridi de palmite mala.
Tum veritus serpens, firma ne mente virili
non queat iniecto subvertere corda veneno,
arboris erectae spiris reptantibus alto
porrigitur, tractumque suum sublimibus aequans
auditum facilem leni sic voce momordit:
»O felix mundique decus pulcherrima virgo,
ornat quam roseo praefulgens forma pudore,
tu generi ventura parens; te maximus orbis
expectat matrem; tu prima et certa voluptas
solamenque viri, sine qua non viveret ipse:
Ut maior, sic iure tuo subiectus amori,
praedulcis coniunx reddes cui foedere prolem.
Vobis digna datur paradisi in vertice sedes;
vos subiecta tremit famulans substantia mundi:
Quod caelum, quod terra creat, quod gurgite magno
producit pelagus, vestros confertur in usus.
Nil natura negat, datur ecce in cuncta potestas.
Nec equidem invideo, miror magis: Ut tamen una
contineat liber dulci super arbore tactus,
scire velim. Quis dura iubet, quis talia dona
invidet et rebus ieiunia miscet opimis?«
Haec male blanditam finxerunt sibila vocem.
Quis stupor, o mulier, mentem caligine clausit
cum serpente loqui? Verbum committere bruto

Sobald er also mit übelratendem Trug das Vipernkleid angelegt und sich zur Täuschung gänzlich in die Schlange verwandelt hatte, huschte er schnell zu dem Hain. Denn gerade pflückten sich die jungen Menschen fröhlich rote Äpfel von einem grünen Zweig. Da fürchtete die Schlange, sie könne angesichts der Standhaftigkeit des Mannes dessen Herz nicht durch Verspritzen ihres Giftes zu Fall bringen. So streckte sie sich in kriechenden Windungen zu der Höhe eines hochragenden Baumes empor; und sowie sie in ihrer schleppenden Bewegung den Wipfel erreichte, fügte sie dem empfänglichen Ohr mit sanfter Stimme so ihren Biss zu:

»Du Glückliche, Zierde der Welt, allerschönste Jungfrau, angetan mit dem Schmuck einer von keuschem Rosenrot herrlich leuchtenden Wohlgestalt! Du wirst einem ganzen Geschlechte zur Ahnin werden; dich erwartet der riesige Erdkreis als Stammmutter; du bist die erste, ja die wahre Wonne und der Trost deines Mannes, ohne die er selbst nicht leben könnte: Mag er auch überlegen sein, so ist er doch zu Recht deiner Liebe unterworfen; ihm wirst du, die ach so zärtliche Gattin, in eurem Ehebunde Nachkommen schenken. Euch ist auf den Höhen des Paradieses ein würdiger Wohnsitz gegeben; unterworfen und dienstbar erzittert vor euch die ganze Schöpfung der Welt: Was Himmel und Erde hervorbringen, und was die See aus ihrem tiefen Grund zu Tage fördert, kommt eurem Nutzen zu. Nichts verweigert euch die Natur, und siehe, euch ist die Macht über alles gegeben. Nicht, dass ich euch beneide; eher wundere ich mich: Wie es kommt, dass sich jemand, der frei ist, trotzdem zurückhält, diesen einen süßen Baum zu berühren, das würde ich doch gerne wissen. Wer gibt diese harte Weisung, wer missgönnt euch solche Gaben und mengt der reichen Fülle die Forderung nach Enthaltsamkeit bei?«

Dieses Gezischel erheuchelte einen üblen Schmeichelton. Welcher Stumpfsinn, Frau, hat deinen Verstand in Finsternis gehüllt, dass du mit einer Schlange redest? Schämst du dich nicht, dich auf

non pudet? Ut vestram praesumat belua linguam
et monstrum, pateris responsumque insuper addis?
Ergo ubi mortiferum seductilis Eva venenum
auribus accipiens laudi consensit iniquae,
tunc ad serpentem vano sic ore locuta est:
»Suavibus o pollens coluber dulcissime dictis,
non, ut rere, deus nobis ieiunia suasit
nec prohibet largo curari corpora pastu.
Ecce vides epulas, totus quas porrigit orbis:
Omnibus his licito genitor promptissimus uti
praestitit et totas vitae laxavit habenas.
Haec sola est nemoris medii, quam perspicis, arbor
interdicta cibis, haec tantum tangere poma
non licitum, dives praesumit cetera victus.
Nam si libertas temeraret noxia legem,
iurans terribili praedixit voce creator
quadam nos statim luituros morte reatum.
Quid vocitet mortem, tu nunc, doctissime serpens,
pande libens, quoniam rudibus non cognita res est.«
Callidus inde draco et leti tum sponte magister
interitum docet et captas sic fatur ad aures:
»Terroris vacuum formidas, femina, nomen.
Non veniet vobis rapidae sententia mortis:
Sed pater invisus sortem non contulit aequam
nec vos scire dedit, sibimet quae summa reservat.
Quid iuvat ornatum conprendi aut cernere mundum
et caecas misero concludi carcere mentes?
Corporeos pariter sensus oculosque patentes

ein Gespräch mit dumpfem Getier einzulassen? Dass sich ein wildes Tier, ein Scheusal noch dazu, eure Sprache anmaßt, das lässt du geschehen und gibst ihm obendrein noch Antwort?

Als daher Eva, verführbar wie sie war, das todbringende Gift mit ihren Ohren aufgenommen und dem krummen Lob innerlich zugestimmt hatte, da sagte sie in eitlem Gerede zur Schlange: »O Schlange, mächtig und allerliebst durch deine süßen Worte! Gott hat uns nicht, wie du glaubst, zur Enthaltsamkeit geraten und hindert uns nicht daran, unsere Körper mit reichlicher Nahrung zu erquicken. Hier siehst du die Speisen, die uns der ganze Erdkreis bietet: Sie alle hat uns der Schöpfer mit größter Zuvorkommenheit zur freien Bedienung gegeben, und er hat unserem Leben ungezügelt alle Freiheiten gelassen. Einzig und allein dieser Baum, den du hier inmitten des Haines siehst, ist von unseren Speisen ausgeschlossen; nur diese Früchte dürfen wir nicht anrühren, alles Übrige darf sich unsere reiche Tafel nehmen. Denn für den Fall, dass wir mit unserer Freiheit schuldhaft das Gesetz brechen, hat uns der Schöpfer mit schrecklicher Stimme geschworen und vorausgesagt, wir würden das Vergehen dann sogleich mit etwas namens Tod büßen. Was er aber als Tod bezeichnet, das eröffne du uns jetzt bereitwillig, hochgelehrte Schlange, da uns als Unerfahrenen die Sache nicht bekannt ist!«

Da lehrte sie der Drache,[31] tückisch und nunmehr aus freiem Willen Lehrmeister des Todes,[32] das Verderben und redete so in ihre betörten Ohren: »Du fürchtest dich, Frau, vor einem hohlen Schreckenswort. Kein Urteil gierigen Todes wird über euch kommen: Nein, vielmehr hat euch der missgünstige Vater nicht den gleichen Rang verliehen und euch nicht zu wissen gegeben, was er sich selbst als Krönung vorbehält. Was nützt es, die geschmückte Welt mit Händen oder Augen zu erfassen, wenn gleichzeitig der Verstand in einem elenden Kerker eingeschlossen und blind ist?

Die körperlichen Sinne und die offenen Augen hat die Natur

sic brutis natura creat: Sol omnibus unus
servit, et humano non distat belua visu.
Consilium mage sume meum, mentemque supernis
insere, et erectos in caelum porrige sensus!
Namque hoc, quod vetitum formidas tangere, pomum
scire dabit, quaecumque pater secreta reponit.
Tu modo suspensos tantum ne contine tactus,
nec captiva diu frenetur lege voluptas.
Namque ubi divinum libaveris ore saporem,
mox purgata tuo facient te lumina visu
aequiperare deos, sic sancta ut noxia nosse,
iniustum recto, falsum discernere vero.«
Talia fallaci spondentem dona susurro
credula submisso miratur femina vultu.
Et iam iamque magis cunctari ac flectere sensum
incipit et dubiam leto plus addere mentem.
Ille ut vicino victam discrimine sensit,
atque iterum nomen memorans arcemque deorum
unum de cunctis letali ex arbore malum
detrahit et suavi pulchrum perfundit odore.
Conciliat speciem nutantique insuper offert,
nec spernit miserum mulier male credula munus,
sed capiens manibus pomum letale retractat.
Naribus interdum labiisque patentibus ultro
iungit et ignorans ludit de morte futura.
O quotiens ori admotum conpuncta retraxit

in gleicher Weise auch bei den unvernünftigen Tieren hervorgebracht: Es dient die eine Sonne allen zugleich, und das Tier bleibt nicht hinter dem menschlichen Sehvermögen zurück. Nimm besser meinen Rat an: Lasse deinen Geist in das Göttliche [195] eindringen, und recke deine Sinne erhaben zum Himmel empor! Diese Frucht nämlich, die du, weil sie verboten sei, zu berühren scheust, wird dir das Wissen über alles geben, was sich der Vater als Geheimnis vorbehalten hat. Halte du nur deine Hände, die sich schon danach strecken, nicht von einer Berührung ab! Lass dir dein Vergnügen nicht länger durch ein Gesetz gefangenhalten und zügeln! [200] Sobald du nämlich den göttlichen Geschmack mit dem Munde gekostet hast, werden deine Augen gereinigt und alsbald dafür sorgen, dass du mit deinem Sehvermögen den Göttern gleichkommst: dass du also die Unschuld ebenso wie die Schuld kennst und das Ungerechte vom Rechten, das Falsche vom Wahren unterscheiden kannst.«

Wie er ihr mit trügerischem Säuseln solche Gaben versprach, [205] da staunte gesenkten Blickes die leichtgläubige Frau. Und sie begann mehr und mehr unsicher zu werden, ihre Ansicht zu ändern und ihren zweifelnden Sinn dem Tode immer näher zu bringen. Sobald er merkte, dass sie der unmittelbar drohenden Gefahr schon erlegen war, brachte er ihr nochmals den Namen und die erhabene Wohnstatt der Götter in Erinnerung, [210] pflückte von all den vielen Äpfeln aus dem todbringenden Baum nur einen und übergoss das schöne Stück mit einem süßen Duft.[33]

Er gab ihm ein gefälliges Aussehen und bot ihn der schon Wankenden auch noch an. Die übel leichtgläubige Frau wies das Unglück bringende Geschenk nicht zurück, sondern nahm die todbringende Frucht und drehte sie in ihren Händen hin und her. [215] Manches Mal führte sie ihn von sich aus an ihre Nase und ihre geöffneten Lippen und spielte, ohne es zu wissen, mit ihrem künftigen Tod. Ach, wie oft legte sie ihn an ihren Mund an und zog ihn dann mit Gewissensbissen zurück; und wie oft ließ ihre

audacisque mali titubans sub pondere dextra
cessit et effectum sceleris tremefacta refugit!
Dis tamen esse cupit similis, serpitque venenum
ambitione nocens. Rapiunt contraria mentem
hinc amor, inde metus. Pulsat iactantia legem,
interdumque etiam lex subvenit. Aestuat anceps
dividui cordis dura inter proelia fluctus.
Nec tamen incentor desistit fallere serpens
ostentatque cibum dubiae queriturque morari;
et iuvat in lapsum pendentis prona ruinae.
Ut tandem victae gravior sententia sedit
aeternam temptare famem per criminis escam,
serpentem satiare cibo, quem sumeret ipsa,
adnuit insidiis pomumque vorata momordit.
Dulce subit virus, capitur mors horrida pastu.
Continet hic primum sua gaudia callidus anguis,
dissimulatque ferum victoria saeva triumphum.
Ignarus facti diversa parte revertens
Adam diffusi laetus per gramina campi
coniugis amplexus atque oscula casta petebat.
Occurrit mulier, cui tunc audacia primum
flabat femineos animosa in corda furores.
Et sic orsa loqui (semesum namque gerebat
adservans misero pomum exitiale marito):
»Sume cibum dulcis vitali ex germine coniunx,
quod similem summo faciet te forte tonanti

Hand, die unter der Last der frechen Missetat schwankte, wieder ab und scheute vor der Ausführung des Verbrechens zitternd zurück! [220] Trotzdem will sie den Göttern ähnlich sein, und das schädliche Gift des Ehrgeizes kriecht in sie hinein. Gegensätzliche Empfindungen zerren an ihrem Sinn, hier die Begierde, dort die Furcht. Es schlägt die Selbstüberhebung das Verbot, und bisweilen kommt ihr das Verbot auch noch einmal zu Hilfe. Inmitten der harten Gefechte brandet unentschieden die Flut ihres gespaltenen Herzens.[34]

[225] Dennoch lässt der Anstifter, die Schlange, nicht von dem Trug, zeigt der Zögernden die Speise und beklagt, dass sie sich ziert; und sie trägt ihren Teil dazu bei, geneigt wie sie ist zum Sturz in das drohende Verderben. Als sie schließlich geschlagen war und die schlimme Entscheidung in ihr Platz gegriffen hatte, mit dem Sündenköder ewigen Hunger zu suchen, [230] und mit der Nahrung, die sie sich selbst nahm, die Schlange zu sättigen, da stimmte sie dem listigen Plan zu, biss in die Frucht und schlang sie hinunter. Das süße Gift schlich sich hinein, und mit der Nahrung nahm sie den schrecklichen Tod auf. Zunächst hielt die tückische Schlange noch ihre Freude verborgen, und der grimmige Sieg verhehlte noch seinen wilden Triumph.

[235] Ohne etwas von dem Geschehenen zu ahnen, kehrte aus einer anderen Richtung frohgemut Adam über die ausgedehnte Wiese zurück und suchte die Umarmung und die keuschen Küsse seiner Gattin. Es lief ihm entgegen seine Frau, der Dreistigkeit da zum ersten Male die weibliche Raserei in das leidenschaftliche Herz blies.

[240] Und sie begann so zu sprechen (bei sich trug sie nämlich, nur zur Hälfte verzehrt, die verderbenbringende Frucht, die sie für ihren unglückseligen Gatten aufbewahrte): »Nimm, mein zärtlicher Gemahl, die Speise vom lebenspendenden Baume! Das wird dich vielleicht dem Höchsten, dem Donnerer, ähnlich machen

numinibusque parem! Non hoc tibi nescia donum,
sed iam docta feram. Primus mea viscera gustus
attigit audaci dissolvens pacta periclo.
Crede libens, mentem scelus est dubitasse virilem,
quod mulier potui. Praecedere forte timebas,
saltim consequere, atque animos attolle iacentes!
Lumina cur flectis? Cur prospera vota moraris
venturoque diu tempus furaris honori?«
Haec effata dabat victurae fercula mortis
intereunte anima, letum dum crimina pascunt.
Accipit infelix malesuadi verba susurri
inflexosque retro deiecit ad ultima sensus.
Non illum trepidi concussit cura pavoris
nec quantum gustu cunctata est femina primo:
Sed sequitur velox miseraeque ex coniugis ore
constanter rapit inconstans dotale venenum
faucibus et patulis inimicas porrigit escas.
Vix uno pomum libaverat horrida morsu
ingluvies, summumque dabat vix esca saporem,
ecce repentinus fulgor circumstetit ora
lugendoque novos respersit lumine visus.
Non caecos natura dedit, nec luminis usu
privatam faciem peperit perfectio formae.
Nunc mage caecus eris, cui iam non sufficit illud
noscere, quod tantus voluit te nosse creator.
Ad vitam vobis cernendi facta facultas –
vos etiam letum, vestra sed sponte, videtis.

und den Göttern gleich.[35] Nicht als Unkundige, so darf ich wohl sagen, bringe ich dir diese Gabe, sondern als schon Wissende. Der erste Bissen hat meine Eingeweide berührt und durch das kühne Unterfangen unsere Verabredung wieder aufgelöst. Glaube mir nur, es wäre ein Frevel, wenn der Sinn eines Mannes zögern wollte zu tun, was ich als Frau vermochte. Vielleicht hast du dich gescheut voranzugehen; dann folge mir wenigstens nach, und richte deinen darniederliegenden Mut auf! Warum wendest du die Augen ab? Warum zögerst du die glückliche Erfüllung unserer Wünsche hinaus und stiehlst unserem künftigen Ruhm eine lange Zeit?« Dies sprach sie und reichte ihm das Todesgericht, das ihn bezwingen sollte; denn die Seele geht zugrunde, indem die Sünden den Tod nähren.

Der Unglückliche vernimmt das übelratende Gesäusel ihrer Worte; sein Sinn wird gebeugt, und er wirft ihn schließlich hinter sich ab. Ihn erschütterte nicht die Unruhe zitternder Angst, und er zögerte nicht so sehr wie die Frau beim ersten Kosten: Vielmehr folgt er ihr rasch; zwar ohne festen Halt, greift er doch mit Festigkeit nach dem Gift der Mitgift aus dem Munde seiner unglückseligen Gattin und führt die Lockspeise des Feindes zu seinem offenen Mund.

Kaum hatte sein schrecklicher Heißhunger auch nur mit einem Biss die Frucht probiert und diese Lockspeise ihm auch nur einen oberflächlichen Geschmack verschafft, siehe, da umgab sein Antlitz ein jäher Blitzstrahl und benetzte seinen neuen Blick mit betrüblichem Licht.[36] Die Natur hat ihn nicht blind zur Welt gebracht, und die vollendete Schöpfung seiner Gestalt hat kein Gesicht geschaffen, dem die Wahrnehmung des Lichts entzogen wäre: Jetzt erst wirst du blind sein, du, dem es nicht mehr genügt, das zu erfahren, was der Schöpfer in seiner ganzen Größe dir an Wissen geben wollte. Auf das Leben hin ist euer Sehvermögen geschaffen worden – ihr seht auch den Tod, aber aus eurem freien Willen.

Tum patuisse gemunt oculos; nam culpa rebellis
fulsit, et obscenos senserunt corpora motus.
Tum primum nudos – dubium, quid dicere possim,
extinctus natusne – pudor circumspicit artus.
Erubuit propriae iam mens sibi conscia culpae,
pugnavitque suis carnis lex indita membris.
Namque hinc posteritas vitiato germine duxit
artibus inlicitis cognoscere velle futura
arcanisque sacris tardos inmittere sensus,
edita vel caelo vel taetro mersa profundo
rimari et cautas naturae inrumpere leges;
quaerere nunc astris, quo quisquam sidere natus,
prospera quam ducat restantis tempora vitae,
dissimilem paribus proventum discere signis;
nec non et geminos uno sub tempore fusos,
quos indiscretus luci produxerit ortus,
motibus adversis varia sub sorte notare;
indigetes quosdam stellis adscribere divos,
iunior antiquis aetas quos protulit astris,
atque infernali iam dudum nocte sepultis
vana per inmensum disponere nomina caelum.
Iam magicam digne valeat quis dicere fraudem
occultas tacito temptantem pectore vires,
divinis iungi virtutibus et cupientem?
Legifer ut quondam vates sub rege superbo,
dum nova monstraret iussi miracula signi,
commovit livore magos, ut talia temptent

Da beklagten sie, dass ihre Augen sich geöffnet hatten; denn die Schuld ihrer Auflehnung strahlte grell auf, und ihre Körper nahmen ihre Bewegungen als unanständig wahr. Da bemerkte zum ersten Mal ihr – ich weiß nicht, soll ich gestorbenes oder neugeborenes sagen – Schamgefühl die nackten Glieder. Schamesröte erfasste nun ihr Gewissen, das sich der eigenen Schuld bewusst wurde, und das ihren Gliedern eingeflößte Gesetz des Fleisches begann zu streiten.[37]

Denn von hier, aus diesem verdorbenen Keim, hat ihre Nachkommenschaft den Wunsch entwickelt, mit unstatthaften Künsten die Zukunft zu erfahren,[38] ihre trägen Sinne in Geheimkulte zu versenken, zu erforschen, was hoch am Himmel steht oder in der grausigen Tiefe versenkt ist, und die wohlüberlegten Gesetze der Natur zu brechen; jetzt in den Himmelskörpern zu suchen, unter welcher Konstellation jemand geboren ist, wie günstige Zeiten er in seinem noch ausstehenden Leben haben wird, und dann zu erfahren, dass der Ausgang trotz gleicher Sternzeichen verschieden ist; ja, auch Zwillingen, die zu ein und derselben Zeit zur Welt gebracht wurden und die keine getrennte Geburt ans Licht geführt hat, aufgrund gegensätzlicher Planetenbewegungen ein unterschiedliches Schicksal zuzuschreiben; Planeten die Namen bestimmter einheimischer Götter zu verleihen und den alten Himmelskörpern die Namen, welche eine jüngere Zeit vorzog;[39] und dann zu Ehren von Menschen, die schon lange in der Nacht der Unterwelt begraben sind, eitle Namen am unermesslichen Himmel zu verteilen.[40]

Wer vermöchte nun in angemessener Weise von dem Trug der Magie zu sprechen, die im stillen Herzen ihre verborgenen Kräfte versucht und sich mit göttlichen Kräften verbinden will?[41] So erweckte einst der gesetzesbringende Prophet[42] unter der Herrschaft des hochmütigen Königs, indem er die neuen, von Gott befohlenen Wunderzeichen zeigte, den Neid der Zauberer; so wollten sie

adcumulentque suas zelo fervente ruinas.
Illis subpeteret recta si sorte potestas,
demere, non etiam festinent addere monstra;
aemula sed signis tantum, non viribus aequa,
quod removere nequit, duplicavit iustius ira.
Hinc est, laudato possunt quod crimine Marsi,
cum tacita saevos producunt arte dracones
absentes et saepe iubent confligere secum.
Tunc, ut quisque gravem bello persenserit hydrum
aspidis aut durae clausas cognoverit aures,
concutit interius secreti carminis arma:
Protenus et lassis verbo lactante venenis
mox inpune manu coluber tractatur inermis
et morsus tantum, non virus in angue timetur.
Interdum perit incantans, si callida surdus
adiuratoris contempsit murmura serpens.
Hoc quoniam de matre trahunt et origine prima,
anguinae fraudis quod sic linguaeque periti,
mutua per carmen reddunt commercia fandi.
Nec minus his pulsat contraria cura saluti,
angit praescitus ducti quos terminus aevi,
cum tamen eductas infernis sedibus umbras
conloquium miscere putent et nota referre.
Spiritus erroris sed qui bacchatur in illis,
ad consulta parat vanis responsa figuris.
Et ne porrecto dicantur singula verbo:

Gleiches versuchen und vergrößerten mit diesem glühenden Eifer noch die Fallhöhe ihres eigenen Sturzes. Stünde ihnen diese Fähigkeit wahrhaft durch das Schicksal zu Gebote, dann würden sie sich beeilen, den Wunderzeichen ein Ende zu bereiten, und sie nicht noch zu vermehren; aber ihr Zorn, der nur mit scheinbaren Zeichen den Wettstreit suchen kann und nicht nach Kräften gleich ist, hat, was er nicht beseitigen kann, ganz zu Recht noch verdoppelt.[43]

Hierher gehört auch, was die Marser[44] können, deren Sünde auch noch Beifall findet, wenn sie mit ihrer stillen Kunst wilde Schlangen aus dem Nichts herbeirufen und häufig miteinander kämpfen lassen. Sobald dann ein jeder bemerkt oder erkannt hat, dass die Wasserschlange kampfesmüde ist oder die Ohren der hartherzigen Natter verschlossen sind, dann lässt er in ihrem Inneren die Waffen seiner geheimen Zauberformel klirren: Und sogleich lässt sich, wenn das Gift durch einen Lockspruch nachlässt, kurz darauf ungestraft die unbewaffnete Schlange mit der Hand anfassen, und man hat nur den Biss, aber nicht das Gift von der Schlange zu fürchten. Ab und an stirbt einer beim Bezaubern, wenn die Schlange sich taub stellt und sich aus dem raffinierten Gemurmel ihres Beschwörers nichts macht. Da sie es von unserer Mutter und unserem Uranfang beziehen, dass sie sich mit Trug und Sprache der Schlangen auskennen, pflegen sie durch ihre Beschwörungsformeln einen gegenseitigen sprachlichen Austausch mit den Schlangen.

Nicht weniger schwer trifft eine der Gesundheit abträgliche Sorge diejenigen, welche das Vorherwissen um ihr Lebensende ängstigt; dabei glauben sie doch, dass aus der Unterwelt heraufgeführte Schatten mit ihnen in Austausch treten und ihnen ihr Wissen berichten. Der Geist des Irrtums aber, der in ihrem Inneren wüste Feste feiert, legt sich für die Befragungen auch die Antworten dieser bloß eingebildeten Schemen zurecht.[45] Und um nicht jede Einzelheit mit langen Worten zu sagen: Wer auch immer

Praesenti inlusus damnabitur ille perenni
iudicio, quisquis vetitum cognoscere temptat.
Nec iam sola fuit scrutatrix Eva malorum:
Dicam nunc aliam, tali quae peste laborans
et coniuncta viro proprium non vicerit Adam.
Peccandi quasdam fervor succenderat urbes
civica permittens laxatis crimina frenis.
Incestus pro lege fuit, totumque libido
ius habuit, regni sedem metata voluptas
indigenas populos domina sub carne tenebat.
Et scelerum studio, fida quod plebe localis
dudum parendi promptis res publica iussit,
abstinuisse nefas et non peccasse pudendum
credebant omnes, facinus quos iunxerat omne.
Talibus offensus iudex atque arbiter orbis
cum fureret flammasque loco finemque pararet,
quendam dissimilem cunctis tectoque latentem,
qui tunc forte fuit propria peregrinus in urbe,
atque inter multos solum sic adloquitur Loth:
»Oppida lascivo iam dudum plena furore
respergunt caelum maculis nostrasque fatigant
quamvis obstructas scelerum clamoribus aures.
Inminet exitium: Tellus succensa reatu
ignibus ardebit, restinguet fulminis imber,
quae non extinxit ferventia crimina fletus.
Ipsa in perpetuas solvetur terra favillas,
quae vivos cineres et post incendia servans
sicque solum fingens, leviter si calce teretur,

versucht, sich verbotenes Wissen anzueignen, der wird in seinem gegenwärtigen Urteil getäuscht und durch ein ewiges Urteil verdammt.

Nun war Eva aber nicht die einzige Unglücksforscherin: Ich will nun von einer anderen erzählen, die an der gleichen Seuche litt und mit einem Mann verbunden war, aber ihren eigenen Adam nicht überwältigen konnte.[46] Manche Städte schon hatte eine hitzige Sündenwut in Brand gesetzt, die mit gelockerten Zügeln die Vergehen ihrer Bürger zuließ. Unzucht war Gesetz, die Geilheit hatte alles Recht, und die Wollust hielt, indem sie die Grenzen ihres Königreiches absteckte, die ansässige Bevölkerung unter der Herrschaft des Fleisches. Und in ihrem Sündeneifer, welchen die dortige Regierung den schon lange willfährigen Menschen in diesem ergebenen Volke auftrug, glaubten sie, die ja ihr ganzes Verbrechen eng miteinander verbunden hatte, allesamt, es sei schmählich, sich von Frevel ferngehalten und nicht gesündigt zu haben.

Als der Richter und Gebieter der Welt, über solches Verhalten unwillig geworden, wütend war und dem Ort ein Ende in Flammen bereiten wollte, entdeckte er einen Mann, der sich von allen unterschied, sich in seinem Haus verborgen hielt und der sich da als Fremder in seiner eigenen Stadt wiederfand;[47] und unter all den vielen sprach er allein ihn, den Lot, an: »Die Städte, schon lange voll von zügelloser Raserei, beflecken den Himmel und ermüden mein Ohr, das ihnen doch verschlossen ist, mit ihrem Sündengeschrei. Ihre Vernichtung steht bevor: Ihre von Schuld entflammte Erde wird im Feuer brennen, und die Glut ihrer Verbrechen, welche nicht ihr Tränenstrom gelöscht hat, wird ein Blitzesregen ersticken. In ewige Asche soll sich auch ihre Erde auflösen. Auch nach dem Brand noch soll sie die Ascheglut lebendig halten und so den Anschein eines Bodens geben; wird sie aber auch nur leicht mit dem Fuß gestreift, so soll sie, bleich wie

ad minimum fugiens discedet pallida tactum.
Tu nunc linque domum, perituras desere terras,
et rea cum dignis subsidant arva colonis!
Nec tete inpendens letum coniunxerit illis,
non iunxit quos vita tibi; solacia coniunx
praebeat, hac tantum socia contentus abito!
Adcelerate fugam, tendatur tramite recto!
Neu subvertendas quisquam respexerit urbes!
Vos nescite malum. Poenas, quicumque subibit,
adspiciat, mortisque suae spectacula secum,
qui meruere, ferant! Salvandis terror abesto!«
Haec pater. Ast illi properant abscedere terra
inciduntque moras crudeliaque arva relinquunt.
Coeperat obduci victum caligine densa
atque ignota prius demittere murmura caelum –
nec sic, ut tonitru crebro cum percitus aether
ostentat pavidis innoxia fulmina terris;
sed prorsus finale malum stridore minaci
taetra per aerios mittebat signa tumultus.
Tendebant moniti simul et mandata tenentes
concessam rectis ad sedem vultibus ibant.
Callidus alta petens sed qui subverterat Evam
serpens femineam consuetus tangere mentem,
hic quoque formidans animum temptare virilem
coniugis inspirat votis, ut nosse ruinas
vellet et evasas visu deprendere clades.
O demens animi! Cur iam non sufficit unam

sie ist, bei der kleinsten Berührung nachgeben und sich entziehen. Verlasse du nun dein Haus, und kehre deinem todgeweihten Land den Rücken, auf dass diese schuldigen Felder untergehen mitsamt ihren Bewohnern, die nichts anderes verdient haben! [355] Dich soll aber auch der drohende Tod nicht mit jenen verbinden, mit denen dich auch das Leben nicht verbunden hat; Trost soll dir deine Gattin spenden, mit ihr allein als Begleiterin sei zufrieden und gehe fort! Sputet euch mit der Flucht, sucht den direkten Weg! Und niemand soll sich umdrehen nach den Städten, die der Zerstörung anheimgegeben sind! [360] Ihr wisst nichts vom Bösen. Sehen sollen die Strafen all jene, welche sie erleiden werden; und das Schauspiel ihres eigenen Todes sollen die mitnehmen, welche ihn verdient haben. Fern soll der Schrecken denen bleiben, die gerettet werden!« So der Vater. Aber jene beeilten sich das Land zu verlassen, mieden jeden Aufschub und verließen die erbarmungslosen Gefilde.

[365] Überwältigt von dichter Finsternis hatte der Himmel begonnen, sich zuzuziehen und ein bislang unerhörtes Grollen hinabzusenden – aber nicht so, wie wenn der Äther, aufgewühlt von häufigem Donner der eingeschüchterten Erde, seine unschädlichen Blitze zeigt; nein, vielmehr schleuderte er geradezu wie das Unheil des Jüngsten Tages mit drohendem Zischen [370] seine grauenvollen Zeichen durch die tosende Luft. Gewarnt zugleich und mit einem Auftrag versehen, bahnten sie sich ihren Weg und gingen, den Blick nach vorne gerichtet, zu der ihnen zugesprochenen Wohnstatt. Die verschlagene Schlange aber, die bei ihrem Streben in die Höhe Eva zu Fall gebracht hatte[48] und gewohnt war, das weibliche Herz zu berücken, [375] schreckte auch hier davor zurück, die Seele des Mannes zu versuchen; und so flüsterte sie es den Wünschen seiner Gattin ein, von dem Untergang Genaueres wissen zu wollen und mit ihren Augen Zeugin des Unheils zu werden, dem sie entkommen waren.

O du verblendete Seele! Warum genügt es schon nicht mehr,

subcubuisse dolo? Caruit iam parte bonorum,
qui mala cognovit. Si non exempla priorum
terrent, exemplum fies, nostroque timori
vel post te pereat secreti dira cupido!
Inlicitum quod scire fuit vetitumque tueri,
respiciens tantum nec narratura videbis.
Ergo ubi maiorem vicina ex urbe tumultum
accepit mulier, vultum tunc flexa retortum
vix primo in visu restrictis motibus haesit,
cernere desistens, cum coeperat. Inde gelato
sanguine marmoreus perfudit viscera torpor;
diriguere genae, pallor novus inficit ora.
Lumina non clausit, non saltim concidit illo
pondere, quo pulsant demissa cadavera terram,
sed stetit horrendo perlucens massa nitore,
servavitque suam species decepta figuram,
nec facile ut nosses, vitrum, lapis anne metallum
succedens homini, si non sal fauce notetur.
Ex tunc insipido mulier praeventa reatu
plus salsum sine mente sapit, quae pungere sensus
exemplique potest salibus condire videntes.
Hoc tamen hic magnum, quod non inflectitur iste
nec sequitur sociam fortis nec vincitur Adam.
Credo equidem melius, quod non occurrerit uxor
enarrare viro; nam si conperta referret,
forsan et hunc visu suasisset temnere iussa,

dass nur eine der List zum Opfer gefallen ist? Wer das Böse kennengelernt hat, muss schon auf einen Teil des Guten verzichten. Wenn dich die Beispiele früherer Menschen nicht schrecken, dann wirst du selbst zum Beispiel; und unserer Angst soll dann wenigstens nach dir die furchtbare Lust auf das Verborgene vergehen! Was nicht erlaubt war zu wissen und zu betrachten verboten, das wirst du, wenn du dich umdrehst, nur sehen, aber nicht weitererzählen können.

Wie nun also die Frau ein zunehmendes Getöse wahrnahm, da wandte sie ihr Antlitz zurück. Aber kaum hatte sie einen ersten Blick erhascht, da wurden ihre Bewegungen gehemmt und sie hing fest; sie hörte auf zu sehen, als sie damit angefangen hatte. Dann gefror ihr Blut und eine Marmorstarre übergoss ihre Eingeweide; ihre Wangen wurden hart, und eine neue Blässe färbte ihr Gesicht. Ihre Augen schloss sie nicht, sie brach auch nicht durch jene Schwere zusammen, durch welche Leichen zusammensacken und auf dem Boden aufschlagen; vielmehr blieb sie als lichtdurchlässige Masse in schrecklichem Glanze stehen, und ihr betrogenes Gesicht bewahrte seine Züge. So hätte man auch schwerlich herausfinden können, ob es nicht Glas, Stein oder Metall war, was an die Stelle des Menschen trat, würde man nicht beim Kosten das Salz in der Kehle schmecken. Seitdem trägt diese Frau, von ihrer geschmack- und geistlosen Schuld überrumpelt, noch mehr den Geschmack von Salz an sich, ohne doch ein Körnchen Geist und Geschmack zu besitzen; so kann sie in unser Bewusstsein dringen und es bei denen, die sie sehen, durch das Salz ihres Beispiels verfeinern.[49]

Das hingegen ist hier bedeutsam, dass dieser tapfere Adam sich nicht beugt, nicht seiner Gefährtin folgt und sich nicht bezwingen lässt.[50] Besser war es freilich, glaube ich, dass die Frau ihrem Manne nicht entgegenlaufen und erzählen konnte. Denn hätte sie ihm berichtet, was sie erfahren hat, dann hätte sie vielleicht auch diesen überredet, die Gebote durch das Schauen zu

ceu proprium gustu fecit primaeva virago:
Quae postquam sese pariter comitemque fefellit,
et nondum natam percussit vulnere prolem.
Tum victor serpens certamine laetus ab ipso,
puniceam crispans squamoso in vertice cristam,
iam non dissimulans, quem presserat ante, triumphum
acrior insultat victis et taliter infit:
»En divina manet promissae gloria laudis.
Quidquid scire meum potuit, iam credite, vestrum est:
Omnia monstravi sensumque per abdita duxi,
et quodcumque malum sollers natura negabat,
institui dextrisque dedi coniungere laevum.
Istinc perpetua vosmet mihi sorte dicavi.
Nec deus in vobis, quamquam formaverit ante,
iam plus iuris habet: Teneat, quod condidit ipse!
Quod docui, meum est; maior mihi portio restat.
Multa creatori debetis, plura magistro.«
Dixit et in media trepidos caligine linquens
confictum periit fugiens per nubila corpus.

missachten, [405] wie die allererste Frau ihren eigenen Mann veranlasste, es durch das Kosten zu tun: Die schlug nämlich, nachdem sie zugleich sich selbst und ihren Gefährten betrogen hatte, auch ihrer noch ungeborenen Nachkommenschaft diese Wunde.

Da war die siegreiche Schlange froh über ihren Kampf und ließ den purpurnen Kamm auf ihrem schuppigen Haupte schwingen:[51] [410] Nun verhehlte sie nicht mehr den Triumph, den sie zuvor noch unterdrückt hatte, verhöhnte die Bezwungenen umso bitterer und hob solchermaßen mit ihrer Rede an: »Seht her, hier erwartet euch der versprochene göttliche Ruhmesglanz. Alles, was mein Wissen vermochte, das ist nun, glaubt mir, euer: Ich habe euch alles gezeigt und euren Sinn durch das Verborgene geführt; [415] in allem Bösen, das euch die kunstreiche Natur verweigert hat, habe ich euch unterwiesen und euch die Möglichkeit gegeben, in die rechte Hand auch mit der linken einzuschlagen.[52] Damit habe ich mir euch durch das Schicksal auf ewig zu eigen gegeben. Auch Gott, obwohl er euch zuvor geschaffen hat, besitzt nicht mehr Rechte an euch: Soll er doch behalten, was er selbst geschaffen hat! [420] Was ich gelehrt habe, ist mein; mir bleibt der größere Teil. Viel schuldet ihr eurem Schöpfer, mehr eurem Lehrmeister.«[53] Sprach's und ließ sie zitternd inmitten der Finsternis zurück; seinen vorgetäuschten Körper ließ er zerfallen und entzog sich durch die Wolken.

LIBER TERTIUS: DE SENTENTIA DEI

Tempus erat, quo sol medium transcenderat axem
pronus et excelsi linquens fastigia centri
vicina iam nocte leves permiserat auras.
Illis sed maior curarum volvitur aestus,
ferventesque tenent male conscia corda dolores.
Utque pudor capto detorsit lumina sensu
reppulit et miseros alterno a corpore visus,
nec iam secura praestatur luce tueri
signatam fixo peccati stigmate carnem,
indumenta petunt, foliis ut mollibus ambo
membra tegant nudumque malum de veste patescat.
Umbrosis propter stabat ficulnea ramis
frondentes diffusa comas, quas protenus Adam
umentem capiens raso de cortice librum
adsuit et viridi solatur veste ruborem.
Induitur simili mulier lacrimabilis arte:
Quos pavit misero fallax insania pomo,
vestivit folio; saeva quos arbore nudos
reddidit, hos gravius tenui super arbore texit.
Et tamen adveniet tempus, cum crimina ligni
per lignum sanet purgetque novissimus Adam
materiamque ipsam faciat medicamina vitae,
qua mors invaluit: Leto delebere, letum!
Aereus excelso pendebit stipite serpens,
cumque venenatum simulaverit, omne venenum
purget et antiquum perimat sua forma draconem.

Es war die Zeit, da die Sonne die Himmelsmitte überschritten hatte: Sie ließ die hochragende Spitze ihres Zenits hinter sich, neigte sich hinab und hatte angesichts der schon nahen Nacht linde Lüfte aufkommen lassen. Hitziger aber wogte in den beiden Menschen die Flut ihrer Sorgen, und glühende Schmerzen hielten ihre schuldbewussten Herzen im Griff. Scham hatte sich nun ihrer Sinne bemächtigt, ihre Augen zu Boden gezwungen und ihre unglücklichen Blicke vom Körper des anderen fortgestoßen; auch war es ihnen nicht mehr verstattet, ihr von dem Sündenmal[54] gezeichnetes Fleisch bei Licht und ohne Sorgen anzuschauen. Da suchten sie nach einer Hülle, auf dass sie beide ihre Glieder mit weichen Blättern bedeckten und durch dieses Kleid das Übel nackt zu Tage träte.

In der Nähe stand mit schattenspendendem Gezweig ein Feigenbaum und spreizte die Haarpracht seiner Blätter aus. Diese Blätter nähte Adam sogleich zusammen, indem er die Rinde des Baumes abschabte und ihr die noch feuchten Bastfäden entnahm; so linderte er mit dem grünen Kleid seine Schamesröte. Mit ähnlichem Geschick kleidete sich auch seine beweinenswerte Frau ein: Der trügerische Wahn, der beide von der unseligen Frucht kosten ließ, hüllte sie nun in ein Blatt; und dieselben Menschen, die er durch einen furchtbaren Baum entblößt hatte, bedeckte er durch das leichte Baumkleid umso schwerer.

Und doch wird die Zeit kommen, da der letzte Adam[55] die Sünden des Holzes durch das Holz heilen wird und reinigen und eben den Stoff, durch welchen das Sterben erstarkte, zum Heilmittel des Lebens machen wird:[56] Tod, du wirst durch den Tod zunichte werden! Es wird die eherne Schlange am hohen Kreuzbaum hängen; und wenn sie die Gestalt des vergifteten Menschen angenommen hat, dann soll sie alles Gift vertilgen, und ihre eigene Gestalt soll den alten Drachen vernichten.[57]

Interea genitor viridis per mollia luci
rorantes sudo capiebat ab aere ventos.
Protenus adtonitis senserunt auribus ambo
praesentem dominum. Tristi tum luce perosa
expavere diem detecto in crimine testem.
Illos nam, vastis specubus si forte baratrum
panderet aut subitum tellus monstraret hiatum,
non pigeat prono trepidos descendere saltu,
et si subpeteret iam tum sententia leti,
hanc etiam raperet solandi cura pudoris:
Se flammis lymphisve darent vel pectora ferro
adpeteret vindex crudeli vulnere dextra.
Sic miseri mortem nondum discrimine notam,
cum primum meruere, volunt. Exordia finem
signant et similes praedicunt adfore luctus,
ultima cum mundi senium consumpserit aetas
cumque repentinus percusserit omnia fulgor
caelorum clangente tuba, qua nuntius ante
iudicis adventum concussum terreat orbem –
tunc, cum sinceros pastor discreverit agnos,
haedis disparibus diversa in parte locatis,
per medium dirimente chao, quod fluctibus inplet
sulphureis volvens undosa incendia gurges,
flammarum stagnante lacu, quo fervida quondam
dicitur adtracto nubes sodomitica nimbo
guttatim sparsum fudisse in crimina fulmen,
cum plueret nox taetra focos caeloque caducae
aera per calidum stillarent undique mortes.
Taliter ignifero missi de fonte gehennae
fluxerunt tristes aliena in saecula rivi.

Unterdessen genoss der Schöpfer im lieblichen Grün des Haines die taubenetzte Brise, die aus der heiteren Himmelsluft wehte. Das traf sogleich die Ohren der beiden mit Schrecken, und sie spürten die Gegenwart des Herrn. Da war ihnen das traurige Licht verhasst, und sie fürchteten den Tag als Zeugen für das aufgedeckte Vergehen. Denn hätte sich da in den weiten Höhlen gerade ein Abgrund aufgetan oder die Erde ihnen plötzlich einen Spalt aufgezeigt, so hätten sie in ihrer Angst nicht Anstand genommen, in steilem Sprung hinabzustürzen; und hätte sich ihnen die Verurteilung zum Tode schon damals dargeboten, so hätten sie in ihrem Bemühen, die Scham zu lindern, auch danach gierig gegriffen: Sie hätten sich Flammen oder Wassern hingegeben, oder ihre rächende Rechte hätte ihrer Brust mit dem Schwert eine grausame Wunde beigebracht. So kommt es, dass sich die Unseligen den Tod, mit dem sie noch nie durch bange Aussicht Bekanntschaft gemacht haben, herbeiwünschen, sobald sie ihn verdient haben.

Der Anfang verweist auf das Ende und sagt voraus, dass ähnliche Trauer eintreten wird, wenn das letzte Zeitalter die greise Welt aufzehrt, wenn ein jäher Blitzstrahl vom Himmel alles trifft und schmetternd jene Trompete erschallt, mit welcher der Engelsbote vor der Ankunft des Richters den Erdkreis erzittern und erbeben lässt – zu der Zeit also, da der Hirte die reinen Lämmer gesondert und die ungleichen Böcke auf die andere Seite gestellt hat und die Mitte zwischen ihnen ein gähnender Schlund auseinanderreißt, den der Brandwogen wälzende Strom mit Schwefelfluten ausfüllt.[58] Da wird sich der Flammensee[59] bilden, aus dem, wie es heißt,[60] die glühende Wolke von Sodom einst ihren Regen speiste, ihre Blitze wie Tropfen ausstreute und auf die Sünden niedergoss; da ließ eine schreckliche Nacht Feuer herabregnen, und überall fiel Tod vom Himmel und tropfte durch die heiße Luft herab. So sind, entsprungen aus der Feuerquelle der Gehenna[61], trauerbringende Flüsse bis zu den fremden Menschengeschlechtern späterer Zeiten geflossen.[62]

At quem terribili iudex decreverit hora
vivere post mortem poenaque ardere perenni,
subtrahet optato gravior sententia leto;
cumque foret melius dispersis corpora membris
carpere perpetuum dura sub morte soporem,
invitos tamen urna vomet, quis sola voluntas
rursus posse mori sensuque carere dolendi.
Sed sic accipiet ferventis flamma camini
ambustura suas, ut numquam finiat, escas.
At primi interea iuvenes conamine casso
per deserta ruunt tutoque abscondita furto
facta putant, caecis optant latuisse tenebris.
Quid iuvat, infelix, oculos a iudice flecti?
Te iudex cernit: Nolis cur ipse videre,
cum videare palam? Solem non fuscat amoenum,
si depressa gravem formidant lumina lucem
debilis et sanum visus non sustinet orbem.
Tum sic terribili primum deus increpat ore
atque, ubi sit, miserum noscens interrogat Adam.
Qui trepidam pavido producens pectore vocem
vix haec pauca refert: »Tuus, o celsissime, terror
mentibus insidens latebram temptare coegit.
Nam quia nuda forent inopertis corpora membris,
erubui, fateor, caelumque per abdita fugi.«
»Et quis«, ait, »subitum concussit corde pudorem?

Wen aber der Richter in der fürchterlichen Stunde dazu verurteilt hat, nach dem Tode weiterzuleben und in ewiger Pein zu brennen, den wird ein schwereres Urteil dem herbeigesehnten Ende entziehen. [60] Zwar wäre es besser für sie, ihre Glieder lösten sich auf und ihre Leiber fänden durch das harte Todeslos zu ewigem Schlummer, doch wird die Urne[63] diese Menschen gegen ihren Willen ausspeien, und ihr einziger Wunsch wird es sein, wieder sterben zu dürfen und ihr Schmerzempfinden loszusein. Dagegen wird die Flamme dieses glühenden Feuerofens [65] ihre Nahrung so aufnehmen und verzehren wollen, dass sie nie zu einem Ende kommt.

Die ersten jungen Menschen aber stürzen in einem vergeblichen Versuch durch verlassenes Gebiet, glauben, durch ihre vorsichtigen Schliche blieben die Taten im Verborgenen, und machen sich Hoffnungen, im blinden Dunkel unbemerkt zu bleiben.[64] Was hilft es, Unglücklicher, die Augen von deinem Richter abzuwenden? [70] Dein Richter erkennt dich doch: Warum möchtest du nicht selbst sehen, wo du doch von allen gesehen wirst? Es verdunkelt die strahlende Sonne nicht, wenn die Augen, zu Boden gerichtet, ihr drückendes Licht fürchten und der schwache Blick ihren ungetrübten Lichtkreis nicht ertragen kann.

Da herrscht Gott den unglücklichen Adam zunächst in folgender Weise mit schreckenerregender Stimme an: [75] Er fragt ihn nämlich, wo er sei – dabei weiß er es ja genau. Der bringt aus seiner verängstigten Brust nur eine zitternde Stimme hervor, und nur mit Mühe gibt er ihm diese knappe Antwort: »Die Furcht vor dir, du Allerhöchster, die in meinem Sinn verwurzelt ist, hat mich dazu getrieben, ein Versteck zu suchen. Denn da unsere Körper nackt waren und unsere Glieder unbedeckt, [80] bin ich, offen gestanden, errötet und habe in der Abgeschiedenheit das Himmelslicht gemieden.« »Und wer«, erwiderte Gott, »hat so plötzlich die Scham in deinem Herzen erregt? Und woher kommt dieser neue

Visus et unde novus? Nam te nec vellera dudum
nec contexta prius velavit tegmine vestis.
Forma rudis proprio melius contenta decore
iudice se placuit. Sed postquam foedere rupto
interdicta tuus perstrinxit germina gustus,
naturale tibi tegmen non sufficit unum,
hactenus et nudis nunc denudata patescunt,
arguit obscenus quae turpia corpora motus.«
Ille ubi convictum claro se lumine vidit,
prodidit et totum discussio iusta reatum;
non prece submissa veniam pro crimine poscit,
non votis lacrimisve rogat nec vindice fletu
praecurrit meritam supplex confessio poenam.
Iamque miser factus nondum miserabilis ille est.
Erigitur sensu tumidisque accensa querellis
fertur in insanas laxata superbia voces:
»Heu male perdendo mulier coniuncta marito!
Quam sociam misero prima sub lege dedisti,
haec me consiliis vicit devicta sinistris,
haec sibi iam notum persuasit sumere pomum.
Ista mali caput est, crimen surrexit ab ista.
Credulus ipse fui, sed credere tu docuisti
conubium donans et dulcia vincula nectens.
Atque utinam, felix quae quondam sola vigebat,
caelebs vita foret talis nec coniugis umquam
foedera sensisset comiti non subdita pravae.«
Hac igitur rigidi commotus mente creator

Blick? Denn vor kurzem noch haben keine Felle dich mit ihrer Hülle bedeckt; auch kein gewobenes Kleid hat dies zuvor getan. Deine ursprüngliche Gestalt gab sich zu Recht mit der angeborenen Schönheit zufrieden [85] und gefiel sich nach eigenem Urteil gut. Aber seitdem mit dem Bruch unseres Bundes dein Gaumen an die verbotenen Früchte gerührt hat, ist dir die eine natürliche Hülle nicht mehr genug. Und obwohl ihr auch bisher schon bloß wart, wird euch nun erst die Blöße eurer Körper offenbar; die schmutzige Regung eurer Lust stellt sie als hässlich bloß.«

[90] Wie Adam sich im hellen Lichte überführt sah und die gerechte Prüfung seine ganze Schuld offenbart hatte, warb er nicht etwa in demütigem Gebet um Nachsicht für sein Vergehen; er trug nicht mit feierlichen Gelübden oder weinend irgendwelche Bitten vor, und kein kniefälliges Geständnis versuchte der verdienten Strafe mit einer Bürgschaft von Tränen zuvorzukommen.[65] [95] Zwar war er nun in erbärmliches Unglück geraten, doch Erbarmen verdiente er noch nicht. Er richtete sich innerlich empor, und von aufbrausenden Klagen befeuert ließ sich sein zügelloser Hochmut zu wahnwitzigen Worten hinreißen: »O weh, so ist die Frau dem Manne zugesellt, um ihn schändlich zu verderben! Dieselbe Frau, die du mir Armem nach deinem ersten Gesetz als Gefährtin gabst, [100] hat sich durch üblen Rat besiegen lassen und nun auch über mich den Sieg davongetragen. Sie war es auch, die mich überredet hat, die Frucht zu nehmen, die sie schon kannte! Sie ist die Quelle des Übels, von ihr hat das Vergehen seinen Anfang genommen. Zwar war ich selbst vertrauensselig; doch hast du mich gelehrt, ihr zu vertrauen, indem du mir die Ehe schenktest und die süßen Fesseln knüpftest. [105] Ach, wenn doch mein Leben, das einst mir glücklich im Alleinsein erblühte, noch immer ohne Ehe wäre! Hätte es doch niemals den Bund mit einer solchen Gattin zu spüren bekommen und sich niemals einer unrechten Gefährtin unterwerfen müssen!«

Aufgebracht durch diesen Starrsinn Adams redet der Schöpfer

maerentem celsis conpellat vocibus Evam:
»Cur miserum labens traxisti in prona maritum
nec contenta tuo, deceptrix femina, casu
sublimi sensum iecisti ex arce virilem?«
Illa pudens tristique genas suffusa rubore
auctorem sceleris clamat decepta draconem,
qui pomum vetito persuasit tangere morsu.
Post haec finalem promit sententia legem,
serpentemque reum prima sic voce notavit:
»Tu coluber, cuius peccavit femina fraude
errorisque virum consortem reddidit ipsa,
propter utrumque reus pendes, quod fecit uterque.
Nec tibi sublimi constabit corpore vertex,
callida sed pronus per terram pectora volves;
utque fuga trepido sinuosa volumina currant,
non gressus, sed lapsus erit, teque ipse sequeris
flexibus et spiras viventia vincula nectent.
Tum pro persuasa miserorum cordibus esca
tellurem captans pastu vesceris inani.
Mensibus et certis supero depulsus ab orbe
inclusus terris communi sole carebis.
Inter cuncta, replent quae nunc animantia mundum,
auctor mortis eris, fies gravis omnibus horror.
Praecipue infelix mulier cum prole futura
sic inimicitias odio currente reponat,
semina seminibus mandent ut vota nocendi.
Insistens semper pavidae sectabere calcem:

also mit erhabenen Worten die tief betrübte Eva an: [110] »Warum hast du, als du straucheltest, deinen armen Gatten mit in den Abgrund gerissen, trügerische Frau? Warum gabst du dich nicht mit deinem eigenen Fall zufrieden, sondern hast auch noch den Sinn deines Mannes von seinem hehren Sitz in der Höhe hinabgeschleudert?«[66] Voller Scham und mit der Röte von Betrübnis auf den Wangen nannte die getäuschte Frau als Anstifterin der Missetat lauthals die Schlange, [115] die sie überredet hatte, mit verbotenem Biss von der Frucht zu kosten.

Hierauf verkündete das göttliche Urteil seine abschließende Entscheidung und rügte mit seinen ersten Worten die Schlange: »Du, Schlange, durch deren Trug die Frau gesündigt und dann selbst ihren Mann zum Genossen ihrer Täuschung gemacht hat: [120] Du wirst wegen beider Vergehen zur Rechenschaft gezogen und büßen, was jeder der beiden getan hat. Dein Haupt soll nicht mehr auf einem aufgerichteten Körper sitzen; vielmehr sollst du deine verschlagene Brust zu Boden geneigt über die Erde wälzen. Als wärest du in Angst und auf der Flucht, sollen deine gekrümmten Windungen enteilen, und du sollst kein Schreiten, sondern nur ein Gleiten kennen: Du sollst dich [125] mit Verbiegungen selbst verfolgen, und deine lebenden Schlingen sollen Kreise aneinander knüpfen. Dann wirst du anstelle der Lockspeise, zu der du die Herzen dieser Unglücklichen verführt hast, nach der Erde schnappen und dich von unergiebigem Futter nähren. Und in bestimmten Monaten wirst du von der Oberfläche der Erde verstoßen sein und eingeschlossen im Erdreich auf das allen gemeinsame Sonnenlicht verzichten müssen. [130] Unter allen Lebewesen, die nun die Welt ausfüllen, wirst du als Verursacher des Todes gelten und allen ein schwer lastender Schrecken werden. Vor allem soll die unglückliche Frau zusammen mit ihrem künftigen Nachwuchs die Feindschaft gegen dich in fortlaufendem Hasse so bewahren, dass Sprössling an Sprössling den Wunsch weitergibt, dir zu schaden. [135] Du wirst der Ängstlichen stets nachsetzen und

Conterat illa caput victoremque ultima vincat.«
Post haec adtonitam iudex commotus in Evam:
»At tu, quae primam violasti, femina, legem,
accipe, succiduum vitae quod restat in aevum!
Imperium patiere tori dominumque timebis,
quem socium dederam; parebis subdita iussis,
et curvata caput libitus adsuesce viriles!
Moxque ubi concipiens fetum persenserit alvus,
ventris onus gemitu testaberis, ac tibi clausum
anxia crescentem portabunt viscera fascem –
donec transacto fastidia tempore conplens
naturale malum partu sub vindice pendas
producens vitam prolis: Sic poena parentis.
Quid diversa loquar post iam discrimina matris?
Nam cum praeduro mulier confecta labore
optatam subolem tali produxeris ortu,
lugebis vacuos nonnumquam orbata dolores.«
Interea trepidus iam dudum sustinet Adam,
quid sibi terribilis tandem sententia servet.
Cui pater: »Adtentis«, inquit, »nunc auribus et tu
accipe quid mereare, levis quem femina vicit!
Inpolluta prius pulchro sub germine tellus
non iam fida satis nec puro semine simplex
pristina monstrabit corruptum terga per orbem;
exemploque tuo semper tibi terra rebellans
vepribus ac tribulis armata resistere discet.
Aut si frangenti cedens subcumbet aratro
vomeris et fixo mordacis dente subacta est,

auf den Fersen bleiben: Sie aber soll dein Haupt zertreten und ihren Bezwinger am Ende bezwingen.«[67]

Danach sprach der Richter aufgebracht zu Eva, die wie vom Donner gerührt war: »Aber du, Frau, die mein erstes Gesetz verletzt hat, vernimm, was dir für das noch bleibende Bisschen an Lebenszeit bevorsteht![68] [140] Du wirst die Eheherrschaft erdulden müssen und den Mann, den ich dir als Gefährten gegeben hatte, als deinen Herrn fürchten; du wirst ergeben seinen Weisungen gehorchen und sollst dich gebeugten Hauptes in das Belieben deines Mannes finden! Sobald hernach dein Mutterleib seine Frucht empfangen und empfunden hat, sollst du die Leibeslast durch dein Stöhnen bezeugen. [145] Und deine Eingeweide sollen sorgenvoll das Bündel tragen, das eingeschlossen in ihnen heranwächst – bis du dann nach Ablauf der Zeit zu allem Überdruss für dein zur Natur gewordenes Übel durch Gebären Buße leisten musst und das Leben deines Kindes zur Welt bringst: So soll deine Strafe als Gebärerin aussehen.[69] Was soll ich von den verschiedenen Gefahren für die Mutter danach sprechen? [150] Denn wenn du, Frau, erschöpft von der bitterharten Mühe den erwünschten Spross in solcher Geburt zur Welt gebracht hast, wirst du manches Mal, deines Kindes beraubt, über die vergeblichen Schmerzen trauern.«

Unterdessen wartet Adam schon lange zitternd darauf, was das furchterregende Urteil für ihn bereithält. [155] Zu ihm spricht der Vater: »Aufmerksam vernimm nun auch du, den die leichtsinnige Frau bezwingen konnte, was du verdienst! Die Erde, die sich zuvor unbefleckt unter einer schönen Pflanzendecke erstreckte, soll nicht mehr ganz zuverlässig sein; und nicht mehr soll sie mit der schlichten Reinheit ihrer Samen den ursprünglichen Rücken auf ihrem nunmehr verdorbenen Runde zeigen.[70] [160] Nach deinem eigenen Beispiel wird sich der Boden ständig gegen dich auflehnen und lernen, dir mit Dornbusch und Disteln bewehrt Widerstand zu leisten. Und selbst wenn die Erde unter den schollenbrechenden Pflug gerät und dem festen Zahn der beißenden Pflugschar erliegt,

pinguia decipient mentito germine culta.
Nam pro triticeo lolium consurgere fructu
et fictas segetes vacuasque dolebis avenas.
Sic vix extortum producent iugera panem,
sudore adsiduo nitens quem sumat egestas,
inlecebramque cibi poenalis vindicet esca.
Aequalem brutis facient tibi pabula vitam,
et simul herbarum sucos pastumque requirens
stercore consimili depressa gravabitur alvus.
Aerumnosa diu volvetur talibus aetas,
donec praescriptum ponant tibi saecula finem
et conpacta luto solvantur tempore membra:
Limo formatus rursus redigeris in arvum.
Ante tamen proprium nati praecurrere letum
conspicies poenasque tuas in prole videbis.
Ut metuenda magis cernatur mortis imago,
peccasse agnoscas quid sit, quid mortua fleri
quidve mori. Ac ne quid desit tibi forte malorum,
quae castigandis corruptus parturit orbis,
acrior inmenso miscebitur ira dolori.
Nam cum prima tibi producent tempora natos,
livor edax arto certabit limite mundi;
nec iam sufficiet vacuus, qua tenditur, orbis,
totaque germanis stringetur terra duobus.
Alter in alterius consurget funera frater
telluremque novam cognato sanguine tinguet.
Exim posteritas varios passura labores
casibus in multis mortalia debita pendet,

dann werden die fetten Äcker, die du bebaust, dich mit trügerischen Keimen täuschen. [165] Denn es wird dich schmerzen, dass anstelle der Weizenfrucht nur Schwindelhafer, falsche Saat und hohle Stängel emporwachsen. So wird das Ackerland kaum Brot hervorbringen und es sich auch nur mit Mühe entwinden lassen. Um es zu sich nehmen zu können, soll eure Armut sich in stetem Schweiße plagen müssen; und so soll das Essen als Bestrafung eure Verführung durch die Speise ahnden. [170] Die Nahrung wird dir dein Leben an die unvernünftigen Tiere angleichen; und zugleich mit dem Verlangen nach Säften von Pflanzen und fester Nahrung soll dein Bauch von ganz ähnlichem Kot wie die Tiere bedrückt und beschwert werden.

Von solchen Mühen geplagt soll sich dein Leben lange Zeit hinziehen, bis die Jahrhunderte dir das vorgeschriebene Ende setzen [175] und die aus Lehm gefügten Glieder sich mit der Zeit auflösen: Aus Schlamm gebildet wirst du wieder zu Ackerland werden. Zuvor jedoch sollst du zusehen, wie der Tod deines Kindes deinem eigenen zuvorkommt, und sollst in deiner Nachkommenschaft die Strafe für dich erkennen.[71] Damit dir das Bild des Todes noch furchteinflößender vor Augen steht, [180] sollst du erkennen, was Sündigen, was Totenklage und was Sterben heißt. Und damit es dir auch nicht etwa an einem der Übel fehle, welche die verdorbene Welt zu eurer Züchtigung gebiert, soll sich in den unermesslichen Schmerz noch beißender der Zorn einmengen. Denn sobald die Zeit dir Kinder hervorbringt, wird verzehrender Neid in der engen Begrenztheit der Welt zu streiten beginnen; [185] dann soll das Erdenrund, das unbesetzt ist, soweit es sich erstreckt, nicht mehr genügen und die ganze Erde von zwei Brüdern hin- und hergezerrt werden. Der eine Bruder wird sich zum Mord am anderen erheben und die junge Erde im verwandten Blute tränken.

[190] Hierauf soll deine Nachwelt mannigfaltige Mühen erleiden und in vielfachem Unglück seine Todesschuld bezahlen – bis

dum veterem ductus dissolvat terminus orbem,
occidat omne vigens finisque redarguat orta.«
Audierat motumque dedit conterrita tellus.
Sic pater exactis haedorum pellibus ambos
induit et sancta paradisi ab sede reiecit.
Tum terris cecidere simul mundumque vacantem
intrant et celeri perlustrant omnia cursu.
Germinibus quamquam variis et gramine picta
et virides campos fontesque ac flumina monstrans
illis foeda tamen species mundana putatur
post, paradise, tuam; totum cernentibus horret,
utque hominum mos est, plus, quod cessavit, amatur.
Angustatur humus strictumque gementibus orbem
terrarum finis non cernitur et tamen instat.
Squalet et ipse dies, causantur sole sub ipso
subductam lucem, caelo suspensa remoto
astra gemunt tactusque prius vix cernitur axis.
Tunc inter curas permixti felle doloris
adfectus sensere novos, et pectora pulsans
nondum conpertas prorumpit fletus in undas,
attentisque genis iniussus defluit umor.
Haut aliter vivax deceptus mole caduca
spiritus, inpleto venit cum terminus aevo,
post obitum peccata dolet: Tum quidquid iniquum
gesserit, in mentem revocat, tum paenitet omnis
errorum lapsus, semet quos iudice damnat;
et si praeteritae reddatur copia vitae,

dann der vorgezeichnete Abschluss den alten Erdkreis auflöst, alles Lebendige untergeht und das Ende alles, was entstanden ist, als null und nichtig erweist.« Die Erde hatte es gehört und bebte erschrocken. [195] So maß ihnen der Vater Bockshäute ab, kleidete sie darin ein und warf sie aus der geheiligten Wohnstatt im Paradies.

Da stürzten sie beide zugleich zur Erde nieder, betraten die herrenlose Welt und durchmusterten alles in schnellem Lauf. Wohl hat sich das Antlitz der Welt mit mannigfaltigem Gewächs und buntem Gras ausgeziert [200] und zeigt ihnen grünende Felder, Quellen und Flüsse: Doch nach deinem Anblick, Paradies, erscheint es ihnen hässlich; alles ist in ihren Augen garstig, und wie es den Menschen eigen ist, wird mehr geliebt, was schon vorbei ist. Das Land wird ihnen zu eng, und sie jammern über die Begrenztheit des Erdkreises; [205] dabei ist sein Ende für sie zwar nicht sichtbar, setzt ihnen aber doch zu. Sogar der Tag selbst scheint Trauer zu tragen, und direkt in der Sonne klagen sie über das ihnen genommene Licht. Sie weinen den Sternen hinterher, die an einem Himmel hängen, der für sie in weite Ferne gerückt ist; die Himmelsachse, die sie zuvor noch berührt hatten, ist kaum noch zu erkennen. Da verspüren sie inmitten ihrer Sorgen und durchdrungen von Bitterkeit und Schmerz [210] ganz neue Empfindungen; Weinen schlägt ihnen auf die Brust und bricht in noch ungekannten Strömen hervor, und auf den angespannten Wangen rinnt unwillkürlich das Nass hinab.

Nicht anders empfindet die lebendige Seele, die sich durch die hinfällige Masse des Körpers hat täuschen lassen, wenn die Zeit erfüllt und das Ende gekommen ist, [215] nach dem Tode Schmerzen über ihre Sünden: Dann ruft sie sich alles, was sie an Unrecht getan hat, in Erinnerung, dann bereut sie jeden einzelnen ihrer Fehltritte und verurteilt sie vor ihrem eigenen Richterstuhl; und wenn sie die Möglichkeit erhielte, ihr verflossenes Leben erneut zu

sponte ferat, quoscumque dabunt mandata labores.
Sanctus namque refert de quodam divite Lucas,
quem nimio luxu dissolvens vita fovebat.
Ipse coturnatus gemmis et fulgidus auro
serica bis coctis mutabat tegmina blattis.
Inde ut bacchantem suasissent tempora mensam,
currebant epulae, totus quas porrigit orbis;
cumque peregrinus frugem misisset acervus,
fervebat priscum crystallo algente Falernum.
Vivida quin etiam miscebant cinnama turi,
et suffita domus pingui fragrabat amomo.
Quod pelagus, quod terra creat, quod flumina gignunt,
certatim mensis cedentibus undique lassus
portabat pallens auri cum fasce minister.
Languidus ante fores pauper tunc forte iacebat
divitis obstrictis resoluto corpore membris
et supplex poscebat opem, non munera captans:
Reliquias tantum sed si quas copia iecit,
has tunc opperiens alvus ieiuna rogabat.
Sed proclamanti dives non addidit aurem
nullaque languentem pietas respexit egenum:
Nec quae conpletis cecidere superflua mensis,
pauperis ad victum quisquam dedit. Insuper aegri
despicitur facies, et putria vulneris horrent.
Cumque canes miti perlambant ulcera lingua
blandior et fesso feritas medicabilis adsit,
sola hominum nescit mens semper dura moveri.
Haec sed diversa penitus dum sorte geruntur,

führen, so würde sie willig alle Mühen tragen, die ihr die Gebote auferlegten.

[220] Der heilige Lukas berichtet nämlich von dem Reichen, den das Leben durch übermäßige Ausschweifung verwöhnte und verdarb.[72] Er selbst stolzierte auf juwelenbesetzten Schuhen umher, glänzte in Gold und ließ seine Seidenkleider zwiefach im Purpursud einfärben. Sooft ihm dann die Gelegenheit ein orgienhaftes Mahl nahelegte, [225] wurden flink die Speisen aufgetragen, die der ganze Erdkreis bot; und wann immer der Vorrat aus fremden Landen seine Frucht geliefert hatte, schäumte im eisgekühlten Kristallglas ein alter Jahrgang des Falernerweines.[73] Ja, sogar kräftiger Zimt mischte sich mit dem Weihrauch; das ganze Haus war voll von Räucherwerk und duftete von üppigem Balsam. [230] Was das Meer, was die Erde hervorbringt, was die Flüsse erzeugen, das trug im Wettstreit von allen Seiten die erschöpfte und blass gewordene Dienerschar mit schwerem Goldgeschirr auf den sich biegenden Tischen auf.

Zu dieser Zeit gerade lag ein armer Mann siech vor der Tür des Reichen, mit verkrüppelten Gliedern an seinem erschlafften Körper. [235] Er verlangte demütig nach Hilfe, war aber nicht auf große Gaben aus: Nein, nur wenn die Fülle irgendwelche Reste abwarf, dann bat sein hungriger Bauch geduldig darum. Aber der Reiche lieh dem Rufenden nicht sein Ohr, und keine Barmherzigkeit nahm Rücksicht auf den Bedürftigen in seinem Siechtum: [240] Nicht einmal das, was überschüssig war und von den vollgefüllten Tischen fiel, gab irgendeiner als Speisung für den Armen heraus. Und noch dazu verachtete man sein Erscheinungsbild und entsetzte sich über seine eiternden Wunden. Und während die Hunde mit milder Zunge seine Geschwüre ableckten und ihr wildes, aber doch freundlicheres Wesen dem Erschöpften heilsamen Beistand leistete, [245] da wusste allein der immerzu harte Sinn der Menschen nichts von Rührung.

Aber während ihnen hierbei gegensätzliche Lebenslose zuteil

inpendens obitus pariter pulsavit utrumque.
Divite praevento, numquam qui credidit istud,
optatam pauper longo vix tempore mortem
pervenit et victor morbos artusque relinquit.
Ille quidem, celsa qui dudum floruit arce,
fletibus ad tumulum stipato funere fertur
auratoque datur conditus membra sepulchro,
et pretiosa tegunt elatum lintea marmor.
Spiritus abstruso sed mox demissus Averno
incidit aeternas per saeva incendia poenas.
E quarum medio sublimi sede locatum
haut procul (hoc certe censetur, nam procul inde,
ut docet eventus) sinibus conspexit ovantem
Abrahae iusti mutatum in paupere vultum
nec eius similem, quem dudum luce receptum
quarto forte die vix quisquam largus humandi,
ne per dispersum naturae lege cadaver
dira frequentatae contagia mitteret urbi,
obtectum laceris tenui velamine pannis
naribus adstrictis nuda tellure locavit.
Angelicis manibus tunc in sublime levatus
iam dives, iam sanus erat. Contraque superbi,
qui congesta tenens opibus diffluxerat amplis,
arida sic flammis mendicant guttura guttas:
»O pater, electas animas qui sede beata
colligis et meritis dispensas praemia iustis:
Haec ego non mereor. Sed saltim deprecor unum,
Lazarus ut missus veniat digitoque levatum

geworden waren, traf der stets drohende Tod beide auf gleiche Weise. Für den Reichen, der dies niemals geglaubt hätte,[74] kam er überraschend; der Arme kam hingegen erst nach schier endloser Zeit zu dem von ihm herbeigesehnten Tod und ließ seine kranken Glieder siegreich hinter sich. Der Reiche freilich, der zuvor noch auf den hohen Zinnen seines Glückes gestanden hatte, wurde von einem dichten Leichenzug unter Geheul zu Grabe getragen, mit einbalsamierten Gliedern in die goldverzierte Gruft gegeben, und kostbare Tücher aus Leinen deckten sein stolzes Marmorgrab. Seine Seele aber musste bald hinab in die tief verborgene Unterwelt[75] und verfiel im grimmigen Feuer ewigen Strafen.

Aus der Mitte dieser Strafen heraus sah er, an der höchsten Stelle, nicht fern von ihm (Das glaubte er jedenfalls, denn es war fern von ihm, wie der Ausgang der Geschichte lehrt) die gewandelte Gestalt des Armen im Schoße Abrahams des Gerechten frohlocken: Er glich im Aussehen nicht seinem Leichnam, für den sich – da war er schon längst ins Licht Gottes aufgenommen – erst am vierten Tag, und nur mit Mühe, einer bereit fand, ihn zu begraben, damit er nicht durch seine nach dem Gesetz der Natur verwesende Leiche der vielbevölkerten Stadt eine Seuche bringe; der legte den nur mit einem dünnen Tuch aus zerschlissenen Flicken Bedeckten mit gerümpfter Nase in die bloße Erde.[76] Von Engelshand dann in die Höhe gehoben, war er nun reich, war er nun gesund. Ganz anders dagegen bei dem Hochmütigen, der Schätze aufgehäuft hatte und sich in den Ausschweifungen seines riesigen Reichtums verloren hatte. Seine von den Flammen ausgedörrte Kehle bettelte mit solchen Worten um einige Wassertropfen:

»O Vater, der du die auserwählten Seelen an glücklicher Wohnstatt versammelst und gerechten Verdiensten ihren Lohn zukommen lässt: Solchen Lohn habe ich nicht verdient. Aber um eines wenigstens will ich dich bitten: dass du nämlich Lazarus hierher

adferat huc labris ardentibus inde liquorem
quique refrigerio, si non extinxerit omnes,
ad tempus saltim tantos vel mitiget aestus,
donec fessa brevi respirent membra quiete.«
Taliter inmixto lacrimis stridore rogantem
magnanimus tandem conpellat sic patriarcha:
»Desine iam seras in cassum fundere voces
et vacuas miscere preces. Haut talia dudum
dicta dabas, foribus cum te prandente iaceret
ipse ignotus, egens, aeger, ieiunus, inanis,
cum tua non caperet congestos mensa paratus
pauperis atque tuas non iret clamor ad aures.
Quapropter tandem librato examine veri
praeteritae vitae sortem deponis: Uterque
permutate vices! Et te iam sufficit amplis
exundasse bonis: Laetetur fine malorum,
qui doluit coeptis; non est iam terminus ultra.
Insuper horrendo currit qui tramite limes
et chaos obiectum lato distinguit hiatu,
non sinit abiunctas misceri foedere partes
accessumque negat, sic vobis semper ut istis.«
Ille gemens vanum repetita voce precatur:
»Si nil post obitum prodest commissa fateri
nec tua mutatur fixis sententia verbis,
hoc concede mihi, nulla quod lege vetatur:
Fratres quinque domo discedens luce reliqui;
his, peto, mittatur, qui vivos corrigat, ante
in tormenta cadant quam talia carne soluti!

kommen lässt und er [275] meinen brennenden Lippen von dort ein wenig Flüssigkeit bringt, die er mit den Fingern aufgenommen hat. Sie soll durch Kühlung diese große Hitze, wenn schon nicht ganz, so doch wenigstens für eine Zeit lindern, damit meine ermatteten Glieder unterdessen in einer kurzen Ruhepause wieder zu Atem kommen können.«

Wie er unter Tränen und Schluchzen solche Bitten vortrug, [280] da antwortete ihm der hochherzige Erzvater schließlich so: »Höre auf, Worte zu vergeuden, die nun zu spät sind, und aussichtslose Bitten hinzuzufügen. Solche Sprüche hast du zuvor nicht von dir gegeben, als du tafeltest und er vor deiner Türe lag, fremd, bedürftig, krank, hungernd und mit leerem Magen – [285] als nämlich dein Tisch die aufgefahrenen Gerichte gar nicht zu fassen vermochte und zugleich der Hilferuf des Armen nicht an deine Ohren drang. Deshalb gibst du nun, nachdem die Wahrheit endlich geprüft und abgewogen ist, dein früheres Lebenslos ab: Ihr beide sollt miteinander die Rollen tauschen! Du bist lange genug in großen [290] Gütern geschwommen: Freuen soll sich über das Ende seines Unglücks, wer am Anfang zu leiden hatte; nun gibt es weiter keine Wendemarke mehr.[77] Obendrein lässt es die Grenze, die auf schauderhaftem Pfad verläuft und den gegenüberliegenden Höllenschlund durch einen breiten Graben abtrennt,[78] nicht zu, dass die abgeschiedenen Seiten zu einer Verbindung gelangen; [295] sie verweigert euch genauso wie diesen Glücklichen auf ewig den Zugang zur anderen Seite.«

Vergebens stöhnend begann der Reiche von neuem und flehte: »Wenn es schon nichts nützt, nach dem Tod seine Vergehen zu gestehen, und der Wortlaut deines Urteils unveränderlich feststeht, dann gestehe mir wenigstens zu, was durch kein Gesetz untersagt wird: [300] Fünf Brüder habe ich beim Fortgehen aus meinem Haus im Licht der Welt zurückgelassen; zu diesen schicke, bitte, einen, der sie noch zu Lebzeiten bessert, bevor sie vom Fleisch ihres Leibes gelöst solchen Qualen anheimfallen! Denn mögen sie

Nam quamvis duro persistant corde rebelles:
Si tamen obstructa quisquam de morte rediret,
credent experto poenasque intrare timebunt.«
Ille quidem poscens effectum non capit ullum.
Nos autem, dum vita manet, dum luce vigemus,
olim defuncti perterret nuntius Adam –
dum locus est flendi, dum non iniussa petuntur
nec obduratis pulsatur ianua serris.
Novimus en cuncti, quid primus planxerit ille,
qui pulsus prisca nescivit sede reverti.
Namque obitum quendam casu tum pertulit ipso,
perdita ne precibus lacrimisve reduceret ullis.
Ex tunc paulatim retro sublapsa referri
vita prior coepitque malis laxata potestas.
Tum tristes morbi et varii subiere dolores
et corrupta satis dira pinguidine tellus
letali quaedam suffudit germina suco.
Inde truces saevire ferae dudumque timentes
excitat ad pugnam tum primum conscia virtus;
reddit et armatas unguis, dens, ungula, cornu.
Ipsa etiam leges ruperunt tunc elementa,
et violare fidem mortalibus omnia certant.
Inflatur ventis pelagus, volvuntur et undae,
excitusque novum turgescit pontus in aestum.
Tunc primum tectis taetra caligine caelis
ingratos hominum castigatura labores
grandineos pavidis fuderunt nubila nimbos,
atque polus discors invidit germina terris.

in ihrer Hartherzigkeit auch widerspenstig bleiben: Sollte jemand den sonst versperrten Weg vom Tode zurückfinden, [305] dann werden sie ihm schon Glauben schenken, da er es ja selbst erlebt hat, und sie werden sich davor fürchten, solche Strafen antreten zu müssen.«

Der Reiche erreichte zwar durch seine Bitte nichts. Doch uns versetzt die Botschaft des einst verstorbenen Adam in Schrecken, solange unser Leben noch dauert und solange wir uns noch im Sonnenlichte regen – solange noch Gelegenheit besteht zu weinen, solange man noch nicht Unzulässiges verlangt [310] und nicht erst an die Tür klopft, wenn ihre Riegel schon vorgeschoben sind. Seht, wir wissen alle, welche Trauerklagen jener erste Mensch angestimmt hat, der nicht den Weg zurück fand, nachdem er aus seiner alten Wohnstatt verstoßen war. Denn genau durch diesen Sturz hat er damals eine Art von Tod erlitten, nämlich in dem Sinne, dass er das Verlorene durch keine Bitten oder Tränen zurückholen konnte.

[315] Seitdem wich die frühere Lebensweise allmählich zurück und sank dahin, und die Macht des Bösen begann sich zu entfesseln. Da schlichen sich betrübliche Krankheiten und mannigfaltige Leiden ein, und die durch grässlichen Überreichtum ganz verdorbene Erde ließ in manche Pflanzen tödlichen Saft einfließen. [320] Dann begannen die Tiere grimmig zu wüten, und sie, die eben noch scheu waren, stachelte ihr nun erst zu Bewusstsein kommender Kampfesmut zum Streit an; Klaue, Zahn, Huf und Horn statteten sie mit Waffen aus. Ja, selbst die Elemente brachen da ihre Gesetze und wetteiferten alle miteinander, Verrat an den Menschen zu begehen.[79] [325] Durch die Winde blähte sich das Meer auf, es wälzten sich die Wogen, und aufgepeitscht schwoll die See zu ungekannter Flut an. Da war der Himmel zum ersten Male von garstiger Finsternis bedeckt; um die Menschen mit ihren unfruchtbaren Mühen zu züchtigen, gossen die Wolken Hagelschauer über den Ängstlichen aus, [330] und aus Zwietracht miss-

Quin magis ipsa sibi tellus adversa negavit
seminis excepti vertens mentita nitorem.
Haec gemini primum senserunt tunc protoplasti.
Posteritas nam quanta ferat dispendia rerum,
non cui vel centum linguae vel ferrea vox est,
enumerare queat, nec si, quem Mantua misit,
Maeoniusve canant diversa voce poetae.
Quis tales referat motus? Quis denique fando
evolvat totos, qui volvunt saecula, fluctus?
Arma fremunt, crebra quatitur formidine mundus,
funditur inriguus sanguis maiorque sititur.
Quid dicam celsas praeclaris coetibus urbes
in deserta dari? populos populante rapina
dispergi et lacerum vacuari partibus orbem?
servitio subdi dominos famulosque vicissim
praeferri dominis et belli sorte perire,
sors generis claro quondam quos sanguine misit?
At si forte brevi requiescant tempore bella,
legibus armatas furere in certamina lites,
ius anceps pugnare foro, quo iurgia fratrum
non levius votis feriunt, quam proelia telis?
Sed quis vota notet, clament cum facta nocentum?
Quis fraudes et furta gemat gaudente rapina?
Quisve minora fleat (stringi nec maxima possunt)?

gönnte das Himmelsgewölbe der Erde ihre Erzeugnisse. Mehr noch, die Erde wandte sich sogar gegen sich selbst, verwandelte arglistig den empfangenen Samen und enthielt sich so die Entfaltung seiner Pracht vor. Das haben damals die beiden ersten Geschöpfe zuerst zu spüren bekommen.[80]

Denn wie viele Schäden ihre Nachwelt zu tragen hat, [335] vermöchte nicht einmal der aufzuzählen, welcher hundert Zungen oder eine eiserne Stimme besäße – auch nicht der Dichter, den Mantua hervorgebracht hat, oder der aus Mäonien, wenn sie in unterschiedlichen Sprachen davon sängen.[81] Wer könnte solche Umschwünge wiedergeben? Wer könnte in Worten die ganzen Fluten entrollen, die die Jahrhunderte durchrollen?

[340] Man ruft zu den Waffen, die Welt wird häufig von Angst erschüttert, es strömt das Blut und tränkt den Boden, und man dürstet noch nach mehr. Was soll ich davon sprechen, dass Städte, die sich mit ihren prächtigen Bewohnerzahlen zu stolzer Größe erheben, in Einöden verwandelt werden? Völker durch Raub und Plünderung zerstreut werden, der Erdkreis zerfleischt und in Teilen entvölkert wird? [345] Dass Herren der Knechtschaft unterworfen und umgekehrt Diener vor ihren Herren den Vorzug erhalten, ja dass durch das Los des Krieges solche ihr Leben verlieren, die das Los ihrer Abstammung einst mit erlauchtem Blut zur Welt gebracht hat?[82] Dass aber, wenn gerade einmal die Kriege für eine kurze Zeit zur Ruhe kommen, Rechtshändel, mit Gesetzen bewehrt, in die Auseinandersetzung stürmen [350] und das strittige Recht sich Gefechte auf dem Forum liefert, wo der Bruderzwist mit seinen üblen Wünschen nicht weniger heftig zustößt als die Parteien auf dem Schlachtfeld mit Waffen?[83] Aber wer sollte üble Wünsche rügen, wo doch die handfesten Taten der Schuldigen zum Himmel schreien? Wer sollte über Trug und Unterschlagung jammern, wo fröhlich Raub gedeiht? Oder wer sollte über geringfügigere Sünden Tränen vergießen (man kann ja noch nicht

Inde minora tamen, si summis iuncta notentur;
nam per se nullum facinus sub iudice parvum est.
Nec refert cunctas percurri carmine causas;
hoc parvo sermone loquar: post damna priorum
nil superesse mali, quod non vel perpetret orbis
vel toleret plenus scelerum pariterque laborum,
in casu discrimen habens et crimen in actu.
Sed tu, Christe potens, cui semper parcere promptum est,
tu figulus massam potis es reparare caducam
et confracta diu resolutaque fingere vasa;
qui dudum multo latitantem pulvere dragmam
invenis accensis verbi virtute lucernis.
Linquentem caulas turpique errore vagantem
pastor ovem celeri dignatus quaerere gressu
subvehis, utque suo gaudens reddatur ovili,
sarcina fit, quae cura fuit. Sic filius ille
iunior, exhaustos postquam dispersit acervos
vitaque consumpto mutata est prodiga censu,
turpia porcorum digne convivia sectans
optavit siliquis conpleri vilibus alvum,
donec saeva fames longo discrimine victum
cogeret offenso tandem se reddere patri
confessumque reum laxato crimine solvi.
Denique prostratum mitis pater allevat ultro

einmal auf die größten davon eingehen)? [355] Freilich sind sie nur dann geringfügiger, wenn man sie im Zusammenhang mit den schlimmsten anführt; denn für sich genommen ist keine Missetat in den Augen des Richters gering.

Es kommt aber nicht darauf an, alle Fälle in diesem Gedicht durchzugehen; nur dies will ich in wenigen Worten sagen, dass nämlich nach dem Unheil unserer Vorfahren keine Missetat mehr übrig bleibt, welche die Welt nicht entweder selbst verüben [360] oder ertragen würde, da sie ja von Verbrechen ebenso wie von Mühsal erfüllt ist – in den zufälligen Ereignissen wartet die Gefahr auf sie und in ihrem bewussten Handeln die Sünde.

Aber du, mächtiger Christus,[84] der du stets bereit bist, Nachsicht zu üben, du vermagst als Töpfer die hinfällige Tonmasse wiederherzustellen und die lange zerbrochenen und zersprungenen Gefäße zu formen;[85] [365] du findest auch den Groschen, der schon lange unter viel Staub verborgen lag, weil du kraft deines Wortes die Lampen angezündet hast.[86] Als Hirte lässt du dich herbei, das Schaf, das seine Hürden verlässt und auf schmählichem Irrweg umherstreift, in schnellem Schritt zu suchen und heraufzuholen; und um es freudig seinem Stall zurückzugeben, wird dir zum Gepäck, was dir am Herzen lag.[87]

[370] So war es ja auch in der Geschichte von dem jüngeren Sohn:[88] Nachdem er seinen Geldhaufen aufgezehrt und verschleudert hatte und sein Prasserleben sich mit dem Aufbrauchen der Mittel hatte wandeln müssen, sah er sich verdientermaßen auf den schmählichen Schmaus der Schweine angewiesen und wollte sich den Bauch mit billigen Schoten füllen. [375] Schließlich bezwang ihn der grimmige Hunger durch lang andauerndes Elend und nötigte ihn, sich endlich dem gekränkten Vater wieder anzuvertrauen, als geständiger Sünder seine Schuld abzumildern und sich davon loszumachen. Zuletzt hob der barmherzige Vater den Kniefälligen aus freien Stücken zu sich auf und tröstete ihn mit

et trepidum blanda solatur voce pudorem.
Ornatus reduci vestis dat prima secundos
laetaque sollemnis celebrat convivia coetus,
quod rediviva suis quodam de funere proles
surgat et orbato redeant nova lumina patri.
At tu, praepollens hominum rerumque creator,
quamquam cuncta velis fidae constare saluti,
nulla tamen pateris nostrae dispendia mortis
nec quoquam pereunte tuis contingere damnum
divitiis poterit: Nescis decrescere, nescis
augeri, et pleno perstat tibi gloria regno.
Sed famulis tu redde tuis, quod perdidit Adam,
quodque tulit primum vitiatae stirpis origo,
ortu restituat melior iam vita secundo.
Sorduerit nimium lacero circumdata peplo
forma vetus: Scissam ponens cum crimine vestem
pallia prima pater redeunti porrige proli –
seminecem quondam miserans qui forte repertum
proiectumque via, quem saevi caede latrones
inpositis cuncto spoliarant tegmine plagis.
Sed tu, sancte, viam sumpto dum corpore curris,
invenis adlisum nec praeteris; insuper aegrum
iumento carnis propriae sub tecta reportas.
Nos fuimus quondam rabido data praeda furori;
sed si nunc medico percurrat vulnera fotu
gratia producens oleum, sapientia vinum,
commendet stabulo Samaritis dextera curam,
pelletur validus medicato corpore languor.

warmer Stimme über seine angstvolle Scham hinweg. [380] Ein Gewand allerersten Güte verlieh dem Rückkehrer einen zweiten Kleiderschmuck, und die Festgemeinde feierte mit freudigem Schmaus, weil der Sprössling, gleichsam wiedergeboren, vom Grabe auferstanden war und der Vater das Augenlicht, dass ihm geraubt war, erneuert zurückerhielt.

Aber du, mächtiger Schöpfer der Welt und der Menschen, [385] obwohl du willst, dass alles in deinem verlässlichen Heil verbleibt, erleidest dennoch keinen Verlust durch unseren Tod, und deinem Reichtum kann kein Schaden zustoßen, wenn jemand stirbt: Du weißt nichts von Schwinden, du weißt nichts von Wachsen, und in der Fülle deines Reiches bleibt dein Ruhm ewig bestehen. [390] Gib du aber deinen Dienern zurück, was Adam eingebüßt hat; und was der Ursprung des verdorbenen Stammes zu Beginn hinweggenommen hat, das möge nunmehr ein besseres Leben mit einem zweiten Anfang zurückerstatten. Mag auch unsere alte Gestalt ein allzu verschlissenes Gewand tragen und vor Schmutz starren: Nimm deinen Kindern, kehren sie zu dir zurück, das zerrissene Kleid zusammen mit ihrer Schuld ab, [395] und reiche ihnen als Vater den allerersten Rock[89] – du, der du einst Erbarmen hattest mit dem halbtoten Mann, der sich einmal hingestreckt auf dem Weg fand, nachdem ihn mordwütige Räuber mit Schlägen überhäuft und jeglicher Hülle beraubt hatten.[90]

Du aber, Heiliger, findest den zu Boden Geschlagenen, während du, fleischgeworden, deines Weges ziehst, [400] und gehst nicht vorüber; mehr noch, mit deinem eigenen Fleisch als Lasttier bringst du den Verletzten unter ein Obdach. Wir waren einst der rasenden Tollheit als Beute ausgeliefert; aber wenn nun Gnade Öl spendet, Weisheit Wein, und beide mit heilsamer Pflege über unsere Wunden gehen,[91] [405] ja wenn die rechte Hand des Samariters die Sorge für uns dem Stall und seinem Wirte anvertraut,[92] dann wird die starke Erschöpfung aus dem solchermaßen behandelten Körper vertrieben.

Suscipe, qui non vis moriendi crescere causas,
quos confessa tibi gemitus pia pectora fundunt –
ut quondam tecum passae sub tempore carnis
proximus inmani dependens stipite praedo,
quem non culpa tibi similem, sed poena tenebat.
Ille tamen nexus membris nec corde ligato,
etsi confixas clavis extendere palmas
non potuit, liber mentem cum voce tetendit.
Sicque reus scelerum, dum digna piacula pendit,
martyrium de morte rapit, cui fine sagaci
maxima cura fuit tales non perdere poenas.
Praeripuit scandens aditum caeloque levandus
ardua sublimi tenuit conpendia saltu.
Porrige sic nobis celsam, pater inclite, dextram!
Nos quoque perpetuae conquirat vita saluti,
atque profanati deceptis fraude latronis
ceu tibi conpasso miserans succurre latroni!
Livida quos hostis paradiso depulit ira,
fortior antiquae reddat tua gratia sedi!

Erhöre du, der du nicht willst, dass die Ursachen für das Sterben zunehmen, die Seufzer, die fromme Herzen geständig vor dir ausschütten[93] – so wie einst der Räuber, der zur Zeit deines fleischlichen Leidens an deiner Seite von dem unmenschlichen Holze hing und den nicht seine Schuld, sondern nur seine Strafe dir ähnlich machte.[94] Da er jedoch nur mit seinen Gliedern, nicht auch mit seinem Herzen gebunden war, streckte er dir, wenn er auch die von Nägeln durchbohrten Hände nicht auszustrecken vermochte, doch in Freiheit mit seinen Worten auch seinen Geist entgegen. So trotzte er, während er als Schuldiger für seine Verbrechen angemessene Buße leistete, dem Tod den Triumph seines Martyriums ab; mit dem richtigen Gespür am Ende seines Lebens war es ihm vor allem darum zu tun, eine solche Möglichkeit zur Buße nicht zu verlieren. So verschaffte er sich bei seinem Aufstieg vorzeitig den Zutritt und gewann, da er in den Himmel aufgenommen werden sollte, durch einen erhabenen Sprung nach droben den schwer zu erreichenden Lohn.[95]

Strecke genauso auch uns, ehrenreicher Vater, deine Rechte aus der Höhe entgegen! Auch uns möge unser Leben für das ewige Heil gewinnen! Eile uns, die wir durch den Trug des verworfenen Räubers hintergangen wurden, mit Erbarmen zu Hilfe wie dem Räuber, der mit dir gemeinsam litt![96] Möge uns, die Zorn und Neid des Feindes aus dem Paradies verstoßen hat, die höhere Macht deiner Gnade wieder zurückführen an die alte Wohnstatt!

LIBER QUARTUS: DE DILUVIO MUNDI

Infectum quondam vitiis concordibus orbem
legitimumque nefas laxata morte piatum
diluvio repetam – sed non quo fabula mendax
victuros lapides mundum sparsisse per amplum
Deucaliona refert, durum genus unde resumpti
descendant homines cunctisque laboribus apti
saxea per duram monstrent primordia mentem:
Sed veri conpos fluctus nunc prosequar illos,
per quos inmissus rebus vix paene creatis
laetantem velox praevenit terminus orbem.
Extulerat mortale genus crudelibus ausis
ingentes animos: Licitum quod quisque liberet,
credidit et propria valuit pro lege voluntas.
Ius adeo nullum, sic nil distare putatum
fasque nefasque inter; recti custodia nusquam:
Non iudex, non testis erat, non denique rector
arbiter aut morum vel qui suaderet honestum,
sed princeps sibi quisque fuit virtute nocendi
nec meritis, sed mole potens: Qui fortior esset
hic melior sibimet, sed se censore, placebat.
Sic hominum vitam brutorum more tenebat
motibus addicens mens inclinata ferinis.
Sanguine potus erat, caesorum viscera passim

Ich will davon erzählen, wie der Erdkreis einst von einer Eintracht der Sünden befallen war und wie eine Sintflut den zum Gesetz gewordenen Frevel[97] sühnte, indem sie dem Tod die Zügel schießen ließ – aber anders als die Lügenfabel:[98] Die berichtet nämlich, Deukalion habe auf der weiten Welt Steine ausgestreut, auf dass sie lebendig würden, und von dort habe dann das harte Geschlecht der Menschen seine neue Abstammung erhalten; und indem sie zu jeglichen Anstrengungen fähig seien, stellten die Menschen diesen Uranfang aus den Steinen durch ihre harte Sinnesart unter Beweis.[99]

Nein, vielmehr will ich im Wissen um die Wahrheit nun von jenen Fluten berichten, durch die ein schnelles Ende über die eben erst geschaffene Welt kam und so den vergnüglich lebenden Erdkreis überraschte.

Das Geschlecht der Sterblichen hatte seinen ungeheuren Übermut durch grausame und vermessene Unternehmungen noch gesteigert: Jeder hielt für erlaubt, was ihm beliebte, und der Wille hatte die Kraft eines individuell gültigen Gesetzes. Ja, wie es kein Recht gab, so glaubte man auch, fromme Tat und Freveltat unterschieden sich nicht; man hielt sich nirgends an das Rechte: Es gab keinen Richter, gab keinen Zeugen, ja nicht einmal einen Lenker oder Wächter über die Sitten oder einen, der zum Anstand geraten hätte; vielmehr war ein jeder kraft seiner Fähigkeit zu schaden sein eigener Herr und besaß seine Macht nicht aufgrund von Verdiensten, sondern aufgrund seines Kampfgewichts: Denn wer stärker war, der fand als der Bessere (seiner Meinung nach jedenfalls) bei sich selbst Gefallen.

So bestimmte eine Gesinnung das Leben der Menschen, die sich wie die unvernünftigen Tiere zur Erde neigte[100] und sich wilden Gelüsten verschrieb. Aus Blut war ihr Trunk, und die Einge-

indomitis laceras praebebant faucibus escas.
Insuper et quadrupes, propria qui morte necatus,
saevior aut certe quem vincens bestia cepit,
pastus erat, quem nulla fides, lex nulla vetabat.
Ut vero pecorum ritu permissa voluptas
et diffusa palam ruptis lascivia frenis
luxuriaeque forum atque obsceni nundina mundi
fervuerit, casto fas non est dicere cantu.
Talibus ac tantis hominum gens inproba gestis
silvestres animos naturae foedere rupto
induerat pulsaque simul ratione furebat,
et deserta iacens domini caelestis imago
omne decus mentis turpi deiecerat actu.
Haut secus ac pulchri cum fertilis area campi,
quam succisa dedit purgato robore silva,
dum colitur, iusto paret fecunda labori,
subicitur rastris, respondet frugibus, ac se
servat conposito ruralis gratia vultu –
agricola oblitus si bracchia forte remisit
laxavitque manus fessoque quievit aratro,
pigrescit primum durato caespite tellus;
mox rudibus ramis atque aspera palmite crebro
disciplinatos dissuescit promere fructus,
effundit frutices vacuos silvamque minatur:
quam si nec sera succisor falce repurget,
non iam virgultis, sed denso stipite lucus
texitur et steriles diffundit in aera frondes,
donec conclusa ramis currentibus umbra

weide von Schlachtvieh boten ihren ungebändigten Mäulern allerorten in Stücke gerissene Nahrung. Obendrein diente auch das vierfüßige Vieh, ob es nun ein natürlicher Tod hingerafft oder allenfalls ein wilderes Tier erjagt und bezwungen hatte, als Speise, die kein Glaube und kein Gesetz untersagte.[101] Wie man freilich der Wollust in viehischer Weise alles erlaubte, wie die Ausschweifung ihren Zaum sprengte und offen Raum gewann, und wie das Handeln und Feilschen um maßloses Vergnügen und weltliche Unzucht betriebsam hochkochten, davon darf man in einem anständigen Gedicht nicht sprechen. In Taten dieser Art und Zahl hatte das unanständige Menschenvolk sein wildes Gemüt gewandet und den Bund mit der Natur gebrochen; zugleich hatte es die Vernunft ausgetrieben und lebte nun in Raserei: Verlassen lag das Ebenbild seines himmlischen Herrn darnieder und hatte jegliche Zierde seines Geistes durch sein schändliches Handeln von sich abgeworfen.[102]

Nicht anders ging es zu als bei der fruchtbaren Fläche eines schönen Feldes, die ein gerodeter Wald durch das Fortschaffen seines Holzes freigegeben hat: Solange sie bebaut wird, steht sie der rechtschaffenen Arbeit zu Gebote, unterwirft sich den Hacken, antwortet mit ihren Feldfrüchten, und in dem artig geputzten Antlitz bewahrt sich ihr ländlicher Charme. Hat aber etwa der Bauer pflichtvergessen seine Arme hängen oder seine Hände ruhen lassen und sich Erholung am erschöpften Pflug gegönnt, dann verholzt das Gras zunächst, und die Erde beginnt träge zu werden. Bald darauf wird sie durch junges Geäst und dichtes Gezweig widerspenstig, verlernt es, wohlgezogene Früchte hervorzubringen, lässt nur unnützes Gesträuch sprießen und droht zum Wald zu werden. Wenn der Beschneider diesen auch nicht durch einen späten Einsatz der Hippe ausschneidet, wird die Lichtung nicht mehr von Buschwerk, sondern von dichtem Gehölz überwoben und lässt ein fruchtloses Blattwerk in die Luft aussprießen. Und das geht solange, bis durch das galoppie-

mox opportunae depulso sole tenebrae
iam secura feras invitent credere lustra.
Taliter humani generis, non ordine recto,
perdita mandatae iam post primordia legis
in pravum labens paulatim vita tetendit,
proficiens peiore via, constantior ipso
iam paribus studiis nutriti criminis usu.
Et tamen auctorem vitii culpaeque magistrum
doctior errorum lapsuque peritior omni
succiduae prolis crescens audacia vicit.
Ut fluvius parva primum diffusus ab urna
perspicuum leni promittit gurgite fontem,
tramite quem summo facili transmittere saltu
quisque potest; mox inriguo deductus ab ortu
viribus augetur subitis ripasque retrorsum
pellens crescentes tendit per plana liquores
occupat et spatium pereuntique inminet arvo.
Tum circumfusus vicinis vallibus amnes
sorbet praeteriens externasque incipit undas
augmento finire suo mixtasque sub uno
nomine cum rasis diffuso gurgite terris,
cum trabibus stabulisque boum lustrisque ferarum,
saevior accessu longoque furore potitus,
tandem desistens pelagi transportat in undas.
Hos inter motus similisque ad turbinis instar
humanum vitiis ibat genus. Et tamen ipsa
longior insanas mentes dissolverat aetas.

rende Wachstum des Geästs eine Schattenfläche eingeschlossen ist und durch den Ausschluss der Sonne bald darauf ein willkommenes Dunkel die Tiere dazu einlädt, darin nunmehr eine sichere Wildbahn zu sehen. Auf solche Weise, und nicht nach der rechten Ordnung, glitt das Leben des Menschengeschlechts allmählich ab, nachdem die Anfänge im Zeichen des von Gott auferlegten Gebotes nunmehr verloren waren. Es entwickelte sich zum Schlechten, schritt auf noch üblerem Weg voran und gewann an Beständigkeit gerade durch die gewohnheitsmäßige Ausübung der Sünde, die es nunmehr mit dem gleichen Eifer nährte.

Und doch übertraf die wachsende Frechheit des hinfälligen Nachfolgegeschlechts den Begründer der Sünde und Lehrmeister der Schuld, indem sie geschulter in ihren Verirrungen und erfahrener in jeder Art von Fehltritt war.[103] In gleicher Weise entströmt auch ein Fluss zunächst aus einer kleinen Urne[104] und lässt mit sanftem Strudeln ein klares Quellwasser entspringen, das an seinem Oberlauf jeder leicht mit einem Sprung überqueren kann; weiter von seinem wasserspendenden Ursprung entfernt nimmt er alsbald plötzlich an Kräften zu, drängt die Uferränder zurück, lenkt seine Wasser durch die Ebene, nimmt weiter Raum ein und bedroht das Ackerland, das unter ihm verschwindet. Dann breitet er sich ringsum aus, schluckt in den Nachbartälern im Vorüberfließen die Ströme und beginnt den fremden Wassern durch sein Anwachsen ein Ende zu bereiten; diese Wasser wirft er mit dem Erdreich, das sein in die Breite gezogener Strom abgetragen hat, mit Häusern, Rinderställen und Wildlagern unter seinem Namen allein zusammen, wird durch diesen Zuwachs noch wilder und tritt in eine langanhaltende Raserei ein, bis er schließlich ein Ende findet und alles in die Wogen des Meeres trägt.

Unter solchen Bewegungen und ganz nach dem Bild dieses wirbelnden Wassers schritt das Menschengeschlecht mit seinen Verfehlungen voran. Und doch war es gerade die lange Lebenszeit, welche ihre Sinne toll gemacht und zersetzt hatte. Da sich das hart-

Centenos novies crebro cum duceret annos
vita tenax, tanto suspensi tempore leti
nullus terror erat. Sors si quem sera tulisset,
ceu qui nec natus fuerit numquamque levandus
morte putabatur. Sic cunctis nulla futuri
spes inerat, solusque sibi fundaverat omnem
sensibus in caecis periturum mundus amorem.
Tempore quin etiam peccatrix terra sub ipso
nutribat saevos inmania monstra gigantes,
nec tamen effari licitum, quo semine cretos:
Communem cunctis ortum de matre ferebant;
qui genus, unde patres, prohibent arcana fateri.
Si speciem quaeras, humani corporis illis
plus vultus quam forma fuit; sic linea membris
conveniens hominem monstrabat, dissona molem.
Quam propter deinceps commentis Graecia fictis
dedecus infandum massis informibus auxit
et portentosis descripsit corpora membris:
Pube tenus quod forma viris, cum corporis ima
supplerent vasti mixto pro crure dracones,
artus semihominum patulis qui faucibus atri
ferrent et verso praeberent vertice gressus;
tunc etiam solitos iusso terrore tonanti
blasphemis caelo convicia mittere plantis
mordacesque pedes moto fremuisse veneno.

näckige Leben oftmals über neun Jahrhunderte hinzog, gab es keine Angst vor dem so lange aufgeschobenen Tod.[105] Wenn dann jemanden sein spätes Schicksal ereilt hatte, war es in ihren Augen so, als sei er nie geboren worden und habe auch niemals gewärtigen müssen, durch den Tod hinweggenommen zu werden. So trugen sie allesamt keinen Gedanken an die Zukunft in sich, und nur auf sich allein bezogen hatte die Menschenwelt all ihr vergängliches Begehren auf die blinden Sinneswahrnehmungen gegründet.[106]

Mehr noch, zu derselben Zeit nährte die sündhafte Erde riesige Ungeheuer, die schrecklichen Giganten,[107] doch ist es nicht statthaft auszusprechen, aus welchem Samen sie erstanden waren: Man schrieb ihnen allen die gemeinsame Geburt von einer Mutter zu; aber von welcher Abkunft sie waren und woher ihre Väter kamen, das offen zu verkünden, verbieten die göttlichen Mysterien. Wenn man nach ihrem Aussehen fragt, dann hatten sie mehr die Gesichtszüge als die Gestalt des Menschengeschlechts; so zeigte ihr Umriss, insofern er unseren Gliedern nahekam, zwar einen Menschen, wich aber in der Körperfülle ganz davon ab. Aus diesem Grund hat die griechische Welt diese unsägliche Hässlichkeit in ihren ersponnenen Geschichten später durch Zuschreibung unförmiger Massen noch gesteigert und die Körper in ihrer Beschreibung mit abenteuerlichen Gliedmaßen ausgestattet:[108] Bis zur Scham hätten sie die Gestalt von Männern besessen; den unteren Teil des Leibes hingegen hätten anstelle der zusammenlaufenden Schenkel gewaltige schwarze Schlangen ausgefüllt, die mit ihrem breiten Schlund die Glieder dieser Halbmenschen getragen und ihnen durch Drehung des Hauptes das Gehen ermöglicht hätten; dann sei es auch ihre Gewohnheit gewesen, auf Befehl den Donnerer im Himmel zu schrecken, ihm von ihren lästerlichen Sohlen aus Schmähungen entgegenzuschleudern und ihre beißwütigen Füße Gift verspritzen und laut fauchen zu lassen.

Hos similis mendax Phlegraei fabula belli
excussas finxit iecisse per aera rupes,
pro telis spatiosa manus quod turbine montes
sparserit et missis caelum quassaverit arvis.
Haec sunt priscorum quae de terrore gigantum
carmine mentito Grai cecinere poetae.
Et tamen audaci voluit contendere pugna,
quisque rebellis erat; qui, cum confligere telis
non potuit, saevis concepit proelia votis.
Montibus inpositos fas non est credere montes;
hoc tamen et deinceps illos temptasse putabo,
qui coctos lateres lentoque bitumine iunctos
in sublime rati manibus sic posse superbis
sustolli et celsas in sidera surgere moles:
cum fureret mortale genus cassoque labore
inrita transcensis caementa inferret in altum
nubibus, et refugum sequeretur machina caelum,
non prius absistens, subitas discordia linguas
quam daret, et varius confunderet omnia sermo.
Hinc sparsum foedus, scissa sic lege loquendi
consensum scelerum turbata superbia rupit,
dum se quisque suis possit quem noscere verbis
adgregat, atque novas sequitur gens quaeque loquellas.
Sic interruptae perierunt culmina massae,
effectuque carens cessavit in aethere turris.
Haec post diluvium; nam quantas tempore prisco
pressa giganteas tellus produxerit arces
atque lacessitis contemptum miserit astris,

In ähnlicher Weise phantasierte die Lügenfabel vom Phlegräischen Krieg,[109] [105] sie hätten Felsen herausgerissen und durch die Luft geworfen, weil ihre riesigen Hände anstelle von Waffen in einem Wirbel die Berge um sich herum verstreut und durch das Schleudern der Erdmassen den Himmel erschüttert hätten. Das ist es, was die griechischen Dichter[110] in ihren erlogenen Liedern über die Giganten und ihren Schrecken vorgetragen haben. [110] Und doch wollte sich, wer immer da widerspenstig war, tatsächlich im verwegenen Kampf messen; und wenn er nicht mit Waffen ins Treffen zu gehen vermochte, dann hat er den Kampf mit seinen wütenden Wünschen aufgenommen.[111]

Es geht nicht an zu glauben, Berge seien auf Berge geschichtet worden; trotzdem will ich annehmen, dass dies auch danach noch jene versucht haben, [115] die sich ausrechneten, es könnten auf diese Weise gebrannte und durch zähes Pech miteinander verbundene Ziegel von ihren vermessenen Händen in die Höhe getürmt werden und die emporragenden Massen sich dann zu den Sternen erheben: Da nämlich war das Geschlecht der Sterblichen von Raserei gepackt und führte in vergeblicher Mühe Mauersteine über die Wolken hinaus in die Höhe; [120] dieses Gebilde setzte dem zurückweichenden Himmel nach und ließ nicht eher davon ab, als bis Zwietracht unerwartet die Sprachen schuf und die bunte Vielfalt der Rede alles in Verwirrung stürzte. Daraufhin zersplitterte der Bund. Und da auf diese Weise das Band sprachlicher Übereinkunft zerrissen war, ließ ihr Hochmut in der Verwirrung auch das Einvernehmen bei ihren Missetaten zerbrechen; [125] es gesellte sich ein jeder dem zu, den er mithilfe seines Wortschatzes kennenlernen konnte, und jedes Volk folgte einer neuen Sprache. So wurde der Bau dieses massigen Werkes unterbrochen, seine Spitzen wurden zuschanden, und unverrichteter Dinge kam der Turm im Äther zum Stillstand. Dies war nach der Sintflut; denn für all die [130] Gigantenburgen, welche die bedrängte Erde in der alten Zeit hervorgebracht hat und als Herausforderung und Zeichen der

abstergente deo sat nostra silentia damnent.
Cernebat patiens iam dudum insana frementes
terrarum populos hominum rerumque creator
expectans, si quem vani consortia mundi
linquentem melior moneat resipiscere cura.
Sed coniuratus postquam percurrere coeptum
perditionis iter statuit sensumque per omnem
obtinuit victor peccati insignia mundus
(nec revocare gradum quisquam gressumque referre
praecipiti iam mente potest), exhorruit auctor
paenituitque videns totum, quod fecerit, orbem.
Tum tales tonuisse minas commotus ab alto
fertur et excitas laxasse his vocibus iras:
»O nullis adtracta bonis nullisque repressa
legibus, antiquo tantum submissa draconi
effera gens hominum, ducto corruptior aevo.
Non Evam cecidisse sat est, transcenditur omni
inventor leti lapsu; nec sufficit illud,
vicit inexpertum quod serpens pristinus Adam:
Non contenta suo foedari vita parente
adfectat mortem propria virtute mereri.
Expectasse diu non profuit: Insuper omne
concessum veniae rapuerunt crimina tempus.
Iam nimium longas patientia presserit iras;
vindictae iam tempus adest. Non fulmina caelo
flammeus ardor aget vasto, nec cedet hiatu,
quae premitur nimio subcumbens terra tumultu,

Verachtung zu den Sternen steigen ließ, soll, da Gott sie weggefegt hat, unser Schweigen Urteil genug sein.

Geduldig sah der Schöpfer von Mensch und Welt schon lange zu, wie die Erdenvölker unsinnig tobten, und wartete, ob sich jemand fände, den ein besseres Bestreben dazu veranlassen würde, die Gemeinschaft mit seiner eitlen Umwelt aufzugeben und wieder zu Verstand zu kommen. Aber nachdem die Welt sich verschworen und beschlossen hatte, den eingeschlagenen Weg ins Verderben zu Ende zu laufen, und sie in allen Herzen als Siegerin die Trophäe der Sünde gewonnen hatte (es kann auch niemand, wenn sein Geist sich schon im Sturz befindet, seinen Schritt zurücknehmen und den Rückzug antreten), da empfand der Schöpfer, als er den ganzen von ihm geschaffenen Erdkreis sah, Grausen und Reue.

Da ließ er, heißt es,[112] in seiner Empörung solche Drohungen aus der Höhe herabdonnern und machte seinem erregten Zorn mit diesen Worten Luft: »Ach, du verwildertes Menschengeschlecht, durch keine Wohltaten hast du dich gewinnen, durch keine Gesetze dich zügeln lassen, und bist nur dem alten Drachen unterworfen, umso verdorbener, je länger sich dein Leben hinzieht![113] Es ist nicht genug, dass Eva fallen musste, der Erfinder des Todes wird mit jedem neuen Fehltritt übertroffen;[114] und es reicht auch nicht aus, dass die alte Schlange den unerfahrenen Adam überwand: Nicht zufrieden damit, dass es von seinem Stammvater besudelt wurde, legt es dein Leben darauf an, den Tod aus eigener Kraft zu verdienen. Lange zu warten hat nicht geholfen: Noch überdies haben deine Sünden alle Zeit, die ein Zugeständnis meiner Gnade war, räuberisch für sich genutzt. Schon allzu lange hat meine Geduld den Zorn unterdrückt; jetzt ist der Augenblick der Strafe gekommen. Doch weder wird eine flammende Glut ihre Blitze vom weiten Himmel schleudern, noch wird die Erde dem Druck übermäßiger Erschütterung nachgeben und sich zu einem

sed sordens vitiis fluctu delebitur orbis.
Ad chaos antiquum species mundana recurrat,
inque suas redeant undarum pondera sedes.
Arida decedat lymphis, rursusque sepultas
terrarum facies informis contegat umor.
Haec clades vivis, carnique hic terminus esto!«
Sic pater aeternus disponens funera rerum
diluvium dextra terras vibrabat in omnes.
Interea pleno vivebat iustus in orbe
unus homo et mentem solus servabat honestam.
Nullus vota deo donis precibusque ferebat
hunc praeter, dignum quem summus laude creator
nosset et exceptum vitae servare pararet.
Stemmatis hic sancti: Nam claro nobilis ibat
a proavo, quem prisca fides et conscia virtus
in caelum sine morte tulit. Sic celsa petenti
successit magno non inpar pronepos actu,
nec plus est illum salvi cum corporis usu
terrenas liquisse domus, intrasse supernas.
Denique quo priscus quondam conscenderat Enoch,
Helias curru post tempora longa sequutus
scribitur ignitis scandens penetrasse quadrigis,
cum suspensa leves transmitteret orbita ventos,
ungula vel premeret calcatas pondere nubes,
vallatumque ferens sanctum non ureret ignis,
et motus servans nesciret flamma calorem.
Hos igitur satis est caelum potuisse mereri

Schlund auftun; nein, eine Flut wird den vom Schmutz seiner Sünden starrenden Erdkreis vernichten.

Es soll das Angesicht der Welt in das ursprüngliche Chaos zurückverfallen, und die wuchtigen Wogen sollen an ihren alten Platz zurückkehren.[115] Das trockene Land soll den Wassern weichen, und das ungestalte Nass soll wieder die Oberfläche der Erde bedecken und unter sich begraben. Dieses Unheil soll die Lebenden ereilen, und dem Fleisch soll dieses Ende beschieden sein!« So ordnete der ewige Vater das Verderben der Welt an und schwang mit seiner Rechten drohend die Sintflut gegen alle Länder.

Unterdessen lebte auf dem ganzen vollen Erdenrund nur ein einziger Mensch gerecht und bewahrte sich allein seine anständige Gesinnung. Keiner trug seine Wünsche mit Gaben und Gebeten zu Gott außer ihm; der erhabene Schöpfer wusste, dass er Ruhm verdiente, und wollte ihn verschonen und am Leben erhalten. Er besaß eine heilige Abstammung: Denn er bezog seinen Adel von einem berühmten Ahnen, den sein alter Glaube und das Bewusstsein seines eigenen Wertes ohne Tod in den Himmel getragen hatte.[116] So folgte dem zu den Himmelshöhen Strebenden ein Urenkel nach, der ihm durch seine große Tat nicht ungleich war; und dabei ist es nicht von größerer Bedeutung, dass jener im Vollbesitze seines unversehrten Leibes die irdische Wohnstatt verließ und die himmlische bezog. Wohin schließlich Henoch einst aufgestiegen war, dahin soll ihm, sagt die Schrift, nach langer Zeit Elias im Wagen gefolgt und durch seinen Aufstieg mit dem feurigen Vierspänner vorgedrungen sein: Da durchquerte dessen schwebende Wagenbahn die Winde, der Huf stampfte auf die Wolken und drückte sie durch sein Gewicht nieder; das Feuer verbrannte nicht den Heiligen, den es umgab und trug, und die Flamme, die seine Bewegung aufrechterhielt, wusste nichts von Hitze.[117] So ist es also schon bemerkenswert, dass diese beiden den Himmel für sich erwerben konnten, obwohl sie

membrorum sub lege sitos. Sed non tamen illud
segnius admirer, sancti quod tempora Noe
unius ob meritum natis nuribusque tuendis
orbis in exitio potuerunt ferre salutem.
Est ille in caelis numero praestantior omni
angelicus sine fine chorus, qui laude perenni
conclamat celebratque deum famulantia suetus
ferre ministeria et iussis parere supernis.
Hi nunc, quod rectum mortalia corda precantur,
concipitur dignis sancto quod pectore votis,
quidquid larga manus collectis sparsit egenis,
excipiunt sanctoque ferunt super astra volatu.
Quin etiam iustos, fragilis dum vita fatigat,
tutantur mundique inter discrimina servant.
Sed tamen in cunctis praecellit clarior ille,
maxima quaeque dei quo dispensante ministro
res geritur, summisque parat mysteria causis.
Hic dominum caeli venturum corpore sumpto
virginis intactam iussus praedixit in alvum,
sacraque dotali conplevit viscera verbo.
Hic et baptistae praecurrens nuntius ortum,
desperata diu dum ferret germina patri,
inter sacra virum conterruit et dubitantes
protenus ingrato restrinxit in ore loquellas,
donec praedicto fecundam redderet ortu
prolis anum, multos sterilis quae tenta per annos
fudit diffidens effeta puerpera fetum.

noch unter dem Gesetz der fleischlichen Glieder standen.[118] Aber nicht minder staune ich beim Gedanken daran, dass der heilige Noah zu seiner Zeit im allgemeinen Untergang der Welt aufgrund seines alleinigen Verdienstes auch den Söhnen und Schwiegertöchtern unter seiner Obhut die Errettung bringen konnte.

Es gibt im Himmel jenen Engelschor ohne Ende, der jede Zahl übertrifft und der Gott mit ewigem Preise bezeugt und verherrlicht, gewohnt, ihm treue Dienste zu erweisen und seinen himmlischen Geboten zu gehorchen.[119] Diese Engel nehmen nun alles auf, was die Herzen der Sterblichen als gerechte Bitte vortragen, was eine reine Brust an geziemenden Gelübden ablegt oder was eine großzügige Hand unter den versammelten Bedürftigen ausgestreut hat, und tragen es in heiligem Flug hinauf bis über die Sterne. Mehr noch, sie beschützen auch die Gerechten, während diesen das Leben in seiner Unbeständigkeit zusetzt, und bewahren sie in den Fährnissen der Welt.[120]

Aber unter ihnen allen strahlt doch jener noch heller hervor, der als Diener und Verwalter gerade die wichtigsten Aufgaben für Gott ausführt und die Geheimnisse Gottes in den höchsten Angelegenheiten offenbart.[121] Dieser Engel verkündete auf göttliches Geheiß, der Herr des Himmels werde menschlichen Leib annehmen und in den unberührten Schoß der Jungfrau eingehen, und er erfüllte ihre heiligen Eingeweide mit der Mitgift des göttlichen Wortes. Dieser Engel war auch der Vorläuferbote für die Geburt des Täufers: Er brachte dem Vater[122] die Samen, auf welche der die Hoffnung schon lange aufgegeben hatte. Da jagte er dem Manne, der gerade beim Opfer war, einen Schrecken ein. Und sogleich band er im undankbaren Munde des Mannes die Zweifelrede fest, um unterdessen durch die Geburt des von ihm vorausgesagten Nachkommen eine alte Frau als fruchtbar zu erweisen, die viele Jahre lang unfruchtbar bleiben musste und nun – sie konnte selbst nicht daran glauben – ihrem altersschwa-

Hic rerum sollers summusque archangelus alto
aera per liquidum levibus circumdatus auris
vibratasque movens ignito in corpore pinnas
nulli conspectis ad terram motibus ibat.
Et tum forte gemens cunctorum crimina Noe
inflexis stratus genibus cum supplice planctu
mundanis veniam mundo nolente petebat,
cum subito clausis foribus tamen aliger intrat
conspicuus claro resplendens nuntius ore.
Horrescit visu tanto perterritus heros,
mortalisque oculus personam ferre supernam
vix valet, et pavidi detorquent lumina vultus.
Ille salutiferis primum mulcere timentem
adgrediens verbis caeli mandata ferebat:
»Pax tibi, iuste virum, pacem tibi missus ab alto
inprecor, ut pulso capias mea dicta pavore.
Haec mandat summus terrae pelagique creator:
Insperata quidem cunctis sententia leti
inminet; hanc solus sed qui transire mereris,
et praescire potes. Nam te calcata voluptas
iam pridem rectum toto discrevit ab orbe.
Unica sed quoniam saevum depellere letum
vita tibi poterit, tantos evadere casus
qualiter incipias, paucis ex ordine fabor.
Finis erit rerum permissis undique lymphis,
atque relaxata vastabitur orbis abysso.

chen Leib im Wochenbett ein junges Kind entspringen ließ. Dieser höchste Erzengel, der sich auf alles verstand, bewegte, von leichten Lüften umgeben, [215] die um seinen Feuerleib schwingenden Flügel und begab sich, ohne dass seine Bewegungen von irgendjemandem gesehen worden wären, aus der Höhe herab durch die reine Luft zur Erde.

Noah jammerte gerade über die Missetaten aller Menschen; mit gebeugten Knien hatte er sich in demütiger Klage zu Boden geworfen und flehte für die Bewohner der Welt um eine Gnade, die diese Welt nicht wollte; [220] da trat plötzlich, obwohl die Tür verschlossen war, der geflügelte Bote strahlend und mit hellem Glanz auf seinem Antlitz ein. Von einem so gewaltigen Anblick in Furcht versetzt, erschauderte der Held, sein sterbliches Auge vermochte die himmlische Erscheinung kaum zu ertragen, und sein Gesicht wandte furchtsam den Blick ab.

[225] Der Engel versuchte ihn zunächst mit heilbringenden Worten in seiner Furcht zu beruhigen und überbrachte ihm den Auftrag des Himmels:[123] »Friede sei mit dir, Gerechter unter den Menschen, vom Himmel bin ich gesandt und wünsche dir Frieden; vernimm also meine Worte ohne Furcht! Der erhabene Schöpfer von Erde und Meer trägt mir das Folgende auf: [230] Zwar steht allen Menschen unversehens ihr Todesurteil bevor; doch du allein hast verdient, es zu überstehen, und darfst auch schon zuvor davon wissen. Deine Verachtung der Wollust hat dich nämlich schon längst als einen Rechtschaffenen von der ganzen übrigen Welt unterschieden. Da nun aber bestimmt ist, dass dein einzigartiger Lebenswandel den grimmigen Tod von dir abzuwehren [235] vermag, werde ich dir in wenigen Worten der Reihe nach verkünden, wie du es anzufangen hast, um einem Unglück solcher Größe zu entgehen.

Das Ende der Welt wird dadurch eintreten, dass von überallher Wasser eingelassen wird, und der Erdkreis wird durch die Öffnung seiner unermesslichen Tiefe verwüstet werden.[124] Wohlan, so soll

Nunc age, congestis crescat fortissima lignis
machina, quae surgens fluctus superenatet omnes!
Tercentum cubitos per longum ducta tenebit,
bis quinis lato claudatur bisque vicenis;
in triginta illi constabit culminis altum.
Per medium pariter longo cenacula tractu
edita suspensis domibus tabulata levabunt,
ut generis proprii servans consortia mansor
conponat partis discreta cubilia cellis.
Tum ne rimosi conpagum forte meatus
accipiant inimicum imbrem, linire memento
iuncturas laterum pigrumque infunde bitumen!
Taliter effectam cum consummaveris aedem,
protenus ingredere ac mundum dimitte cadentem:
Exclusit quem culpa frequens, includere vita
incipiat, circumque fremant te sospite mortes!
Quin etiam lateris sociam succedere tecto
et cum coniugibus natos intrare iubebo.
Tuque secundus eris deleti germinis auctor,
ut te post primum repleatur terra parente.
Sed quia perfecto divinis viribus orbe,
post operis finem, post leges postque sacrata
sabbata formari quidquam non convenit ultra,
ne penitus cessans intercidat omne creatum,
spirantum e cunctis pecorum celerumque volucrum
silvarumque feris et quae iumenta vocantur
vel quae per tacitos reptant labentia motus,
bina cape et tecum claustro victura reconde –
sic tamen, ut proprios teneant sua vincula sexus,

aus dem Bauholz, das du zusammenträgst, eine hochbeständige [240] Konstruktion erwachsen, die in allen Fluten emporsteigt und darüber schwimmt! Ihrer Länge nach soll sie dreihundert Ellen haben und in der Breite mit zweimal fünf plus zweimal zwanzig abgeschlossen werden; die Höhe ihrer Spitze soll auf dreißig kommen.[125] Über die Mitte hin sollen sich auf ganzer Länge gleichmäßig Räume erstrecken [245] und das obere Stockwerk aus erhöhten Wohnungen bilden, damit ihr Gast[126] das Zusammenleben jeder eigenen Gattung aufrechterhalten und dafür in den neu hergestellten Kammern getrennte Schlafplätze bilden kann. Damit die vielen Ritzen im Fugenverlauf dann nicht den feindlichen Regen aufnehmen, denke daran, [250] die Verfugungen der Seiten zu beschmieren, und gieße zähes Pech hinein!

Wenn du die Wohnung in dieser Weise hergestellt und vollendet hast, dann gehe sogleich hinein und lasse von der untergehenden Welt ab: Dich, den Schuld immer wieder von sich ausgeschlossen hat, soll das Leben in sich einzuschließen beginnen, und während du heil bleibst, soll der Tod um dich herum sein Gebrüll erheben! [255] Mehr noch, ich befehle auch, dass die Gefährtin an deiner Seite unter dieses Dach tritt und mit euch als Paar auch eure Kinder hineingehen. Und du wirst des ausgelöschten Stammes zweiter Gründer sein, so dass die Erde nach dem ersten Vater von dir als Vater erneut bevölkert wird.[127] Aber der Erdkreis wurde durch Gottes Kraft vollendet, [260] und es geht nicht an, dass nach dem Abschluss seines Werkes, nach seinen Gesetzen und nach der Heiligung des Sabbats noch weiter etwas gebildet werde.

Doch soll nicht gänzlich jedes Geschöpf ein Ende finden und untergehen, und deshalb nimm aus allem Getier, das atmet, allen flinken Vögeln, aus den wilden Tieren der Wälder, den sogenannten Zugtieren [265] oder aus dem Getier, das in stiller Bewegung dahingleitet und kriecht, jeweils zwei: Halte sie in deinem Behältnis unter Verschluss und lasse sie mit dir dort leben – so allerdings, dass passende Verbindungen ihre jeweiligen Geschlechter zusam-

unde genus rursum tellus inplenda resumat!
Nec timeas, ne forte feros animantia motus
servent aut solitis praesumant rictibus iras:
Foedus erit totis, quae discordantia profert
per varios natura modos, et pace fideli
parebit iussis, quidquid concluseris illic.
Serpentis tantum semper figmenta caveto!
Vertice submisso blandum licet ille trisulcis
finxerit abscondens per dulcia sibila linguis
inmortale odium, numquam tu credulus illi,
quem nimis expertus vitandum praemonet Adam!
Hostis namque semel voluit quicumque nocere,
hic semper suspectus erit, penitusque cavendum est,
ne iam mentito coniungat foedera prudens.
Tu post exemplum iussis servire memento!«
Haec fatus vacuum levibus secat aera pinnis
mortalem fugiens aciem caeloque relatus
heroem trepidum mandata lege reliquit.
Ipse tamen tali manibus cum voce levatis:
»Quisquis«, ait, »nobis tantam spondere salutem
seu missus seu sponte tua super aethere celso
venisti et placidum sacrasti foedere pactum,
sis fautor firmentque tuas promissa loquellas
auxiliumque tuum conatibus insere nostris,
ut tenuis tantam valeat manus edere molem!«
His breviter dictis vitae spem corde reponit
adgrediturque celer sacri praecepta laboris.

menhalten, damit die Erde daraus, wenn sie wieder gefüllt werden soll, diese Gattung zurückerhalten kann! Und fürchte nicht, die Tiere könnten etwa ihre wilden Triebe behalten oder wie gewöhnlich mit aufgesperrten Mäulern ihre Wut zeigen: Ein Friedensvertrag soll gelten unter allen, welche die Natur als in der einen oder anderen Weise widerstreitend hervorgebracht hat. Alles, was du dort einschließt, soll in Frieden und Treue deinen Befehlen gehorchen. Nur vor den Täuschungen der Schlange nimm dich stets in Acht![128] Mag sie auch gesenkten Hauptes mit ihrer dreigespaltenen Zunge etwas Schmeichelhaftes ersinnen und ihren unsterblichen Hass unter süßem Gesäusel verbergen: Begegne du dennoch niemals leichtgläubig diesem Tier, das Adam allzu gut kennenlernen musste und das er dir deshalb zu meiden rät! Denn jeder, der einmal Feind war und schaden wollte, soll immer verdächtig bleiben; man muss sich genauestens in Acht nehmen, dass man nicht wider besseres Wissen den Bund mit einem alten Lügner schließt.[129] Du denke nach Adams mahnendem Beispiel daran, meinen Weisungen zu gehorchen!« Nachdem er dies gesprochen hatte, zerteilte er mit seinem leichten Gefieder die leere Luft, entzog sich dem sterblichen Blick und ließ, da er das göttliche Gebot überbracht hatte und in den Himmel zurückgekehrt war, den Helden zitternd zurück.

Noah jedoch erhob seine Hände und sprach mit solchen Worten: »Wer auch immer du bist, dass du, ob nun abgesandt oder aus freiem Entschluss, aus dem erhabenen Äther kamst, mir so großes Heil zu verheißen, und diese friedenstiftende Vereinbarung durch einen Bund geheiligt hast: Sei mir günstig und lasse die Erfüllung dieser Versprechen deine Rede beglaubigen! Leihe meinen Versuchen deine Unterstützung, auf dass meine schwache Hand ein so gewaltiges Werk hervorbringen kann!« Mit dieser kurzen Rede schloss er die Hoffnung zu leben in seinem Herzen ein und machte sich behende daran, das heilige Werk nach der Vorschrift auszuführen.

Quis tantus capiat sensus, quis denique sermo
explicet, advectis fuerit quae copia lignis?
Nudati colles, spoliatae robore silvae;
mons ut quisque fuit, famulo placuere paratu:
Pelion inmensas committit vertice quercus,
insuper exponit multa virtute recisum
Ossa nemus Pindoque abies subducitur alta.
Atlans ipse novas ictu resonante secures
sensit et annosas dedit ad navalia pinus.
Invictum tunc surgit opus, contexta levatur
porrectis trabibus praecelsi culminis aedes.
Haec inter discors varii sententia vulgi.
Nam multi lymphis obstacula tanta parantem
inrisere virum, moles quod clausa moveri
fluminibusque dari nequeat, quam forte vel ampli
Euphrates Nilusque queant vix claudere ripis.
Humani generis quid mens incredula reris
mortalem non posse manum coniungere ponto
aedem longinquam? Pontus namque obvius ultro
curret, et adductum tanget stans fabrica litus.
Ast alios celsam conpacto robore massam,
ignaros quamquam cladis causaeque latentis,
mirari novitas et formidare coegit.
Haut aliter studium iam tunc diviserat omnes,
quam nunc mundus habet: Sunt qui conpuncta fideli
corda dicant operi rebusque instare supremum
discrimen norunt, corpus quo concidat omne
bacchatamque diu consumant saecula carnem.
Effugiet tunc ille malum quicumque paratus,

Welcher Verstand, und sei er noch so groß, vermöchte zu fassen, welche Rede schließlich vermöchte zu entfalten, welche Menge an Holz herbeigeschafft wurde? Hügel wurden entblößt, Wälder ihres Kernholzes beraubt; ein jeder Berg, so wie er war, kam ihm mit seinem dienstbaren Schmuck zupass: Der Pelion[130] steuerte von seinem Scheitel herab Eichen in unermesslicher Zahl bei, dazu gab der Ossa seinen mit viel Geschick gerodeten Wald ab, und vom Pindus führte man die hohe Tanne herbei. Der Atlas selbst spürte die noch unbekannten Äxte mit ihrem tönenden Hieb und gab seine bejahrten Fichten für den Schiffbau her. Ein unbezwingbares Werk erstand da, und zusammengefügt aus den hingestreckten Balken erhob sich mit hohem First die Behausung.

Unterdessen war die Meinung des wankelmütigen Volkes uneins. Denn viele lachten den Mann aus, der den Wassern ein so großes Hindernis schaffen wollte: lasse sich doch jene abgeschlossene Masse gar nicht bewegen und in irgendwelche Flüsse bringen, zumal sie wohl selbst der breite Euphrat oder der Nil kaum zwischen ihren Ufern einschließen könnten. Ach, du ungläubiger Sinn des Menschengeschlechts, was hältst du dich daran auf, dass eine sterbliche Hand seine weit entfernte Behausung nicht mit dem Meer zusammenbringen kann? Denn das Meer wird ihm von selbst entgegeneilen, und das Bauwerk wird die herangeführte Küste berühren, ohne seinen Platz zu verlassen. Aber anderen, obwohl sie von dem drohenden Unheil und dem verborgenen Grund nichts ahnten, nötigte die Neuheit dieser riesigen aus Holz zusammengefügten Masse Bewunderung und Furcht ab.

Nicht anders hatte ihr Eifer schon damals alle Menschen entzweit, als sich die Welt heute verhält: Manche weihen ihr reuiges Herz dem Glaubenswerk und wissen, dass der Welt höchste Gefahr droht, durch die jeder Leib dahinsinken und die Zeitlichkeit das Fleisch hinraffen wird, das lange seine Orgien gefeiert hat.[131] Entgehen wird diesem Unglück jeder, der darauf vorbereitet

construat ut validam praeduri tegminis arcam:
Per lignum vitale crucis servatus ab undis
tunc cernet quanto contempserit otia fructu.
Haut procul adtentum contemplans hunc operantem
nonne piger quisquam lucri taedensque laboris
insanire putet, cura quod solus inani
aestuet et rebus nolit pereuntibus uti?
Sic epulans parcum, sic largum quisquis avarus,
sic nudum raptor, sic castum ridet adulter,
sic circumscribens inluso simplice gaudet.
Desipuisse dolet dives, cum congregat aurum,
spargentem nummos ultroque in paupere censu
consumptis opibus miserum re speque beatum.
Inde repentinum iudex cum cerneret orbi
adventare diem: »Finis sic protenus«, inquit,
»inminet, ut iusti quondam sub tempore Noe,
diluvium varios mundi cum repperit actus
et carnem consumpsit aquis opifexque salutis
evasit parto diffusa pericula claustro.«
Haec evangelicis sunt inclamata figuris.
Providus interea consummat conditor arcam.
Tum iussae adcurrunt volucres, tum bestia quaeque
consuetum linquens silvoso tegmine lustrum
deposita feritate venit seseque tenendam
ingerit occurrens et libertate relicta
includi gaudet. Tantum secreta futuri
vis valet: Occultus brutis in sensibus ardet

ist, für sich eine starke Arche mit sehr beständiger Hülle herzustellen:[132] [325] Ist er erst einmal durch das lebensrettende Holz des Kreuzes[133] vor den Wogen bewahrt, dann wird er erkennen, mit wie großem Gewinn er den Müßiggang verachtet hat. Wenn ihn aber einer, der auf faulen Gewinn aus ist und die Mühe scheut, nicht von ferne beobachtet, wie er sorgfältig seinem Werk nachgeht: Wird der ihn nicht für verrückt halten, so ganz allein für eine unnütze Sorge [330] zu brennen und nicht vielmehr diejenigen Dinge zu nutzen, die vergänglich sind? So lacht der Schlemmer über den Maßvollen, so jeder Habgierige über den Großzügigen, so der Räuber über den Ausgeraubten, so der Ehebrecher über den Keuschen, und so freut sich der Betrüger, wenn er dem Arglosen übel mitgespielt hat. Der Reiche beklagt, während er sein Gold aufhäuft, es habe den Verstand verloren, [335] wer sein Geld verteilt, sich freiwillig unter die Armen reiht und nach dem Verzehr seiner Mittel arm an Besitz ist, mit Hoffnung aber gesegnet. Deshalb sprach der Richter,[134] weil er sah, dass der unvorhersehbare Tag für die Welt heranrückt: »Das Ende steht so plötzlich bevor, wie einst zur Zeit des gerechten Noah, [340] als die Sintflut unterschiedliche Taten der Welt vorfand, mit seinem Wasser das Fleisch hinraffte, und als dieser Künstler des Heils[135] in seinem neu geschaffenen Behältnis den verbreiteten Gefahren entging.« Dies ist es, was durch die Zeichen der Evangelien kundgetan wurde.

Unterdessen vollendete der vorsorgende Erschaffer seine Arche. [345] Da eilen auf Geheiß die Vögel herbei, da verlässt ein jedes Tier sein gewohntes Lager im Schutze des Waldes, legt seine wilde Natur ab und kommt herbei; es eilt heran, will in die Haltung aufgenommen werden und freut sich, dass es seine Freiheit aufgeben darf und eingeschlossen wird. So viel vermag die geheime [350] Macht der künftigen Bestimmung: Ein verborgener Schre-

terror, et expectans agitat formidine vita.
Ast homines, quos sors certi discriminis urget,
vicina nec morte pavent. Satis undique constat
vitali indicio praecedere saepe timorem.
Securos laetosque reos tellure Gomorrae
iam prope sub flammis sententia dicta videbat.
Ninivae contra populis terrore salubri
praevaluit pro pace metus; nam venerat istic
iussus multum ille et terris iactatus et alto,
qui clamaturus tantae discrimina plebi
diluvium timuit mundo constante propheta.
Hauserat hunc valido pervadens belua rictu
inmersumque mari ventris concluserat arca.
Degluttire virum faucesque inplere capaces
ardenti monstro cum sit permissa potestas,
non licuit mordere tamen. Nil dentibus actum:
Intravit cupidum deludens praeda vorantem
invasusque cibus ieiuna vixit in alvo,
dum tres luce dies una sub nocte prophetae
sol ageret litusque novum vacuanda viderent
et castigatum vomerent ergastula pastum.
Ut monstro exutus vates caelumque recepit
contingens terras, magnam tunc percitus urbem
terribili cum voce petens: »Quid criminis«, inquit,
»ardetis flammis? Restinguent omnia poenae.
Iamque venit finis; lentum est hoc dicere, venit.«
Non plus fatus erat, totus coniurat in omne

cken glüht in den dumpfen Sinnen der Tiere, und ihr ganzes Dasein vollzieht sich in Furcht und Erwartung.

Aber die Menschen, denen das Los zusetzt, über ihre Todesgefahr Gewissheit zu haben, fürchten sich nicht einmal, wenn der Tod schon vor der Tür steht. Dabei ist es allgemein durchaus anerkannt, dass die Furcht dem Tode oft mit einem lebensrettenden Hinweis vorausgeht.[136] [355] Das bereits gesprochene Urteil sah die Schuldbeladenen in der Gegend von Gomorra noch sorglos und fröhlich, als schon beinahe die Flammen da waren.[137] Bei der Bevölkerung von Ninive[138] überwog hingegen durch heilsamen Schrecken anstelle friedvoller Ruhe die Angst; denn dorthin war, viel durch Länder und Meeresflut umhergetrieben,[139] jener Mann gekommen, [360] der als Prophet vor so großem Volk die ihnen drohende Gefahr herausschreien sollte und eine Sintflut fürchtete, während die Welt sich nicht rührte. Ein Untier war über ihn gekommen, hatte ihn mit seinem kräftigen Maul aufgenommen und den ins Meer Geworfenen in der Arche seines Bauches eingeschlossen. [365] Während es dem gierigen Ungeheuer gestattet war, den Mann hinabzuschlucken und so seinen gewaltigen Schlund zu füllen, durfte es ihn doch nicht beißen. Mit den Zähnen tat es nichts: Die Beute kam nur zum Spiel in den gierigen Fresser, und verschlungen lebte die Speise im hungrigen Magen weiter, bis die Sonne drei Tage im Licht und der Prophet eine einzige Nacht [370] durchlaufen hatten; da bekam sein Gefängnis eine neue Küste zu Gesicht, um sich dort zu entleeren, und es spuckte die Nahrung nach dieser Züchtigung wieder aus.

Kaum war der Prophet aus dem Ungeheuer heraus, an Land gegangen und hatte den Himmel zurückgewonnen, da fuhr er erregt die große Stadt an und sprach mit fürchterlicher Stimme: »Was [375] brennt ihr in den Flammen der Sünde? Eure Strafe wird alles auslöschen. Schon kommt das Ende – nein, das ist zu wenig: Es ist bereits gekommen.« Mehr hatte er nicht gesagt, da verfiel das ganze Volk einhellig in jeglichen Ausdruck der Wehkla-

lamentum populus: Procurrunt undique fletus,
pectora tunduntur, caelum suspiria pulsant.
Mollibus abiectis Cilicum dant tegmina saetae
inque cibos cinerem lacrimasque in pocula fundunt.
Ipse etiam, dignus tali qui tempore princeps
ante aciem flentum portet vexilla salutis
atque – novum dictu – metuens discrimina vincat,
proicit hic sceptrum, linquit sublime tribunal;
pallia blattarum spreto diffibulat auro
serica despiciens atque aspera tegmina sumens.
At pius ex alto contemplans talia rector
exertas revocat sedatis motibus iras
vibratumque tenens restinxit missile fulmen.
Temporibus propriis iustus sic conditor arcae
securo solus timuisse pericula mundo
gaudebit, finem cunctis, sibi ferre salutem
diversam cernens meriti discrimine sortem.
Ergo ubi silvestres sexu collegit utroque
inclusitque feras, pecudum tunc eligit illa
sumere, quae pastu licitum vel munda vocantur.
Hinc tantum septena dedit viventia claustro,
ut ternis paribus servato semine salvis
septima quae fuerint, sacris quandoque litentur.
Et iam vitalis concluserat omnia carcer.
Tunc iustum cunctosque suos natosque nurusque
accipit expectans claustrum vitaeque reponit.
Nam servos nondum dederat natura vocari
nec dominos famulis discernere noverat ordo.
Primus enim maculam servili nomine sensit

ge: Überall ergießen sich Tränen, man schlägt sich die Brust, und Seufzer stoßen ans Himmelszelt. Man wirft die weichen Gewänder von sich, und das Trauerhaar der kilikischen Ziegen[140] gibt ihnen eine Bedeckung; in ihre Speisen schütten sie Asche und Tränen in ihre Becher. Sogar der Fürst selbst, dem es zukommt, in solcher Zeit vor dem Heer der Weinenden die Standarte des Heils zu tragen und die Gefahren – ganz unerhört – durch Furcht zu meistern, wirft sein Zepter hin und verlässt seinen erhabenen Königsthron. In seiner Verachtung des Goldes löst er die Spange an seinem Purpurgewand, verschmäht seine Seidenkleider und legt sich eine raue Hülle an. Wie aber der gnädige Lenker solches aus der Höhe betrachtet, da besänftigt er seine Erregung, ruft den Zorn, den er gezeigt hat, zurück, hält den Blitz, mit dem er bereits zum Wurf ausgeholt hat, fest und löscht ihn aus.

Genauso wird zu seiner Zeit der Erschaffer der Arche sich freuen, dass er, während die übrige Welt sorglos war, allein die Gefahren gefürchtet hat, und erkennen, dass eine je nach Verdienst unterschiedliche Bestimmung allen Übrigen das Ende, ihm aber das Heil bringt.[141] Sobald er also die Tiere des Waldes in beiderlei Geschlecht zusammengebracht und eingeschlossen hat, da entscheidet er sich von dem Vieh dasjenige aufzunehmen, welches zu essen erlaubt ist und rein genannt wird. Hiervon lässt er nur je sieben lebendige Tiere in seinen Behältnis, damit durch je drei wohlbehaltene Paare die Fortpflanzung der jeweiligen Gattung gesichert ist und die jeweils siebenten Tiere dereinst einmal als Opfer dargebracht werden können.

Und nun hatte das lebensrettende Gefängnis alle Tiere eingeschlossen. Daraufhin empfing das wartende Behältnis den gerechten Mann und alle die Seinen, seine Söhne und Schwiegertöchter, und bewahrte sie für das Leben auf. Die Natur hatte es ja noch nicht zugelassen, von Sklaven zu sprechen, und ihre Ordnung wusste nichts von einem Unterschied zwischen Herren und Knechten.[142] Denn als erster hatte den Schandfleck einer Bezeich-

huius natorum medius, qui forte cachinno
distectum petiit misero spectamine patrem
materiamque sui risit deformior ortus
et plus iam turpis nudato simplice nequam.
Quod postquam sanctus potuit cognoscere Noe,
natum germanis famulum dedit. Inde repertum
tale iugum; cuncti nam semine nascimur uno.
Servitii certe causam fecisse reatus
cernitur et liber peccans fit crimine servus.
Si rursum nexu famulus stringatur honestus,
natales faciens sibimet iam nobilis hic est.
Nuntius interea, dudum qui missus ab alto
detulerat iusto caelestis munera verbi,
protenus ut clausum vidit rebusque paratis
expectare diem, rursus descendere caelo
festinans laxos firmavit cardine postes
inclusitque viros atque ostia fortia traxit
confestimque levans supero se rettulit axi.
Aevo sexcentos senior transcenderat annos
lunaque bis plenos addebat menstrua cursus:
Septimus et decimus qui post inluxerit orbi,
ultimus ille dies iam nunc dabit omnia leto.
Ilicet obtegitur caelum nimiisque tenebris
victa repelluntur fuscati lumina solis.
Insanas hominum mentes vix tangere terror
coeperat, insuetus mox profluus aethere nimbus
et valido primum similis demittitur imbri.

nung als Sklave der mittlere von Noahs Söhnen erfahren; der fiel einmal mit lautem Gelächter über seinen Vater her, wie jener gerade nackt war – ein elendes Schauspiel –, bot aber, wie er da als Sohn den Quell seiner eigenen Geburt verlachte, [410] einen noch unschöneren Anblick und war als Nichtsnutz noch garstiger als der arglose Mann in seiner Entblößung. Nachdem der ehrwürdige Noah dies hatte in Erfahrung bringen können, gab er seinen Sohn dessen Brüdern zum Knechte. So kam man also auf ein solches Joch; denn alle werden wir aus ein und demselben Samen geboren. Jedenfalls erkennt man, dass Schuld die Ursache für die Knechtschaft geschaffen hat, [415] und der Freie, wenn er sündigt, durch sein Vergehen zum Knecht wird. Wenn umgekehrt ein tugendhafter Mensch durch Schuldverpflichtung als Knecht gebunden wird, dann schenkt er sich selbst das Geburtsrecht der Freiheit und ist vor sich selbst ein Edler.[143] Sobald unterdessen der Bote, der zuvor aus der Höhe herabgesandt dem gerechten Manne die Gabe des himmlischen Wortes überbracht hatte, [420] sah, dass jener in der Arche war, alles bereit hatte und auf den bestimmten Tag wartete, stieg er eilends erneut vom Himmel herab; er befestigte die losen Türen in ihren Angeln, schloss die Menschen ein, zog die starken Tore zu, erhob sich sogleich und begab sich zurück zum hohen Himmelsbogen.

[425] Der ehrwürdige Mann hatte schon sechshundert Jahre seiner Lebenszeit überschritten und der sich allmonatlich erneuernde Mond noch zwei volle Umläufe hinzugefügt: Der siebzehnte Tag, der danach dem Erdkreis aufleuchtet, wird nun als der besagte letzte vollends alles dem Tode übergeben.[144] Alsbald verhüllte sich der Himmel, und übermächtige Finsternis [430] bezwang und vertrieb das Licht der verdunkelten Sonne. Kaum hatte der Schrecken an die verrückten Sinne der Menschen zu rühren begonnen, da zog sogleich ganz ungewohnt eine ergiebige Sturmwolke am Äther auf und ergoss sich zunächst wie ein starker Regen. Die tro-

Arida terrarum pariter maduere per orbem,
una fuit toto facies et nubila caelo.
Aegyptus tunc ipsa novas expavit ad undas
alsit et infusus Garamans dudumque calentes
umida Massylas tetigerunt frigora Syrtes.
Nec longum pluviae species: Non denique guttae
stillant, sed rupto funduntur flumina caelo.
Non aliter Tanais, nivibus cum pascitur, albus
Riphaeo de monte ruens inliditur amni
praecipitatque simul, longo quod tramite ducat.
Undarum tali quatitur certamine tellus,
atque locum fecit conpressus fluctibus aer.
Nec tamen hic lymphas tantum fudere superna.
Terrestres etiam consurgit mundus in iras:
Rumpitur omne solum, crebros dant arva meatus,
prosiliunt fontes ignotaque flumina manant.
Vergitur in sursum mutato pondere nimbus:
Inde cadens caelis, hinc terris undique surgens
occurrit mox unda sibi iunctoque furore
coniurant elementa neci. Transcenditur omnis
riparum limes fluviis atque obice rupta
saevit laxatis discurrens umor habenis.
Sed cum diffusae spatium concludere terrae
omnia certarent mundumque implere capacem,
suspendi forsan potuit sententia leti
atque mora maiore trahi, quo tardius omnem
concedens spatium rapiat sors ultima carnem,
Oceanus vertex rerum ni fervidus uno

ckenen Landflächen auf dem Erdenrund wurden alle zugleich nass, und am ganzen Himmel war nur ein einziges Bild von Wolken zu sehen. Selbst Ägypten erschrak damals über die ungewohnten Wassermassen, die überspülten Garamanten[145] begannen zu frieren, und feuchter Frost rührte an die eben noch heißen massylischen Syrten.[146]

Aber nicht lange bleibt es bei dem Bild eines Regens: Am Ende sind es nicht Tropfen, die fallen, sondern ganze Flüsse ergießen sich aus dem aufgerissenen Himmel. Nicht anders wird der weiße Tanais,[147] wenn er sich am Schnee nährt und vom Riphäischen Gebirge stürzt, in seinen Flusslauf hineingestoßen und reißt zugleich mit, was er dann auf seinem langen Wege mit sich führt. Von einem solchen Streit der Wogen wurde die Erde erschüttert, und von den Fluten zusammengedrückt machte die Luft ihnen Platz. Und doch lassen da nicht nur die himmlischen Höhen ihre Wasser strömen; auch auf der Erde steigert sich die Welt in eine Wut hinein: Jeder Boden reißt auf, die Felder bringen zahlreiche Wasserläufer hervor, Quellen entspringen, und unbekannte Flüsse nehmen ihren Lauf. Durch die Änderung ihrer Last wendet sich die Sturmwolke in die Höhe: Indem die Wassermassen auf der einen Seite vom Himmel fallen, auf der anderen Seite überall auf der Erde ansteigen, treffen sie bald aufeinander, und in vereinter Wut verschwören sich die Elemente zum Mord.[148] Jegliche Uferlinie wird von den Flüssen überschritten, und hat das Wasser erst einmal seine Riegel gesprengt, tobt es und läuft mit losen Zügeln in alle Richtungen.

Aber obwohl alles miteinander wetteiferte, den weithin gebreiteten Raum der Erde einzuschließen und die geräumige Welt auszufüllen, hätte die Vollstreckung des Todesurteils vielleicht ausgesetzt und durch eine längere Frist verzögert werden können – dadurch hätte das endgültige Schicksal noch eine gewisse Zeit eingeräumt und erst später alles Fleisch an sich gerissen –, wenn nicht der Ozean, dieses Weltgerüst,[149] wallend aus seiner einen Küs-

litore, quo tantum terras atque aequora cingit,
exiret rumpensque fidem perfunderet arva.
Dissipat aeternas leges et sede relicta
regna aliena petens naturae foedera turbat.
Ut diros primum pelagi sensere furores
inlustres fluvii, magnos quos inclita cursu
fama refert, motusque novos stupuere parumper:
ut credas rapuisse fugam, sic versa retrorsum
per terras spargunt sublata volumina ponto.
Insequitur tamen Oceanus refugisque fluentis
inminet et salsis inpellit molibus amnes.
Tum maior strepitu tanto mortalibus aegris
fit metus, ascendunt turres et celsa domorum
culmina, praesentemque iuvat vel tempore parvo
sic differre necem. Multos, dum scandere temptant,
crescens unda trahit, quosdam montana petentes
consequitur letoque fugam deprendit inanem.
Ast alii longo iactantes membra natatu
defessi expirant animas, aut pondere nimbi
obruta flumineas conmixta per aequora lymphas
in quocumque bibunt morientia corpora monte.
Aedibus inpulsis alii periere ruina,
inque undas venere simul dominique domusque.
It fragor in caelum sonitu collectus ab omni,
quadrupedumque greges humana in morte cadentum
augent confusos permixta voce tumultus.
Haec inter miseri ferventia funera mundi

te, mit der allein er Länder und Meere umschließt, herausgetreten wäre, die Treue gebrochen und das Ackerland überschwemmt hätte. Er zersprengte die ewigen Gesetze, verließ seinen angestammten Platz [465] und brachte den Bund der Natur durcheinander, indem er fremde Reiche für sich begehrte.

Als die bekannten Flüsse, von deren langem Lauf ihr weithindringender Ruhm zu berichten weiß, zuerst die grimmige Wut des Meeres verspürten, stutzten sie eine kurze Zeit lang angesichts der unbekannten Bewegungen: Man hätte glauben können, sie stürzten sich in die Flucht, so wandten sie sich zurück [470] und verteilten auf dem Land die wirbelnden Wasser, die sie aus dem Meer aufgenommen hatten. Doch der Ozean setzte den fliehenden Strömen nach, bedrängte sie und trieb die Flüsse mit seinen salzigen Massen an.

Da nimmt durch solches Getöse die Angst unter den bekümmerten Sterblichen zu, sie steigen auf Türme und [475] die Firste hoher Häuser, und sie finden Trost darin, den schon gegenwärtigen Tod auch nur für eine kleine Weile aufzuschieben. Die wachsende Wasserflut reißt viele mit, während sie hinaufzusteigen versuchen, und manche, die ins Gebirge gehen wollen, holt sie ein und bereitet ihrer nutzlosen Flucht durch den Tod ein überraschendes Ende. Andere aber strampeln mit ihren Gliedmaßen und hauchen, vom langem Schwimmen [480] erschöpft, ihre Seelen aus, oder sie müssen mit ihrem sterbenden Leib, der unter der Wucht des Sturmregens begraben wurde, auf irgendeinem Berg das mit den Meeresfluten vermischte Flusswasser trinken. Wieder andere kamen in den Trümmern ihrer fortgetriebenen Häuser um, und Hausherren und Häuser gerieten zugleich in die Wogen. [485] Gesammelt aus dem ganzen Getöse geht ein Krach zum Himmel, und die Viehherden, die inmitten des Menschentodes zugrunde gehen, mischen sich mit ihren Stimmen in den ununterscheidbaren Lärm und vergrößern ihn noch.

Während dieser tobenden Vernichtung der unseligen Welt wird

praegravis insanis pulsatur motibus arca,
conpagesque tremunt, stridens iunctura laborat.
Non tamen obstructam penetrat vis inproba, quamquam
verberet et solidam fluctu feriente fatiget.
Non aliter crebras ecclesia vera procellas
sustinet et saevis sic nunc vexatur ab undis:
Hinc gentilis agit tumidos sine more furores,
hinc Iudaea fremit rabidoque inliditur ore,
provocat inde furens heresum vesana Charybdis.
Turgida Graiorum sapientia philosophorum
inter se tumidos gaudet conmittere fluctus:
Obloquiis vanos sufflant mendacia ventos,
sed clausam vacuo pulsant inpune latratu.
Iam medium crescens arcae contexerat unda
commovitque cavam suspendens undique molem
et melius tutam facili portante natatu,
quoque vocant undae, sequitur iam mobile pondus.
Cedamus mundo, dum ducimur! Omne resistens,
si flecti nescit, metuat vel pondere frangi.
Sed sic cedamus, fluxum ne sentiat intus
peccatumve trahat mens inpenetrabilis ullum!
Navigat interea claustro commissus eunti
fons vitae, servatque furens super omnia pontus
orbis depositum, fido quod tegmine promat,
cum pax terrarum reddi sibi debita poscet.
Ergo ibant undae, tellus subducitur omnis,
collibus inpositae vicerunt edita lymphae.
Delituit tectus ponto tum piniger Othrys,
Parnasi vertex cautem non protulit altam,

die schwere Arche von wahnwitzigen Stößen getroffen; [490] ihre Konstruktion erzittert, und ihr Gefüge müht sich ächzend ab. Dennoch dringt die arge Gewalt nicht in die abgedichtete Arche ein, obwohl sie auf den festen Bau einschlägt und ihn durch das Stoßen der Flut zermürbt. Nicht anders hält die wahre Kirche die häufigen Stürme aus, und genauso wird sie auch jetzt von furchtbaren Wogen erschüttert:[150] [495] Hier legt der Heide seine aufgeblähte und sittenlose Raserei an den Tag, da schnaubt das Land der Juden und schlägt mit seinem hirnwütigen Maul in ihr Fleisch, dort fordert sie die wahnsinnige Charybdis der Ketzer in rasender Wut zum Kampf heraus.[151] Die geschwollene Weisheit der griechischen Philosophen findet Freude daran, ihre aufgeblähten Fluten aufeinandertreffen zulassen: [500] Ihre Lügen lassen durch Schmähung nichtige Winde entstehen, schlagen mit ihrem eitlen Gebell aber ohne Schaden an die verschlossene Kirche.

Schon hatte die wachsende Woge die Hälfte der Arche bedeckt, hob den hohlen Bau, den sein leichtes Schwimmen trug und noch sicherer machte, an und bewegte ihn; [505] und wohin die Wogen sie riefen, dahin folgte sogleich die bewegliche Masse.

Lasst uns der Welt weichen, solange wir geführt werden! Was sich widersetzt, muss wohl, wenn es sich nicht zu beugen versteht, fürchten, schon unter seiner eigenen Last zu zerbrechen.[152] Aber lasst uns so weichen, dass unsere undurchdringliche Seele nicht in ihrem Inneren in Fluss gerät oder sich irgendeine Sünde zuzieht!

[510] Unterdessen trieb, ihrem fahrenden Behältnis anvertraut, die Quelle des Lebens auf dem Wasser; und obwohl das Meer über allem wütete, gab es doch auf das ihm anvertraute Gut des Erdkreises acht, um es aus der zuverlässigen Hülle hervorzuholen, wenn dereinst der Erdenfriede das Geschuldete zurückfordern würde. Also wallten die Wogen, die ganze Erde entzog sich dem Blick, [515] und die über die Anhöhen gelegten Wasser bezwangen, was noch hervorstand. Da verbarg sich, vom Meere verdeckt, der fichtentragende Othrys,[153] der Gipfel des Parnass streckte nicht seine

ipsa cupressiferi latuerunt saxa Lycaei,
subductae rupes, aequatae fluctibus, Alpes,
omnibus exclusis totus iam denique mundus
axis et unda fuit; nam cunctis morte subactis
regnabant pelagi silvoso in gurgite monstra.
Et iam vicinum pulsabant umida caelum
iamque quater denis manabat noctibus imber
conpleratque necem; nec iam quod tolleret, ultra
mors habuit, pressitque natantia funera pontus.
Frenantur tandem pluviae, resplenduit aether
redditur et caelis vultus. Sol ipse reductus,
sed non inventis, quis reddat lumina, terris:
Tantum luxit aquis. Tristis videt aequora fulgor,
quamque breves radios admotas frangit in undas,
tam consumendis fervens ac proximus instat.
Nec minus et patuli terrae clauduntur hiatus
quaeque prius vomuit letali ex ore fluenta,
obicibus propriis constricta resorbet abyssus.
Nec tamen ut venit, breviter sic lympha recedit:
Siccant non pauci, longo sed tempore, menses,
quod pauci fudere dies. Iam ducta natatu
Armeniae celsis instabat montibus arca
et nondum nudis fundo consedit in arvis.
Ut stabilem sensit senior motuque carentem
nec fluitare natans ventosa per aequora lignum,
credidit abductis nituisse liquoribus orbem.

hohe Felsspitze heraus, selbst das Gestein des zypressentragenden Lykaion war verborgen, die Felswände der Alpen waren von den Fluten erreicht und dem Blick entzogen, und indem alles andere ausgeschlossen war, bestand nun schließlich die ganze Welt aus Himmelsachse und Wasser. Denn nachdem sich der Tod alles unterjocht hatte, herrschten in den waldigen Tiefen die Ungeheuer des Meeres.

Und schon rührte das Nass an den benachbarten Himmel, und viermal zehn Nächte floss schon der Regen und hatte sein Todeswerk erfüllt; der Tod aber hatte nichts weiter mehr, was er noch hätte vertilgen können, und das Meer bedeckte die schwimmenden Leichen. Endlich wurden die Regengüsse gezügelt, der Äther glänzte wieder auf, und der Himmel erhielt sein Antlitz zurück. Die Sonne selbst kehrte zurück, fand aber kein Land, dem sie ihr Licht hätte zurückgeben können: Nur für das Wasser leuchtete sie. Ihr trauriger Schimmer sah die Meeresfläche, und so kurz die Strahlen waren, die sie an den herangeführten Wogen sich brechen ließ, so glühend und ganz nah drängte sie sich ihnen auf, um sie zu verzehren. Ebenso schlossen sich auch die weiten Erdklüfte. Die unermessliche Tiefe sperrte die Flüsse, die sie zuvor aus ihrem tödlichen Munde ausgespuckt hatte, hinter ihren eigenen Riegeln ein und sog sie wieder auf.[154] Trotzdem zieht sich das Wasser nicht so schnell zurück, wie es gekommen ist: Es lassen nicht wenige Monate trocknen, was wenige Tage ausgeschüttet haben, sondern es dauert lange Zeit. Durch die Strömung geleitet stand die Arche schon auf den hohen Bergen Armeniens und saß mit ihrem Unterboden auf den noch nicht entblößten Flächen auf.

Wie der ehrwürdige Mann merkte, dass sie festen Stand hatte und keine Bewegung erfuhr und das schwimmende Holz nicht mehr auf der windgepeitschten Meeresoberfläche schaukelte, glaubte er, die Wasser hätten sich zurückgezogen und das Erdenrund sei

Tum reserat summam sublimi a fronte fenestram,
emissa refluos exploret ut alite fluctus.
Illa volans longo diverberat aera plausu
atque quatit vacuas pinnarum motibus auras.
Cumque diu fessis undas perstringeret alis
nec locus optatam requiem concederet ullus,
consuetum repetit prospecto ex aequore claustrum.
Exceptam senior manibus tum colligit intus
advertens nullas patuisse per umida terras.
Interea magna pontus se mole movendo
in chaos antiquum linquens mundana redibat.
Excelsi tandem proferre cacumina primum
incipiunt, post quos tenues crebrescere montes.
At vero ut pelagus cinxerunt litora priscum
Oceanusque sacer notas collectus in oras
contentus solito labentia flumina tractu
sorbuit et cunctis distrinxit frena fluentis
torrentesque suae clauserunt undique fossae,
libera subductis nituerunt arida lymphis.
Tunc interposito producens tempore corvum
scire cupit senior vacuumque interrogat orbem.
Ales ut extensis nitidum petit aera pinnis,
adspiciens plenis stipata cadavera terris,
carnibus incumbens et mox oblita reverti
rectorem placidum communi in sede reliquit.
Sic nescis, Iudaee, fidem servare magistro,
sic carnem dimissus amas, sic gratia numquam

glänzend zum Vorschein gekommen. Da entriegelte er an der Spitze der Vorderseite das oberste Fenster, um durch das Aussenden eines Vogels die rückläufigen Fluten zu erkunden.[155] Jener Vogel zerteilte auf seinem Flug mit langem Schlag den Dunst und ließ mit den Bewegungen seiner Flügel die leeren Lüfte erzittern. Und da er mit erschöpften Schwingen lange über die Wogen gestreift war und kein Ort die erhoffte Rast hatte bieten wollen, kehrte er von der Oberfläche, die er überblickt hatte, in sein gewohntes Behältnis zurück. Da empfing ihn der ehrwürdige Mann, nahm ihn mit seinen Händen ins Innere und erkannte, dass sich keine Landflächen auf dem Nass gezeigt hatten.

Unterdessen bewegte sich das Meer mit seiner gewaltigen Masse, verließ die Welt und kehrte in seinen alten Schlund zurück.[156] Endlich begannen zuerst die hohen Berge ihre Wipfel herauszustrecken, und nach ihnen wuchs auch die Zahl der kleineren an. Aber als die Küsten das Meer wieder wie früher eingeschlossen hatten, als der heilige Ozean sich zwischen den bekannten Gestaden gesammelt hatte, als er, auf seine gewohnte Fläche beschränkt, die zu ihm hinlaufenden Flüsse geschluckt und allen Strömen die Zügel angezogen hatte, ja als auch überall ihr tiefes Bett die Sturzbäche eingeschlossen hatte, da kamen, von den abgeführten Wassern befreit, die Landflächen glänzend zum Vorschein.

Dann wollte der ehrwürdige Mann, nachdem er einige Zeit hatte verstreichen lassen, Gewissheit haben, ließ einen Raben hinaus und befragte den leeren Erdkreis nach seinem Zustand. Als der Vogel mit ausgebreitetem Gefieder in die schimmernde Luft aufstieg, sah er, dass Leichen dicht gedrängt auf der vollen Erde lagen, fiel über ihr Fleisch her und ließ, indem er bald nicht mehr an Rückkehr dachte, seinen sanftmütigen Lenker an dem gemeinsamen Aufenthalt zurück.[157]

Genauso verstehst du es nicht, Jude,[158] deinem Meister die Treue zu halten, genauso liebst du, den er ziehen ließ, das

custodi vitae dominoque rependitur ulla;
mente vaga sic laxus abis, sic foedera legis
rupisti et primum violasti, perfide, pactum.
Temporis ut spatio senior collegit inertem
iam potuisse satis corvum se reddere claustris,
ignarus tardi reditus causaeque morandi,
ne fors innexis fessum consumpserit alis
iunxerit et cunctis pereuntibus unda recurrens,
protenus albentem mittit de sede columbam.
Illa memor iussi rapido petit arva volatu
paciferaeque videns ramum viridantis olivae
decerpit mitique refert ad condita rostro.
Tali legatus firmavit foedera simplex
indicio, purumque pius sic conperit orbem.
Integer emensum vertebat circinus annum,
quo felix claustrum spirantia cuncta tenebat.
Tum pater ablatis obducta repagula serris
pandit et inclusis desuetum reddere solem
incipit, effeto redeant ut semina mundo.
Ante tamen iustus iubeat quam sparsa vagari,
singula de septem, quae dudum claudere munda
curavit, natis pariter nuribusque vocatis,
caespite constructa disponens immolat ara
accendens sanctos his primum altaribus ignes.
Plurima dum magnis adolentur corpora flammis

Fleisch,[159] und genauso stattest du dem Herrn und Hüter deines Lebens niemals Dank ab; mit unstetem Sinn und ungebunden gehst du genauso weg, und genauso hast du den Gesetzesbund gebrochen, du Treuloser, und die erste Vereinbarung verletzt.[160]

Als der ehrwürdige Mann aus der Länge der verstrichenen Zeit entnehmen konnte, dass der untüchtige Rabe sich schon längst wieder in das Behältnis hätte zurückbegeben können, da kannte er nicht den Grund für die verspätete Rückkehr und die Verzögerung; er befürchtete, es habe den mit seinen Flügeln hängengebliebenen und erschöpften Raben sein Schicksal ereilt und die zurückfließende Woge habe ihn mit all den übrigen Toten vereint. Da schickte er sogleich von seinem Aufenthalt eine weiße Taube aus. Jene behielt das Befohlene im Gedächtnis, begab sich in raschem Flug zu den Erdfeldern, und als sie den grünenden Zweig des friedenstiftenden Ölbaums sah, pflückte sie ihn ab und trug ihn sanft im Schnabel zu ihrem Verwahrungsort zurück. Durch solchen Beweis bekräftigte dieser aufrichtige Gesandte den Treuebund, und so erfuhr der fromme Mann, dass der Erdkreis gereinigt war.

Der Sternkreis hatte sich schon ganz gedreht und ein Jahr durchmessen, während dessen das glückliche Behältnis alles, was atmen konnte, aufbewahrte. Da nimmt der Vater die Querriegel ab und öffnet die zugezogenen Türverschlüsse; er beginnt damit, den Eingeschlossenen die Sonne zurückzugeben, die ihnen schon fremd geworden ist, auf dass sie als Samen in die entkräftete Welt zurückkehren können. Ehe der gerechte Mann ihnen jedoch Weisung gibt, sich zu zerstreuen und frei umherzuziehen, ruft er seine Söhne und Schwiegertöchter zugleich zusammen und opfert von den sieben reinen Tieren, die er unlängst vorsorglich eingeschlossen hatte, je eines, indem er sie auf einen aus Rasen errichteten Opfertisch legt und an diesem Altar zum ersten Mal das heilige Feuer entzündet. Als nun die vielen Tierleiber in den

et numerosa levat praepinguem victima fumum:
suavis odor laetum tetigit trans aethera caelum,
primaque purgati suscepta est hostia mundi.
Tunc igni permixta sacro vox intonat ista:
»Hactenus infectus contagia traxerit orbis:
Sufficiat regnasse nefas! Mundata lavando
perpetuo niteat tellus, vultusque reductos
contineant elementa suos: Non amplius ullis
perturbata malis moles mundana fatiscat.
Vos quoque, quos leti salvavit tempore vita
intactosque tenens casu defendit ab omni,
ducite securum servatis legibus aevum!
Vosque caput generis fecundo semine prolem
spargite, diffusum late quae conpleat orbem,
deletum instauret numerum dominetur et orbi!
Fertile quin etiam reddant animantia germen,
quod tamen inflexum famulabitur ordine prisco.
Insuper et terris ex hoc iam non erit ultra
diluvium regnans, carnem quod conterat omnem.
Unum quod fuerit, signo monstrabitur uno,
nec similem repetita necem peccata videbunt
et, si crimen erit, terror non deforet alter.«
Sic unum genitor iurans baptisma sacrabat,
ut semel ablutum lymphis purgantibus orbem,
sic sperare reos lavacrum non posse secundum.
Vix tribus exactis caeli iam partibus ibat
pronus in occasum radius, cum forte remotam
axe sub eoo iussus contingere nubem

großen Flammen aufloderten und die zahlreichen Opfertiere einen überaus fetten Dampf aufsteigen ließen, da drang der angenehme Duft durch den Äther zum freudigen Himmel, und es fand das erste Opfer der gereinigten Welt Annahme bei Gott.

Mitten aus dem heiligen Feuer ertönte da diese Stimme: [600] »Mag sich der verpestete Erdkreis bis jetzt auch üble Ansteckungen zugezogen haben: Es soll nun genug sein mit der Herrschaft des Frevels! Durch die Waschung gereinigt soll die Erde immerfort glänzen, und die Elemente sollen ihr wiedererlangtes Aussehen beibehalten: Die Masse der Welt soll nicht weiter durch irgendwelche Übel in Verwirrung stürzen und ermattet dahinschwinden. [605] Auch ihr, die das Leben in Zeiten des Todes bewahrt hat, die es unberührt gehalten und gegen alles Unglück verteidigt hat, sollt, wenn ihr die Gesetze einhaltet, ein sorgenfreies Dasein fristen! Und ihr sollt als Ursprung eines Geschlechtes mit fruchtbaren Samen eure Nachkommenschaft ausstreuen, auf dass sie sich weithin verteile, das Erdenrund ausfülle, [610] die vernichtete Zahl wiederherstelle und über das Erdenrund herrsche! Ja, fruchtbar sollen auch die Tiere ihren Stamm machen, der euch auch gewandelt nach der alten Ordnung dienstbar sein wird. Überdies wird die Sintflut fortan nicht mehr über die Erde herrschen, um alles Fleisch auszutilgen. [615] Dass es nur eine einzige war, dies soll durch ein Zeichen gezeigt werden; eine Wiederholung der Sünden wird keinen ähnlichen Tod sehen, und wenn es eine Schuld geben wird, dann wird es auch nicht an einem anderen Schrecken fehlen.« Auf diese Weise weihte der Schöpfer durch seinen Eid die eine Taufe: dass nämlich, ebenso wie der Erdkreis nur einmal vom reinigenden Wasser abgewaschen wurde, [620] so auch die Schuldiger nicht auf eine zweite Waschung hoffen können.[161]

Kaum hatte der Strahl der Sonne bereits drei Teile des Himmels durchlaufen und bewegte sich auf seinen Untergang zu, da erhielt er die Weisung, an eine entfernte Wolke unter dem öst-

protulit excussum madefacto ex aethere signum,
arcus et emicuit, quem nunc Thaumantida Graio,
Irim Romuleo vocitant sermone poetae.
Pendulus obliquum solem cum senserit umor,
ancipites vario mittit splendore colores;
nec numerare queas, sic mixtos lumine visus
inludunt dubii diversis vultibus orbes:
sapphirusque virens, maculosus, caerulus, albus.
Purpureum de nube trahit, de sole coruscum,
de caelo nitidum, de terra sumitur atrum;
et tamen abiunctis quae constant haec elementis,
sic diversa putas, ut concordantia cernas.
Hanc formam signo trepidis mortalibus arcus
praestitit esse deus promittens nube serenum,
nullaque iam terris debere pericula caelum.
Nunc quicumque cupis veram servare salutem,
illud suspicies signum, quod signa figurant.
Namque dator vitae praemisit talia Christus,
et geminata dedit substantia salvatorem.
In terris sumptae nitida de virgine carni
naturalis inest patrio de germine fulgor;
et medius quidam mediator in aethere celso
munere multimodo varius, sed fulgidus omni,
vitalem monstrat sacrati pigneris arcum.
Istum corde vide, quisquis baptismate lotus
ad caelum liber culpis pereuntibus exis.
Namque legis: »Forma vos«, inquit apostolus, »ista

lichen Himmelszelt zu rühren: Hervor brachte er ein Zeichen, das er aus dem feuchten Äther herausgeschlagen hatte, und es leuchtete ein Bogen hervor, den die Dichter nun in griechischer Sprache die Thaumastochter, in der Sprache des Romulus Iris nennen.[162] Sobald das herabhangende Nass den seitlichen Einfall der Sonne verspürt, sendet es in mannigfaltigem Glanze schillernde Farben aus; und man könnte sie nicht zählen, so sehr sind die Eindrücke, welche die unbestimmbaren Ringe mit ihren unterschiedlichen Erscheinungen dem Auge vorgaukeln, durch das Licht ineinander vermischt: grüner Saphir, gesprenkelt, schwarzblau oder weiß. Seine Purpurfarbe erhält der Bogen von der Wolke, von der Sonne sein Blinken, vom Himmel den hellen Glanz, und von der Erde stammt sein Dunkel; und doch hält man diese Farben, die aus so entfernten Elementen bestehen, in der Weise für gegensätzlich, dass man sie miteinander harmonieren sieht.

Diese Gestalt des Bogens hat Gott den ängstlichen Menschen zum Zeichen gegeben und ihnen so inmitten des Gewölkes heiteres Wetter versprochen, und dass die Erde vom Himmel keine Gefahren mehr zu erwarten habe.[163] Wer immer du nun das wahre Heil bewahren möchtest, du wirst deine Augen zu jenem Zeichen aufheben, auf das die anderen Zeichen hindeuten.[164] Denn solche Zeichen hat der Lebensspender Christus vorausgeschickt, und eine Doppelnatur hat uns auch den Heiland gespendet. Auf Erden wohnt dem von der strahlenden Jungfrau genommenen Fleisch der wesensmäßige Glanz vom Vaterstamme inne; und gewissermaßen in der Mitte als Mittler im hohen Äther, mit seinen vielfältigen Gaben durchaus mannigfaltig, aber glänzend in allen, zeigt er den lebensrettenden Bogen seines geheiligten Unterpfandes.[165]

Auf diesen sieh mit dem Herzen, wer immer du durch die Taufe gereinigt bist und von deiner erlöschenden Schuld befreit gen Himmel hinausgehst! Denn du kannst ja nachlesen: »Mit

salvabit lavacrum, prisci cum tempore Noe
conclusas lignis animas discriberet octo.«
Conparat ille datum, tu servans dilige donum,
hoc votis precibusque gerens, hoc fletibus optans,
ne redeant peccata tibi, ne mersa leventur,
mortua ne surgant, ne debellata rebellent,
ne post ablutum valeant discrimina crimen!
Et flammam timeas, quia iam non suppetit unda!

diesem Symbol«, sagt der Apostel,[166] »wird euch die Taufe erretten, da es zur Zeit des altehrwürdigen Noah die acht Seelen in Holz einschloss und so von den Übrigen trennte.« Jener verschafft dir die Gabe, du bewahre das Geschenk mit Liebe! Nimm in deine Gelübde und Gebete auf und wünsche dir unter Tränen, [655] dass die Sünden nicht zu dir zurückkehren, dass sie nicht aus der Versenkung auftauchen, dass sie nicht vom Tode auferstehen, dass sie nicht, niedergekämpft, den Kampf erneut beginnen, und dass nicht nach dem Abwaschen deiner Schuld die Gefahren weiterbestehen! Und mögest du die Flamme fürchten, weil nun kein Wasser mehr vorhanden ist!

LIBER QUINTUS: DE TRANSITU MARIS RUBRI

Hactenus in terris undas potuisse canenti
terram inter fluctus aperit nunc carminis ordo.
Illic diluvium quos perderet ante petivit,
nunc ad diluvium pleno succensa furore
sponte sua current periturae milia gentis.
Sed non, ut dignum tanti praeconia facti
eloquium captent: Divina in laude voluntas
sufficit et famulo monstrari munere votum.
Quod si quis nequeat verbis persolvere grates,
non minimum virtutis habet vel credere gestis,
signa per electos quae porrexere priores.
In quibus excellit longe praestantius illud,
quod pelago gestum rubro celeberrima perfert
scriptorum series, in cuius pondere sacro
causarum mage pignus erat, pulchramque relatu
pulchrior exuperat praemissae forma salutis,
historiis quae magna satis maiorque figuris
conceptam gravido peperit de tegmine vitam.
Sustinuit duros externa in sede labores,
cum Pelusiacae serviret subdita genti,
plebs oppressa diu, densi quam pondere caeni
et laterum numeris operis mensura diurni
adflictam saevi vexabat fraude tyranni.
Invisam sibimet frendens qui crescere turbam,

FÜNFTES BUCH: DIE DURCHQUERUNG DES ROTEN MEERES

Dem Sänger, der bis hierher davon sang, dass sich die Macht der Wogen über das Land erstreckte, eröffnet die Abfolge seines Gesanges nun das Land zwischen den Fluten.[167] Hat sich dort zuvor die Wasserflut gesucht, wen sie verderben wollte, so wird nun, vom Feuer hellen Wahnsinns angesteckt, das zum Untergang bestimmte Volk ganz von selbst zu Tausenden in die Wasserflut laufen.

Aber nicht, dass die Verkündigung so großer Tat nach einer angemessenen Beredsamkeit trachten dürfte: Beim Gotteslob genügt der Wille und das offene Bekräftigen seines Gelübdes durch demütige Gabe. Wenn sich aber jemand nicht mit Worten dankbar zeigen kann, liegt doch kein ganz geringes Verdienst darin, immerhin den Ereignissen Glauben zu schenken, die uns ihre Zeichen vermittels auserwählter Menschen früherer Zeiten übermittelt haben. Unter diesen ragt weit vor anderen jene Tat heraus, die im Roten Meer vollbracht wurde, wie uns eine hochberühmte Reihe von Verfassern[168] berichtet, in deren Heiligkeit und Ansehen eine weitere Garantie für die Wahrheit der Ereignisse lag; die Schönheit im Erzählen wird dabei übertroffen von der noch größeren Schönheit des vorausbedeuteten Heils: Bedeutend schon durch die erzählten Ereignisse und bedeutender noch durch ihre Zeichen, hat diese Schönheit Leben empfangen und aus ihrer trächtigen Hülle zur Welt gebracht.[169]

Harte Mühen musste das lange unterdrückte Gottesvolk an seinem fremden Wohnsitz erdulden, als es dem pelusischen Volke unterworfen war und diente;[170] das ihm zugemessene Tagwerk beugte das Volk unter der Masse dichten Schlamms und der Menge der Ziegel nieder und quälte es durch die Hinterlist eines grausamen Tyrannen. Der sah zähneknirschend die ihm verhasste

augeri doluit famulos; nam iusserat, ut, lux
vidisset quoscumque mares, mox docta necaret
omnis anus, natumque premat sollertia sexum.
Sed tamen aversae fugerunt talia matres
atque interdictos detrectant perdere fetus,
persistente deo plebem diffundere sanctam,
quoque magis mens caeca trahit crudelia vota,
hoc plus adcrescunt tenerae primordia gentis.
Viderat interea genitor de sede superna
adflictamque manum placido prospexerat ore.
Iam sacer innocuas dederat de fomite flammas
et rubus in rubeo viridis permanserat aestu:
Quo signo spinas nostrae fervescere mentis
et lucere, pium qui non consumeret, igne
devotus nosset sanctis in cordibus ardor.
Ilicet electi vates mandata ferebant,
depromit regi cum primus talia Moyses:
»Servitii longo lassatam pondere plebem,
oppressos cophinis umeros attritaque colla
quasque opus adsiduum fecit durescere palmas
laxandi iam tempus adest; dimitte precantes
tandem caelesti domino persolvere vota
et conplere datos patrio moderamine ritus!«
Ille fremens inquit: »Quae tanti causa tumultus?
Quisve novus populum deus exigit omine misso?
Scilicet haec vacuae tangunt caelestia curae,

Schar wachsen und ergrimmte über die Vermehrung seiner Knechte; denn er hatte ja Befehl gegeben, dass jede der alten Hebammen unterschiedslos alle Knaben, die das Licht der Welt erblickten, sogleich töten solle und dieses Geschlecht mithilfe ihrer Kunstfertigkeit gleich bei der Geburt unterdrücke.[171] Aber solchem Ansinnen entzogen sich die Mütter, wichen aus und weigerten sich, die Säuglinge, welche man ihnen versagen wollte, dem Tode preiszugeben; und Gott blieb dabei, sein geweihtes Volk weiter zu verbreiten: Je mehr sich der verblendete Sinn des Herrschers die grausamen Wünsche zu eigen machte, zu desto größerer Zahl wuchsen die Anfänge des noch jungen Stammes an.[172]

Unterdessen sah der Schöpfer von seinem Sitz in der Höhe hernieder und blickte mit sanftem Angesicht auf die niedergebeugte Schar herab. Schon hatte der heilige Dornbusch aus seinem Reisig unschädliche Flammen hervorgebracht und war in der feuerroten Hitze grün geblieben:[173] Durch dieses Zeichen sollte glühendes Gottvertrauen in heiligen Herzen zum Wissen gelangen, dass die Dornen unseres Herzens in Brand geraten und von einem Feuer leuchten, das den Frommen nicht verzehrt.[174]

Sodann überbrachten die erwählten Propheten die Gebote, als Moses, der erste unter ihnen, vor dem König folgende Worte äußerte: »Mein Volk ist von der langen Last seiner Knechtschaft ermüdet, seine Schultern von den Lastkörben niedergedrückt, seine Nacken wund, und seine Hände hat das unablässige Werk hart werden lassen: Nun ist es an der Zeit, ihm Erleichterung zu verschaffen; lasse die Bittenden endlich ihrem Herrn im Himmel die Schuld ihrer Gelübde abtragen und die durch Vätersitte überlieferten Riten erfüllen!«

Wutschnaubend sprach jener: »Was ist der Grund solchen Aufruhrs? Oder was ist das für ein neuer Gott, der durch die Sendung eines Wunderzeichens sein Volk beansprucht? Aber natürlich: Solche leeren Sorgen rühren die Himmelsmächte, dass ein Herr

ut dominus dominis famulos nunc tollere priscos
vellet et ad tumidos mittat mandata rebelles.
Quis deus iste foret, cui me parere necesse est?
Aut sceptris celso quid formidabile regi?
Sed vestras nimium seducunt otia mentes;
et nisi laxatos requies concessa foveret,
nulla supervacuis tererentur tempora verbis.
Quae si castigans restringat sarcina maior,
inlicitus vetitum conari desinet ausus.
At vos, signifero qui talia vota ducatu
instruitis plebem et vano subvertitis ore,
conspectus vitate meos vultumque cavete!
Ditem namque Pharon vel, pollentissime, cursus
testor, Nile, tuos et divae vocis Anubem,
cum rabidus latrat, iam non inpune futurum,
si nostrum rursus repetant haec dicta tribunal.«
Virgam forte manu gestabat legifer heros,
quo baculo nitens gressum tum dextra regebat:
Excutit hanc valido proiectam comminus ictu.
Tum – mirum dictu – commotum serpere lignum,
non insensibiles ceu promit palmite ramos
vita movens tantum, quos praestat crescere fructus;
sed flexu reptans mutati et corporis usu
sensum animamque gerens coepit decurrere virga.
Mox anguem formata refert: Conterritus haesit
aeternumque niger tunc palluit ore tyrannus.
Sed ne confusum tali subcumbere signo
cerneret adsistens vultu nutante satelles,
dissimulat summo rem gestam credere iussu.

den Herren ihre alten Knechte nehmen wollte und seine Gebote an aufgeblasene Aufrührer schickt. Welcher Gott sollte das denn sein, dem ich zu gehorchen hätte? Oder was sollte ein König, der stolz sein Zepter trägt, zu befürchten haben? Nein, die Untätigkeit verführt eure Sinne allzusehr; und wenn euch nicht die Ruhe, die ich euch zugestanden habe, Erleichterung verschafft hätte und verwöhnte, dann würde keine Zeit durch überflüssige Worte verschwendet. Wenn eine größere Arbeitslast eure Untätigkeit züchtigt und einschränkt, dann wird eure unstatthafte Dreistigkeit schon davon ablassen, etwas zu versuchen, was euch untersagt ist. Ihr aber, die ihr solche Wünsche unter eurem Banner und eurer Führung in Stellung bringt und das Volk durch euer großsprecherisches Mundwerk aufwiegelt, meidet meinen Anblick und hütet euch vor meinem Angesicht! Denn zu Zeugen rufe ich die reiche Pharosstadt[175] an und deinen Flusslauf, hochmögender Nil, und den Anubis mit seiner göttlichen Stimme, wenn er zornig bellt: Nicht ungestraft wird es fortan bleiben, wenn solche Worte erneut an unseren Thron dringen sollten.«[176]

Da traf es sich, dass der gesetzesbringende Held[177] in der Hand einen Stab hielt, auf den sich seine Rechte da als Stock stützte und so seine Schritte lenkte: Diesen Stab ließ er mit kräftigem Schwung aus der Hand fahren und warf ihn nahe vor sich hin. Da rührte sich – ein Wunder! – das Holz und begann zu kriechen: nicht wie wenn die Lebenskraft aus einem Weinstock unmerklich Zweige hervorbringt und die Beeren, denen sie ihr Wachstum gibt, lediglich treiben lässt; nein, in Windungen und mit verwandeltem Körper kroch der Stab und begann sich, von Wahrnehmung und Leben erfüllt, rasch zu Boden zu bewegen. Alsbald zeigte er die Gestalt einer Schlange: Vor Schreck erstarrte der Tyrann und wurde trotz seiner ewig schwarzen Haut bleich im Gesicht.[178] Aber damit die Wache, die mit einnickendem Blick bei ihm steht, nicht bemerkt, wie er aus der Fassung gerät und sich einem solchen Zeichen geschlagen gibt, täuscht er vor nicht zu glau-

Nec divina volens, hominum sed facta putari
praecipit, ut quoscumque magos vel carmina doctos,
inlicitam diris temptantes fraudibus artem,
Aegypti longinqua darent, hos talia cogens
murmure funereo faciat monstrare minister.
Undique tunc iussi concurrunt et medicatas
armant quisque suas noto phantasmate virgas:
Dant iactae vanas species anguesque putati
inlusos terrent oculos fallente figura.
Nec longum tumuere magi: Consumitur omne,
quod fecisse rati. Fictos namque arte dracones
primus adhuc mordax absorbuit ore cerasta.
Postquam virtutis clausit spectacula Moyses
victorisque tenens caudam tellure levavit,
decedit serpens ligno vultusque recedit,
diriguere vagi durato corpore flexus.
Quid multis? Fit virga prior, qua deinde sacerdos
plurima succiduo monstravit tempore signa.
Hinc dirum frendens Pharaonis conscius ardor,
divinae incipiens per cuncta resistere dextrae
et, quae cognoscens, nolens tamen ipse fateri,
protenus expulsos iussit discedere vates.
Illi divinas pulsant cum fletibus aures,
ut fremitus gentis tandem frenetur iniquae,
quam gravius saevam monitus fecere superni,
ipsis quin etiam caelestibus arma minantem.
Tum pater accipiens gemitus lacrimasque precantum

ben, die Sache sei auf Befehl des Höchsten geschehen. [80] Und da man nach seinem Willen nicht an göttliches, sondern an Menschenwerk glauben soll, weist er seinen Diener an, alle Zauberer und Formelkundigen, welche die Weiten Ägyptens hergeben und die sich mit grauenvollem Trug an der unerlaubten Kunst versuchen, zusammenzutreiben und dazu zu bringen, durch ihr unheilvolles Murmeln gleichfalls solche Dinge vorzuführen. [85] Von allen Seiten strömen sie da auf seinen Befehl zusammen und rüsten ein jeder ihre Stäbe, die sie mit dem bekannten Täuschungszauber behandelt haben: Hingeworfen liefern die Stäbe hohle Täuschungen und schrecken, weil man sie für Schlangen hält, die zum Narren gehaltenen Augen mit ihrer Truggestalt. Aber nicht lange blähten sich die Zauberer auf: Alles, [90] was sie geschaffen zu haben vermeinten, wird aufgezehrt. Denn eine bissige Hornschlange, die erste bis dahin, schlingt die künstlich vorgetäuschten Schlangen durch ihr Maul herab. Nachdem Moses dieses Schauspiel des Könnens zum Abschluss gebracht und die Siegerin an ihrem Schwanz von der Erde aufgenommen hat, entweicht die Schlange aus dem Holz, ihre Gestalt zieht sich zurück, [95] und ihre lockeren Windungen sind im hart gewordenen Körper erstarrt. Was bedarf es da vieler Worte? Sie wird wieder zu dem alten Stab, mit dem der Priester dann in der nachfolgenden Zeit noch sehr viele Zeichen dargetan hat.

Von da an war sich der Pharao der Wahrheit bewusst und knirschte fürchterlich vor Wut. Er fing an, sich der Hand Gottes in allem zu widersetzen, [100] und da er sich nicht eingestehen wollte, was er doch selbst wusste, warf er die Propheten sogleich hinaus und hieß sie fortgehen. Jene drangen unter Tränen an Gottes Ohr, es solle doch endlich die schnaubende Wut des ungerechten Volkes gezügelt werden – die göttlichen Mahnungen hatten es zu noch schwererer Grausamkeit geführt [105] und sogar dazu, den Himmelsmächten mit Waffen zu drohen.

Da vernahm der Vater die Seufzer und Tränen der Bittflehen-

taliter hortatu blando solatur amaros:
»Ne tantum vacuo submittite corda timori,
plebs mea, quam toto mundi de corpore sumptam
elegi et propria solam mihi sorte sacravi!
Iam nunc cernetis, quanto primordia vestra
prosequar auxilio saevos ac persequar hostes.
Ducam sublimem portenta per omnia dextram.
Nec volet in paucis Pharius rex cedere signis,
longius ut duram vincant miracula mentem.
Post haec laxatos quin et discedere coget
expelletque solo: Quod nunc negat, ingeret ultro.
Ibitis ad magnas post fortia proelia sedes,
qua vocat expectans praefertilis ubere terra,
et claras victis condetis gentibus urbes.
Vos modo promissis tantum confidite donis
et, quos deposcent ingentia facta labores,
laeta ferat virtus seseque ad prospera servet!«
Talibus auditis melior spes accipit illos.
Adtollunt animos palmasque ad sidera tendunt
concipiuntque fidem votis gratesque rependunt.
Postera lux dubios primum praemiserat ortus,
et successorem depulsa nocte ferebat
insistens aurora diem: Tum flumina sanguis
inbuit et subito maduerunt arva cruore.
Sed non hoc minimis portentum contigit undis,
fluviorum rex ipse rubet nec lumine prisco
Nilus agit proprium, quem sumpsit fonte, nitorem.

den und tröstete die Verbitterten durch wohltuende Ermunterung folgendermaßen: »Unterwerft eure Herzen nicht einer so unbegründeten Angst, mein Volk, das ich aus dem ganzen Weltkörper ausgesucht und erwählt habe und das ich mir durch besondere Bestimmung als einziges geweiht habe! Jetzt sollt ihr sogleich erkennen, mit wie mächtigem Beistand ich euch in euren Anfängen begleiten und eure grausamen Feinde bestrafen werde. In allen Wunderzeichen will ich die Führung meiner erhabenen Hand erkennen lassen. Aber der König von Pharos[179] wird nicht angesichts weniger Zeichen weichen wollen, und so werden die Wunder seinen Starrsinn erst nach längerer Zeit bezwingen. Hernach wird er euch freigeben, euch sogar zwingen fortzugehen und von seinem Boden vertreiben: Was er euch jetzt verweigert, wird er euch von sich aus aufdrängen. Ihr werdet nach tapferen Schlachten zu großen Wohnstätten ziehen, wohin euch ein ungemein reiches und fruchtbares Land erwartungsvoll ruft; dort sollt ihr die Völker bezwingen und berühmte Städte gründen. Vertraut für euren Teil also nur auf die versprochenen Gaben! Fröhlich soll euer tüchtiger Sinn die Mühen ertragen, welche die gewaltigen Ereignisse euch abverlangen werden, und soll sich für die Zeiten des Glückes erhalten!« Als sie solche Worte hörten, gaben sie sich einer besseren Erwartung hin. Sie richteten ihren Mut auf, streckten die Hände zu den Sternen, fassten Gottvertrauen in ihren Gelübden und statteten ihren Dank ab.

Das folgende Tageslicht hatte erst einen noch zögerlichen Sonnenaufgang vorausgeschickt; die Morgenröte wollte die Nacht vertreiben und drängte, den Nachfolgetag aufrücken zu lassen: Da tränkte Blut die Flüsse, und die Felder wurden von einem plötzlichen Blutschwall feucht. Doch widerfuhr dieses Wunderzeichen nicht den geringsten Wassern; nein, der König der Flüsse selbst war rot: Der Nil führte nicht mehr im alten Glanze jenen besonderen Schimmer mit sich, den er an seiner Quelle aufge-

Quin magis averso, ne tangat pristina, Nilo
sanguis in extremum certans manare canalem
carnosus, non carnis erat nec corpore fusus,
aut strages quam multa simul quo vulnere possit
lympharum damnum proprio supplere cruore.
Naribus obstructis pressi vinctoque natatu
interiere simul peregrini in gurgite crasso
auxeruntque suo saniem de funere pisces.
Et fortasse rear cladis mortisque futurae
sanguinis indicio iam praecessisse ruinam –
hoc ipsum ni poena foret. Nam scilicet omne
Aegypti spatium, vel quo patet ampla Canopus,
mox inter pingues sitiens defecerat undas,
si non omnipotens celerem super arva medellam
spargeret et nitidos revocaret vallibus amnes.
Tum vero ut requiem pestis subducta reduxit,
effertur rursus dilata morte tyrannus
et vix evasum contemnens mente flagellum
innocuam flagris persistit subdere gentem.
At quid per cunctam stilus aestuet ire superbi
perfidiam caesi numerans periuria regni?
Sed tamen extorquent varium mendacia monstrum,
undaque vicino vixdum purgata cruore
ranarum foedis texit cantatibus urbes.
Conplentur cellae, strati, penetralia, mensae:
Sustinet innumeros regalis purpura saltus
atque premens homines frendet subcumbere ranis.

nommen hatte. Vielmehr kehrte der Nil, um sein früheres Gebiet nicht zu berühren, seine Laufrichtung um, und in seine Ausläuferkanäle drängte sich ein fleischiges Blut hinein. Es war aber nicht aus Fleisch und war auch nicht einem Körper entströmt oder irgendwelchen Wunden, durch die ein Gemetzel, wie groß es auch sei, den Wasserverlust auf einmal mit dem Schwall eigenen Blutes ersetzen könnte. Mit verstopften Kiemen, niedergedrückt und beim Schwimmen gefesselt, gingen zugleich die Fische als Fremde in der dichten Flut zugrunde und vermehrten die Jauche durch ihre Kadaver. Und ich wäre versucht zu glauben, durch das Zeichen des Blutes sei dieses Ungemach bereits ein Vorläufer des späteren Todes und Untergangs – wenn es nicht schon selbst eine Strafe wäre. Denn natürlich wäre das ganze Gebiet Ägyptens, sogar dort, wo sich das ansehnliche Canopus[180] erstreckt, bald inmitten der fetten Wogen dürstend dahingeschwunden, hätte nicht der Allmächtige schnelle Heilung über die Felder gebreitet und die schimmernden Ströme in ihre Täler zurückgerufen.

Sobald sich aber die Plage verzogen hatte und wieder Ruhe einkehren ließ, da brauste der Tyrann angesichts des aufgeschobenen Todes erneut auf, schenkte der kaum überstandenen Geißel in seinem Herzen keine Beachtung mehr und blieb dabei, das unschuldige Volk mit Peitschen zu unterjochen. Allein, warum sollte mein Griffel darauf brennen, jede Treulosigkeit dieses Hochmütigen durchzugehen und die Eidbrüche seiner geschlagenen Herrschaft aufzuzählen?

Aber seine Lügen ertrotzten sich doch eine Schreckenserscheinung anderer Art, und die kaum erst vom noch frischen Blut gereinigte Woge überzog die Städte mit garstigen Froschgesängen. Es füllen sich die Vorratskammern, Matratzen, Innenräume und Tische: Der Purpur des Königs muss ihre unzähligen Sprünge ertragen, und während er die Menschen unterdrückt, muss er sich zähneknirschend den Fröschen geschlagen geben. Deren Hau-

Quarum mox cumulis tonitru feriente subactis
congestisque sonans muscarum nubis ad auras
exiit infecto corrumpens aera flatu.
Illic quas scinifes vocitant, quantosque volatus
pendula conmittunt levibus corpuscula ventis
pinnarumque vices peragunt stridentibus alis!
Fundunt se pariter turbataque moenia conplent.
Et licet inmersis defigant vulnera rostris,
plus horror quam poena movet. Sed tollit et istam
ventus agens, cessat laxata molestia paulum
confestim cessante metu nec longius ira
sentitur, quam plaga calet. Sed peste remota
succedunt aliae gravius. Consumitur omne
iumentum cunctosque greges nox abstulit una.
Nec tantum damnosa reos portenta fatigant:
Vertitur ad carnem, quae suscitet ira dolores.
Insidunt penitus turgentia vulnera membris
et sacer incubuit percussis artubus ignis.
Creditur hic etiam casu contingere languor;
sed morbus mentis discrimina corporis urget.
Praeterit ille dies: Tum demum luce secuta
concutitur caelum tonitru nubesque coactae
terribili splendore micant. Ferit omnia fulgor
fulmina agens, totas uno sub tempore mortes
aethere turbato terris elementa minantur.
Ignibus inseritur praegrandis pondere grando,
non ut nube solet terris nimbosa venire:

fen werden bald durch einen Donnerschlag gebannt und aufgetürmt, und daraus geht eine Wolke von Mücken schwirrend nach den Lüften aus und verdirbt mit ihrem verpesteten Atem die Luft.[181]

Dann kommt, was man die Stechfliegen nennt: Wie große Flugstrecken doch diese schwebenden Körperchen den leichten Winden anvertrauen und dabei das Wechselspiel der Flügel mit ihren schwirrenden Schwingen vollführen! Gleichmäßig strömen sie aus und füllen die Mauern der Stadt, die sie in Verwirrung gestürzt haben. Und mögen sie auch Wunden schlagen und ihre Rüssel darein versenken, so ist es doch mehr der Schrecken als die Strafe, was Wirkung zeigt. Aber der Wind nimmt auch diese mit und lässt sie vergehen. Die Beschwerlichkeit löst sich ein wenig und endet sogleich mit dem Ende der Angst; man verspürt den Zorn Gottes nicht länger als die Wunde brennt. Aber mit dem Verschwinden dieser Plage folgen andere, noch schwerere nach. Alles Vieh wird vernichtet, und eine einzige Nacht rafft alle Herden dahin.

Aber nicht nur durch Verlust zermürben Wunderzeichen die Sünder: Gottes Zorn wendet sich auf das Fleisch, um Schmerzen zu erregen. Tief in den Gliedern nisten sich schwellende Wunden ein, und das heilige Feuer befällt die getroffenen Gliedmaßen. Hier stellt sich – rein zufällig, wie man glaubt – eine Erschlaffung ein; aber die Seelenkrankheit kommt zu den Beschwerden des Körpers erschwerend hinzu.

Jener Tag geht vorüber: Da endlich wird mit dem folgenden Tageslicht der Himmel von Donner erschüttert, und die zusammengeballten Wolken zucken in schrecklicher Pracht. Ein blitzeschleudernder Glanz trifft alles, und die Elemente drohen der Erde im Aufruhr des Äthers zu ein und derselben Zeit mit allen möglichen Arten des Todes. Unter die Feuerstrahlen mischt sich ein gewaltig schwerer Hagel, aber nicht, wie er im Sturm gewöhnlich aus einer Wolke zu Boden geht, sondern so, dass er in

sed quemcumque cadens ut deprimat atque ruinam
pondere vel solo faciat. Coniungitur ergo
grandineum flammis ferventibus aere frigus,
et natura neci servans adsignat utrumque.
Hic primus stragem sparsis dat mortibus imber;
exim restantem surgit consumere fructum
brucus et excusso confidens crure lucusta.
Hoc sed docta malis et iam discrimine crebro
tamquam lene satis callosa superbia duxit.
Insequitur velox, gravius quae vindicet, ira.
Caecas mane novo surgens sol sparserat umbras
et laetus iubaris splendebat fronte sereni,
cum surgens mediam nubes se porrigit atra
nascentemque diem depulso lumine clausit.
In molem nox densa coit, perit obrutus aer,
palpantesque manus densas sensere tenebras
atque repercussus vexatur anhelitus aeger.
Et si sopitos flando quis suscitet ignes
aut flammas excire velit, conpressa necantur
lumina nec vibrant restrictos pondere motus.
Quo quemcumque loco tenebrosus repperit horror,
continuit, vidit nullum nec visus ab ullo est.
Squalentes pariter viventia milia credas
infernas intrasse domos aut forte revulsa
obice terrarum patriam sordentis abyssi
migrasse in superos ac mundum luce fugata
sub leges misisse suas. Tres perdidit ista
nocte dies dignis pendens periuria tellus.

seinem Fall jeden Menschen niederwirft und allein schon durch sein Gewicht Zerstörung bewirkt. Es verbindet sich also [190] in der Luft die Kälte des Hagels mit den hitzigen Flammen; die Natur bewahrt beide und betraut sie mit ihrem Todeswerk. Zuerst richtete dieser Niederschlag seine Verwüstung an, indem er Tod aussäte; darauf erhoben sich, die verbleibenden Früchte aufzuzehren, die flügellose Heuschrecke und die auf ihre schnell schlagenden Flügel vertrauende Wanderheuschrecke.[182]

[195] Aber der König in seinem Hochmut, ziemlich dickhäutig geworden und abgeklärt durch die vorangegangenen Plagen und die mittlerweile schon häufige Gefahr, hielt dies für geradezu mild. Geschwind setzt Gottes Zorn nach, um noch schwerer zu strafen. Am neuen Morgen hatte die emporsteigende Sonne die blinden Schatten zerstreut und ließ ihr heiter glänzendes Antlitz froh aufleuchten, [200] als sich eine emporsteigende schwarze Wolke mitten davorschob, das Licht vertrieb und den werdenden Tag ausschloss. Die dichte Nacht wuchs zu einer Masse zusammen, und niedergepresst schwand die Luft dahin; tastend erfühlten die Hände die dichte Finsternis, und der ausgestoßene Atem ließ sich nur qualvoll wieder einziehen. [205] Und wenn jemand sein eingeschlummertes Feuer durch Blasen wieder aufzuwecken versuchte und die Flammen entfachen wollte, wurde das Licht erdrückt und abgetötet und ließ, von dieser Masse gehemmt, keinen Funken sich regen. Wo einen jeden dieser finstere Schreck antraf, dort hielt er inne, sah niemanden und war von niemandem zu sehen. [210] Man könnte glauben, lebende Wesen seien zu Tausenden gleichzeitig in die schmutzstarrenden Trauerstätten der Unterwelt eingezogen oder die Heimstätte des schmutzigen Höllengrundes habe etwa die Riegel der Erde gesprengt, sei zu den Menschen der Oberwelt gewandert und habe durch die Vertreibung des Lichts die Welt unter ihre Gesetze gezwungen.[183] Drei Tage verlor das Land in dieser einen [215] Nacht und büßte so seinen Eidbruch durch angemessene Strafe. Dies mussten die Verurteilten erdulden;

Ista haec damnati; nam cetera fulgidus orbis
continet et solitos distinguunt tempora cursus.
Moyses interea lacrimas, ieiunia, vota
continuat precibusque frequens ac pervigil instat,
maioris natu fultus solamine fratris.
Instruit hos sacris simul informatque creator,
mystica sollemnem quo pandat victima ritum:
»Cernitis, ut multa desudans clade reatum
Aegyptus contrita gemat satis undique tacta,
sed tamen inmota perstans cervice rebellis?
Nec portanda diu praecedunt ista ruinam.
Aegrotat, quodcumque tumet, nec sana superbo
causa subest, iunctum monstrat mens turgida letum.
Unus adhuc restat, qui vindicet omnia, luctus,
postque novem decima percellat caede merentes.
Vos modo perpetuos sacrorum discite mores,
cultibus et propriis mansura lege tenete!
Mensibus in cunctis, orbis quos circinat anni,
iste caput princepsque foret, quem nomine belli
gentiles vocitant, vos tantum dicite primum;
lunaque bis septem cum fecerit addita noctes,
vespere tum sero dabitis primordia sacris:
Sumite mansuetum perfecti temporis agnum,
qui careat macula et purum det corpore vellus!
Hoc animal festis mactabitis, huius utrumque
signabit sanguis nitido de corpore postem.
Hoc dabit indicium servandae cura salutis.
Cum percussor aget tacitam sine vulnere caedem,
perspiciat sacro limen maduisse cruore
hoc tantum transire volens; distantia talis

denn alles Übrige umschloss das glänzende Sonnenrund, und die Tageszeiten waren nach ihrem üblichen Lauf eingeteilt.

Unterdessen setzte Moses seine Tränen, sein Fasten und seine Gelübde fort und verharrte, gestützt auf den Trost seines älteren Bruders, häufig und rastlos bei seinen Gebeten. Diese beiden unterwies der Schöpfer in den heiligen Handlungen und unterrichtete sie zugleich, wie das mystische Opfer den Zugang zum feierlichen Ritus eröffnet: »Merkt ihr, wie Ägyptenland seine Schuld durch viel Unheil mühevoll abbüßen muss und, von allen Seiten so recht getroffen, erschöpft aufstöhnt, aber doch halsstarrig bleibt und widerspenstig? Aber diese Strafen wird es nicht lange zu tragen haben, sie sind nur Vorboten seines Untergangs. Alles Stolzgeblähte krankt, dem Hochmütigen fehlt eine gesunde Grundlage, und ein stolzgeschwellter Sinn zeigt, dass der Tod an ihm haftet. Ein einziger Trauergrund steht noch aus, um alles zu vergelten, und soll sie nach den früheren neunen mit dem zehnten Schlag verdientermaßen zu Boden strecken. Macht ihr euch nur mit den fortdauernden Bräuchen des Gottesdienstes vertraut, und behaltet sie nach dem bleibenden Gesetz in eurem eigenen Kult bei![184] Unter allen Monaten, die das Jahresrund im Kreise führt, sei derjenige der erste und der Hauptmonat, den die Heiden mit dem Namen des Krieges bezeichnen und ihr nur den ersten nennen sollt;[185] und wenn der Mond hierzu noch zweimal sieben Nächte hinzugefügt hat, dann sollt ihr am späten Abend euren Gottesdienst beginnen lassen: Nehmt ein zahmes Lamm im rechten Alter, das keine Flecken hat und ein makelloses Fell auf seinem Körper bietet! Dieses Tier sollt ihr an Festtagen schlachten, und das Blut aus seinem glänzenden Körper soll beide Pfosten eurer Türen bezeichnen. Es ist die Sorge um euer Wohlergehen, die euch mit diesem Zeichen versehen wird: Wenn der Todbringer sein stilles Gemetzel ohne Wunde vollführen wird, soll er wahrnehmen, dass eure Türschwelle mit heiligem Blut benetzt ist, denn nur daran wird er vorübergehen wollen;

custodiet vestras sparsis a mortibus aedes.«
Sic nos, Christe, tuum salvet super omnia signum
frontibus inpositum! Sic sanguis denique sanctus,
tunc praemonstrati dudum qui funditur agni,
oribus infusus postes lustrasse tuorum
inter labentis ferventia funera mundi
credatur, casuque tuos discernat ab omni,
dum non signatos percurrit funere mucro!
Tu cognosce tuam salvanda in plebe figuram,
ut, quocumque loco mitis mactabitur agnus
atque cibo sanctum porrexerit hostia corpus,
rite sacrum celebrent vitae promissa sequentes!
Fermento nequam duplici de corde revulso
sincerum nitidae conspergant azyma mentis!
Finierat rector leges et foedera festi
Paschalis mandare viris, quod protenus omnes
arripuere simul: Peragunt convivia laeti,
sollemnisque novo cultu disponitur esus,
transeat ad seros quae condita forma nepotes.
Nox erat et mediam carpebant cuncta quietem
umbraque libratas iamiam diviserat horas:
Ecce venit tacito per dira silentia motu
angelus, exerto missus qui saeviat ense.
Nec confusa datur subiti sententia leti,
omne malum sed sorte cadit, longeque videtur,
quem petat in tenebris praefixi funeris ordo:
Maiores natu pereunt, solique leguntur
ad mortem, primos luci quos edidit ortus.

solche Unterscheidung wird eure Häuser vor der Ausbreitung des Todes bewahren.«[186]

So möge uns, Christus, dein Zeichen, auf unsere Stirn gesetzt, mehr als alles andere bewahren! Daran wollen wir schließlich glauben: dass das heilige Blut, das nun von dem schon damals vorausgedeuteten Lamm ausströmt, ihrem Munde eingeträufelt, die Türpfosten der Deinen inmitten des Feuertodes der untergehenden Welt gereinigt hat; und es soll die Deinen von allem Unglück ferne halten, wenn der Dolch die Unbezeichneten mit dem Tod durchbohrt! Du aber[187] erkenne in dem zur Rettung bestimmten Volk deine Gestalt, auf dass, wo immer das sanfte Lamm geopfert wird und das Opfertier seinen heiligen Leib zur Speise darbietet, die Jünger dieses Lebensversprechens das Opfer nach dem rechten Brauche feiern! Wenn der nichtsnutzige Sauerteig aus dem falschen Herzen gerissen ist, dann soll der ungesäuerte Teig eines rein erglänzenden Geistes das lautere Herz benetzen![188]

Es hatte der Weltenlenker geendet, den Männern die Gesetze und Vorschriften für das Passahfest zu geben. Dies machten sie sich umgehend allesamt zu eigen: Sie hielten fröhlich ihr Gastmahl ab, und der feierliche Schmaus wurde nach dem neuen Ritus durchgeführt, um in dieser einmal begründeten Form auf die späten Enkel überzugehen.

Es war Nacht, alles war mitten im Genuss seiner Schlafesruhe, und der Schatten hatte schon die Stunden zu gleichen Hälften abgewogen:[189] Siehe, da kommt in stummer Bewegung durch die grausige Stille ein Engel, ausgesandt, mit gezücktem Schwerte zu wüten. Aber das Urteil plötzlichen Todes wird nicht wahllos ausgegeben; vielmehr vollzieht sich jeder Unglücksfall nach dem Schicksal, und es ist schon lange abzusehen, wen die Ordnung des vorbestimmten Todes in der Finsternis heimsuchen wird: Die ältesten Kinder kommen um, und es werden allein diejenigen für den Tod auserlesen, die ihre Geburt jeweils als erste ins Licht

Cum dominis famuli pereunt, natique potentum
permixta cum plebe cadunt, sic vilis, ut ille,
quem celsi tenuit morientem purpura fulcri.
Haec nuda tellure iacent, haec serica velant:
Disparibus stratis sternuntur corpora leto.
Non quemquam mors aequa timet, non excipit ullos,
in vivis tantum qui discernuntur, honores.
Pauperis ad fletum nulla pietate movetur;
ditibus ut parcat, nullo corrumpitur auro.
Aegrotum sanus, longaevum iunior ante
migrat: Huic soli debet confidere nemo.
Hoc tantum tamen est, sibimet quo mortua distent,
vivant ut meritis, qui conplent tempora sorte.
Hic numquam penitus morti licet: Auferat etsi
iure potestatis lutea conpage creatum,
semine mortali genitum terraeque reductum –
iustorum in factis leto nil ceditur ulli.
Ergo ut percussas suboles confusa repente
aula videt, currunt flentes ad funera matres:
Mors patet et mortis non paret vulnere causa.
Pectora contundunt pugnis crinesque revellunt
unguibus et nigras festinant scindere malas.
Nec dominos planxere diu, mox occupat omnes
luctus quamque suus, sonat unus in aethere clamor
non uno ex fletu. Coniungit voce tumultum
nulla vacans a morte domus. Tum lumine multo
omni curatur populosum funus in urbe.
Iustitium iustum cogit maerere merentes.

der Welt gebracht hat. Mit den Herren kommen auch die Knechte um, die Kinder der Mächtigen fallen ohne Unterschied zugleich mit dem einfachen Volk, der Geringe ebenso wie jener, den bei seinem Tod der Purpur einer stolzen Bahre trägt. Die einen liegen auf der nackten Erde, die anderen hüllt Seide ein: Auf ungleichen Lagern werden die Körper durch den Tod gebettet. Der gerechte Tod scheut niemanden und nimmt von den Ehrenrängen, die nur bei den Lebenden unterschieden werden, keinen aus. Er lässt sich von keinem Erbarmen rühren beim Weinen des Armen und lässt sich von keinem Golde bestechen, den Reichen zu schonen. Vor dem Kranken geht der Gesunde, vor dem Betagten der Jüngere: Der Tod ist das Einzige, worauf sich niemand verlassen darf.

Dies jedoch, und nur dies ist es, wodurch sich voneinander unterscheidet, was tot ist: dass nämlich diejenigen, die nach dem Schicksal ihre Zeit erfüllt haben, aufgrund ihrer Verdienste weiterleben sollen. Darin steht dem Tod niemals alles zu: Mag er auch nach seiner Machtbefugnis hinwegnehmen, was aus einem Lehmgefüge geschaffen, von sterblichem Samen gezeugt und wieder zur Erde zurückgekehrt ist – bei den Taten der Gerechten muss nichts einem wie auch immer gearteten Tode weichen.

Wie also der königliche Hof in der Verwirrung plötzlich seine Sprösslinge durchbohrt sieht, laufen weinende Mütter zu den Leichen: Der Tod liegt offen zutage, und doch zeigt sich an keiner Wunde die Ursache des Todes. Sie schlagen mit Fäusten ihre Brust, raufen sich die Haare und zerfleischen sich ungestüm mit den Nägeln ihre schwarzen Wangen. Aber sie beweinen nicht lange ihre Herren; bald nimmt alle ihre eigene Trauer in Beschlag. Im Äther ertönt ein einziges Geschrei, das aber nicht nur von einem Wehklagen stammt. Da kein Haus vom Tod verschont bleibt, reiht sich ein jedes mit seiner Stimme in den Lärm ein. Bei vollem Tageslicht wird dann in jeder Stadt mit zahlreichem Volk das Begräbnis besorgt. Eine gehörige Landestrauer zwingt sie ver-

Et dum quis proprio servat lamenta dolori,
exequias tardant luctus inhumataque turba
dilata iacuit tantisper sorte sepulchri;
et nisi iam tandem vacuos et honore carentes
vel nuda tellure locet vel concremet igni
vix collecta manus, quae tantos clauderet urna.
Tum regem circum commoto murmure sistit
maesta cohors humiles depromens voce querellas:
»Heu nimium nostris adversa potentia rebus
Hebraeum populi, totiens cui vindice dextra
militat omne malum, totus cui denique mundus
pugnat, et irato succedunt prospera caelo!
Vis quaedam secreta dei maiorque potestas
haec in sceptra furit gentemque ulciscitur ipsam
orbis iactura: Solos pereuntia salvant
victores elementa suos redimuntque cadendo.
En iacet Aegyptus nec iam reparabilis ultra!
Atque utinam poenas vivis damnumque per arva
ferret adhuc divina manus nec funere tanto
deceptam subita vacuasset caede Canopum!
Tandem parce solo causasque expelle ruinae,
dum levior strages, dum quisquam luce tenetur,
dum superest, qui terga premat, qui limite trudat
et, nequam si forte velint ex corde morari,
non sinat eiecto depellens hospite cladem.
Permoveat noster natorum funere luctus,

dientermaßen zur Trübsal.[190] Und indem jeder die Totenklage ausschließlich dem eigenen Schmerz widmet, verzögert das Trauern die Begräbnisse, und eine Menge von Unbestatteten bleibt einstweilen liegen und erhält nur mit Verzögerung ein Grab. Erst ganz zuletzt findet sich mit Mühe eine Handvoll Leute, diese besitzlosen und unbeachteten Toten in der bloßen Erde zu begraben oder im Feuer zu verbrennen, kaum groß genug, um so viele in einer Urne zu verschließen.[191]

Da stellt sich um den König eine traurige Schar mit erregtem Murren und bringt mit ihrer Stimme demütige Klagen aus dem Herzen hervor: »Ach, allzu sehr steht unseren Interessen die Macht des Hebräervolkes im Weg, für das so oft jedes erdenkliche Unglück mit rächender Hand zu Felde rückt, ja, für das überhaupt die ganze Welt in den Kampf zieht und dem bei allem Zorn des Himmels nur Glück zuteil wird! Die verborgene Kraft eines Gottes und eine höhere Macht wütet gegen das Zepter unseres Königs und nimmt für dieses Volk selbst Rache durch die Aufopferung des Erdkreises: Die vergehenden Elemente retten allein ihre Überwinder und kaufen sie durch ihren Untergang frei.[192] Siehe, Ägypten liegt am Boden und ist nicht mehr wiederherzustellen! Ach, dass doch nur die Hand Gottes noch immer an uns Lebenden ihre Strafen vollzöge und Schaden über die Felder brächte! Hätte sie doch nur nicht mit plötzlichem Mord Canopus überrascht und durch so großes Sterben leergefegt! Sorge endlich dafür, dass dein Land verschont wird, und vertreibe die Ursache des Unglücks, solange der Verlust noch leichter ist, solange sich noch jemand im Licht der Welt halten kann, solange noch jemand übrig ist, der ihnen auf der Flucht nachsetzen kann, der sie über die Grenze stößt und es nicht zulässt, wenn sie aus einer liederlichen Herzensregung heraus gar noch verweilen möchten, und der durch Hinauswerfen des fremden Gastes das Unglück abwendet.[193] Möge unsere Trauer über den Verlust der

permoveat te forte tuus: Vel pauca superstent
pignora, quae tantos tergant servata dolores
et detruncatae reparent dispendia gentis!«
His dictis lacrimas populus dedit. Ipse superbus
frangitur ad fletum princeps victumque fatetur.
Haec perturbata sed dum tractantur in aula,
Hebraei vatum studio monitisque supernis
optima quaeque sacris fingunt epulisque requiri;
vasaque, sollemnis quae poscat plurima cultus,
ornamenta etiam vestesque, monilia, gemmas
ut reddenda petunt. Nec tardus commodat hospes,
ditat et ignorans trepidam manus aemula plebem.
Quae iam digna tuis pandantur laudibus ora,
summe pater, qui tam saevo sic uteris hoste?
Adnuit adversus, largitur munera nolens,
quae secum dimissa ferant; nec solvere tantum
sufficit oppressos, opibus ditantur euntes,
thensaurosque novos libertas reddita sumit.
Inter ferventes inimica in sede furores
praedatur dominum fugiens fallitque videntem,
praesentem vacuat; non tam discedere pulsos
quam laetos migrare putes. Portantur avari
sic Pharaonis opes, quem tunc mercede soluta
servitii longum credas taxasse laborem.
Nonnumquam rectis et, quae contraria, prosunt,
et, quae laeva malus voluit, mutata recurrunt
in dextrum vertente deo, solosque nocentes

Kinder dich rühren, möge dich vielleicht auch die eigene Trauer rühren: Mögen uns von den geliebten Kindern zumindest einige wenige bleiben, die, einmal gerettet, so gewaltigen Schmerz austilgen und die Schäden an unserem verstümmelten Volke wieder ausgleichen können!« Zu diesen Worten fügte das Volk seine Tränen hinzu. Der Fürst selbst ließ seinen Hochmut durch das Weinen brechen und gab sich geschlagen.

Doch während man in dem Durcheinander zu Hofe hierüber nachdachte, gaben die Hebräer auf Betreiben ihrer Propheten und auf himmlische Mahnung hin an, gerade das beste Gerät werde für Opfer und Schmaus benötigt; Gefäße, die der heilige Gottesdienst in sehr großer Zahl verlangt, auch Schmuck und Kleidung, Geschmeide und Kleinodien forderten sie als ihnen zustehend ein. Und ohne zu zögern, kam der Gastgeber ihrem Wunsch nach, und die neidische Ägypterschar machte in ihrer Unwissenheit das zitternde Gottesvolk reich. Welche Münder wären würdig, sich zu deinem Preise zu öffnen, höchster Vater, der du dich eines so grausamen Feindes in dieser Weise bedienst?[194] Der Gegner nickt Gewährung und überlässt ihnen widerwillig als Geschenk Gaben, die sie mitnehmen dürfen; und nicht genug, dass er die Unterdrückten freigibt, sie werden bei ihrem Fortgang mit Reichtum überhäuft, und die wiedergegebene Freiheit erhält bis dahin ungekannte Schätze. Inmitten der Raserei, die am Sitze der Feinde tobt, macht der Flüchtige Beute bei seinem Herrn, täuscht ihn bei vollem Bewusstsein und nimmt ihm in seinem Beisein ab, was er hat; man könnte meinen, sie zögen nicht geschlagen ab, sondern gingen fröhlich auf Wanderschaft. So wird der Reichtum des gierigen Pharaos fortgetragen, und man ist versucht zu glauben, er habe ihnen da den Lohn entrichtet und so den Gegenwert ihrer langen Knechtschaft bestimmt.

Bisweilen kommt Aufrichtigen auch das Widrige zugute, und was der Böse an linken Wünschen gehegt hat, kommt verwandelt zurück, weil Gott sie zum Rechten gekehrt hat; die zerstöre-

vis odii perimens meditata in vulnera ducit
et partos fratri laqueos incurrere cogit.
Egressi interea trepido de rege ministri
conpellunt celerare fugam coguntque volentes;
praecipitant alacres et festinantibus instant
pellendasque putant pulsa cum gente ruinas.
Iam prope centenum conpleverat advena lustrum
in regnis, Aegypte, tuis, ex tempore, quondam
quo priscus patriarcha Iacob perduxerat illic
bis sena cum prole domum carosque nepotes,
quo per fecundum creverunt milia patrem.
Procedit tandem populus moxque agmine iuncto
diram linquit humum tenebrisque ac luctibus orbam;
nam vicina dies nondum produxerat ortus.
Haec nox festa deo redeuntibus annua sacris,
haec genti sollemnis erit, quae solvitur hoste.
Primo conspicuus fulgebat in ordine ductor
legifer adiuncto praecedens agmina fratre.
Post quos belliferae disponunt arma cohortes
ducunt et validas instructo robore turmas.
Arma ferunt humeris, enses per cingula laevo
dependent lateri, presso tum vertice cassis
fulget, et albenti certat lux ferrea lunae.
Nituntur iaculis alii clipeosque sinistris
volvunt et rapido meditantur bella rotatu.
Gaudet pars etiam pharetris volucresque sagittas
hostis in occursum mittendis mortibus aptat,

rische Gewalt des Hasses führt lediglich die Übeltäter zu den Wunden, die sie anderen zugedacht haben, und zwingt sie, in die Fallstricke zu laufen, die sie ihrem Bruder gespannt haben.

Unterdessen kommen die Diener von ihrem erschrockenen König heraus, dringen auf eine rasche Flucht und zwingen die ohnehin Willigen; sie treiben die Eifrigen an, drängen die Eilenden zur Hast und glauben, das Unglück lasse sich durch Vertreibung dieses Volkes austreiben. Beinahe hundert Jahrfünfte hatte der Ankömmling schon in deinem Reiche, Ägypten, verbracht seit der Zeit, da einst der ehrwürdige Erzvater Jakob zusammen mit seinen zwölf Söhnen seinen Hausstand und seine teuren Nachkommen dorthin überführt hatte, und da sie durch ihren fruchtbaren Vater zu Tausenden heranwuchsen.[195]

Endlich setzte sich das Volk in Bewegung, bildete einen geschlossenen Heereszug und verließ bald diesen grässlichen, von Finsternis und Trauer erblindeten Boden; denn der nächste Tag hatte noch nicht den Sonnenaufgang heraufgeführt. Diese Nacht wird mit wiederkehrendem Gottesdienst ein jährliches Fest für Gott sein und ein Feiertag für das Volk, das von seinem Feinde befreit wird.[196] In der ersten Reihe erstrahlte weithin sichtbar der gesetzesbringende Heerführer[197] und ging im Verein mit seinem Bruder dem Heereszuge voran. In ihrem Gefolge ordnen sich die streitbaren Kohorten mit ihren Waffen und führen die schlagkräftigen Schwadrone mit ihrem schlachtmäßig aufgestellten Kern an. Die Waffen tragen sie an den Schultern, die Schwerter hängen in Gurten an ihrer linken Seite herab, eng an ihrem Haupt sodann blitzt der Helm auf, und das Leuchten ihres Eisens tritt in Wettstreit mit dem hellweißen Mond. Die einen stützen sich auf ihre Wurfspieße, wenden in ihrer Linken die Schilde und üben sich in schneller Drehung für den Krieg. Ein weiterer Teil freut sich an seinen Köchern und macht seine geflügelten Pfeile bereit, um beim Ansturm der Feinde Tod auszusenden, oder da-

aut si forte virum fugientia terga sequatur,
ut pinnata leves transmittant spicula ventos.
Incedit pavidum postrema per agmina vulgus –
non inpar numero, caelum cum pingitur astris
aestuat aut motus pelagi crispantibus undis,
litore vel quantas converrit fluctus harenas
vel quantis stillant umentia nubila guttis.
Mirantur Pharii satrapae nec credere tantum
se potuisse valent: Placet eiecisse tot hostes.
Sed non, haec acies, acie salvabere ferri!
Quamlibet innumeris peditum stipere catervis,
unus pugnabit cunctis pro milibus auctor.
At populus lento moderatus tramite gressum
arreptum carpebat iter, praecedere tantum
adgressis ducibus, quantum vel tarda senectus
vel rudibus reptans infantia sustinet annis,
ne praematurus fragilem contristet eundo
aetatem sexumque labor. Sic cuncta supernus
dispensat nutus plebique adsistit ovanti.
Ergo ubi signatis sederunt milia castris
armatusque pedes vulgus vallavit inerme,
vespere tum primo stanti adsimulata columnae
insistens puro resplenduit aethere flamma.
Non tamen ut moto dirum micat ignis in axe,
prodita cum terris caeli portenta minantur
seu morbis tristem bellisque aut cladibus annum;
sed radiis fulgens et lumine candida laeto
ostendit nitidum castris mirantibus ignem.

mit seine gefiederten Pfeilspitzen, wenn er den fliehenden Mannen etwa durch Verfolgung im Rücken bleiben möchte, die leichten Lüfte durchstoßen können. Ganz am Ende des Heereszuges schreitet das furchtsame Volk einher – [385] nicht geringer an Zahl als die Sterne, wenn Sie den Himmel ausmalen, oder die krausen Wogen, die den Seegang heftig schäumen lassen, oder als die Menge, sei es von Sandkörnern, welche die Flut an der Küste zusammenscharrt, sei es von Regentropfen, welche aus feuchten Wolken herabträufeln.

Die Satrapen von Pharos[198] staunen und können nicht glauben, [390] dass ihnen so große Macht zugekommen ist: Sie sind zufrieden, dass sie so viele Feinde aus dem Lande geworfen haben. Aber du, Schlachtreihe des Hebräervolkes,[199] wirst nicht von einer Schlachtreihe aus Eisen gerettet werden! Magst du auch von unzähligen Truppen aus Fußsoldaten umringt werden, es wird allein für all die Tausende der Schöpfer streiten. Aber das Volk ging gemessenen Schrittes auf ruhigem Pfad [395] und verfolgte den eingeschlagenen Weg weiter; dabei versuchten seine Führer nur so viel vorwärtszukommen, wie es das langsame Greisenalter oder das kriechende Kindesalter in seinen jungen Jahren aushalten können, auf dass nicht unzeitige Anstrengung beim Gehen dem gebrechlichen Alter oder Geschlecht Trübsal bereite. So richtet der Wille des Himmels alles [400] sorgsam ein und steht seinem jubelnden Volke bei.

Sobald sie also zu Tausenden in den ihnen bezeichneten Lagern saßen und bewaffnete Fußsoldaten das unbewaffnete Volk schützend umgaben, da richtete sich am frühen Abend, einer stehenden Säule ähnlich, eine Flamme auf und erstrahlte im reinen Äther. [405] Doch blitzte sie nicht wie ein Feuer an der bewegten Himmelsachse, wenn die vom Himmel hervorgebrachten Wunderzeichen der Erde ein Unglücksjahr mit Krankheiten, Kriegen oder Schäden androhen; vielmehr leuchtete sie in hellen Strahlen und frohem Licht und zeigte den staunenden Menschen im Lager ihr

Diffugiunt tenebrae, vicinaque sidera cedunt,
et latuit rutilis oppressus fulgor in astris.
Obstipuere viri primum, perterruit omnes
incussitque metum novitas, tum luminis usus
paulatim caeleste iubar commendat amori.
Maxima nocturnas iam pars exegerat horas
et volvenda dies instabat sorte propinqua:
Cunctorum ante oculos per caelum visa moveri
arripuitque viam populo spectante columna.
Protenus hanc patres sancti sensere sequendam,
esse ducemque ducum. Laeti mox praesule tanta
abrupere moras, castris excedere certant.
Tunc, ut quaeque tribus primum sortita laborem,
ordine carpit iter, sequitur tum cetera pubes.
Haec inter clarum rediens lux pandit olympum,
flammea pallescit conspecto sole columna.
Vertitur in nubem totus, qui fulserat, ignis,
sed species perstat tensae super aethera formae.
Tertia nocturnos deterserat hora liquores,
et matutinas scandens sol vicerat umbras:
Ecce – novum dictu – caelo servata sereno
frigida ferventi iussa est opponere nubes
se radio densumque parat tenuissima tegmen.
Sic circumiectis, tellus quis ardet eoa,
aestibus ignorat genuinum turba calorem,
vesperis ut credas leni respergere flatu
blanda vel umentes diffundere frigora ventos.
Nec tamen hanc nubem taetro suffusa colore

glänzendes Feuer. [410] Die Dunkelheit entschwand, die benachbarten Himmelskörper traten zurück, und überstrahlt verbarg sich der Glanz in den rötlich schimmernden Sternen. Die Menschen erstarrten zunächst, und die ungewohnte Erscheinung jagte ihnen Angst und Schrecken ein; dann aber empfahl die Gewöhnung an das Licht diesen Himmelsglanz allmählich ihrer Liebe.

[415] Schon war der größte Teil der Nachtstunden vorübergegangen, und es drängte der zur Entfaltung bestimmte Tag als Nachfolge heran: Da schien sich die Säule am Himmel vor aller Augen zu bewegen und schlug unter den Blicken des Volkes ihren Weg ein. Sogleich spürten die heiligen Väter, dass sie dieser folgen müssten [420] und dass sie ihnen als Führern eine Führerin sei. Froh über eine so bedeutende Wegweiserin machten sie dem Verweilen bald ein Ende und wollten das Lager möglichst schnell verlassen. Dann trat der Reihe nach jeder Volksstamm, je nachdem, welche Aufgabe ihm zuerst zugefallen war, seinen Marsch an, und die übrige Mannschaft folgte nach. Unterdessen breitete das wiederkehrende Licht den olympischen Himmel[200] taghell aus, [425] und mit dem Anblick der Sonne wurde die Flammensäule blasser und blasser. Das Feuer, das eben noch geleuchtet hatte, wandelte sich gänzlich zu einer Wolke, doch blieb ihr das Aussehen einer über den Äther hinaus gestreckten Gestalt.

Die dritte Stunde hatte den Tau der Nacht schon hinweggewischt, und die aufsteigende Sonne hatte die Schatten der Frühe schon überwunden: [430] Siehe, da hält sich – ganz unerhört – am heiteren Himmel eine kühle Wolke, widersetzt sich auf göttliches Geheiß dem glühenden Sonnenstrahl und bietet, obwohl selbst hauchdünn, eine dichte Decke. So weiß die Hebräerschar, obgleich von der Hitze umgeben, die das Morgenland erglühen lässt, nichts von dessen angestammter Wärme; [435] man könnte daher glauben, schmeichelnde Kühle streue linden Abendduft über ihnen aus oder lasse taubenetzte Lüfte sich ergießen. Doch war die Gestalt, welche diese Wolke bildete, nicht mit hässlicher Farbe

forma dabat nec concreto sic horrida vultu,
ut terrent, validos cum promunt nubila nimbos;
sed qualis madidi, solem cum viderit, arcus,
tanta fuit pulchrae species extenta columnae.
Noctibus ignis erat lumenque accensa ferebat,
cum sol torreret, gelidi dabat umida roris.
Has alternantem ducens cum tempore sortem
mutavit natura vices. Substantia discors
muneribus propriis concordem reddidit usum:
Si mansit, mansere viri; si mota, secuti.
Si multis etiam iussa est pendere diebus,
subdita defixo tardabant agmina vallo.
Ista quater denis pietas percrebruit annis,
dum vastos heremi curris, Iudaee, recessus
vincla pedum firmante via, dum tempore tanto
non adtrita suum servarent tegmina pondus,
mollitieque nova prisci durantis amictus
sic longaeva foret, quod non damnosa, vetustas,
dum sacrum populo victum candentia manna
ferrent et caeli frugem terrena viderent:
Per quam sublimis praediceret ante figura
edendum ex utero purum sine semine corpus,
quo caperet pascenda salus de sede superna
inlabente deo sanctis altaribus escas.
Hoc signo summus percussa rupe sacerdos
protulit inriguos populis sitientibus haustus.
Christum namque vides stabilem consistere petram,
percussus iaculo largas qui praebuit undas

unterlaufen oder von so grässlich geballtem Antlitz, wie es die Sturmwolken als Schreckbild zeigen, wenn sie heftige Regengüsse hervorbringen; [440] nein, wie bei dem Regenbogen, wenn er die Sonne erblickt hat, so war nach Größe und Art auch die langgestreckte Gestalt der schönen Säule.[201] In den Nächten war sie ein Feuer und spendete, wenn sie sich entzündet hatte, Licht; und wenn die Sonne brannte, bot sie das kühlende Nass von Tau. Zwischen diesen Rollen wechselte ihr Wesen [445] und vollzog seinen Tausch zusammen mit der Tageszeit. Aber trotz ihrer widersprüchlichen Beschaffenheit schuf sie mit ihren eigenen Gaben einen harmonischen Nutzen: Wenn sie blieb, blieben auch die Mannen; und wenn sie sich bewegte, folgten sie. Auch wenn sie auf göttliches Geheiß viele Tage lang am Himmel hing, wartete unter ihr der Heereszug in der ihm bestimmten Verschanzung ab.

[450] Diese Fürsorge Gottes zeigte sich häufig in den viermal zehn Jahren, während du, Jude,[202] durch die abgelegenen Weiten der Wüste liefst und der Marsch die Sandalen an deinen Füßen hart werden ließ, während deine Bekleidung ihre Fülle in all der langen Zeit ohne Abnutzung bewahrte und durch immer neue Weichheit die alte Substanz deines ehrwürdigen und doch beständigen Gewandes [455] ebenso langlebig wie unbeschadet war und während weiß schimmerndes Manna dem Volke seine heilige Speise bot und das Erdenland die Himmelsfrucht erblickte: Mithilfe dieser Himmelsfrucht sollte ein erhabenes Symbol[203] schon vorher ankündigen, es werde aus einem Mutterleib ohne Samen ein reiner Körper geboren, [460] und durch diesen solle, indem Gott von seinem Sitz in der Höhe über den heiligen Altar käme, das zur Nährung bestimmte Heil in unserer Speise Platz greifen. Im Zusammenhang mit diesem Zeichen brachte der Hohepriester auch, als er auf einen Fels schlug, seinem dürstenden Volke Schlücke von Quellwasser hervor. Du siehst ja, dass Christus als unerschütterlicher Fels Bestand hat – [465] er, der von der Lanze durchbohrt

porrexitque suis sacro de vulnere potum.
Hebraei interea laeti ducente columna
per terras gressu, per caelum visibus ibant.
Ecce iterum Phariis insedit mentibus ira,
et populus sine more ferox his vocibus armat
tandem postremos vicina morte furores:
»O nimium stultis inludens mentibus error
praestigiaeque satis nebulosa in fraude peractae!
Nonne pudet famulam nullo certamine gentem
sic inpune rapi? Quo numine praesule tanto
deseruit vacuas discedens accola terras?
Rura vacant, coeptis desistunt oppida muris.
Non solitum consurgit opus, non cultor in agris
exercet validos adtrito dente ligones.
Turbidus exactor siluit, nulloque tumultu
fervida consuetos repetunt suspendia census.
Quin potius sumptis exercitus inruat armis
inbellemque manum profugosque reducat alumnos!
Quos si servilis tantum succenderit ausus,
ut telis certare velint, mox occidat omnis
confusa cum plebe manus: Ferventibus armis
permixtae pereant confosso pectore matres,
uberibus iunctos configant spicula natos!
Prolem quisque suam cernens ante ora cadentem
oblatis optet iugulis succurrere mortem!
Orbatum nostros faciat libare dolores

reichen Strom darbot und aus der heiligen Wunde den Seinen ihren Trunk verschaffte.

Unterdessen gingen die Hebräer, froh darüber, dass die Säule sie führte,[204] mit ihren Schritten über die Erde, mit ihren Blicken über den Himmel. Siehe, da senkte sich wiederum Zorn in die Köpfe des Pharosstammes,[205] [470] und dieses wilde, ungesittete Volk rüstete sich mit folgenden Worten – sein Tod war schon nah – zu seiner endlich letzten Raserei: »O weh, was für eine Täuschung treibt da ihr Spiel mit unserer grenzenlosen Torheit, und was für ein Blendwerk ist da in diesem reichlich nebelhaften Trug zur Aufführung gelangt! Ist es vielleicht nicht beschämend, dass uns dieses Knechtsvolk kampflos [475] und so ganz ungestraft geraubt wird? Mit was für einer göttlichen Macht und Führung konnte dieser Anwohner[206] sich fortstehlen und die Ländereien zurücklassen? Die Landgüter liegen brach, und die Städte lassen ihr angefangenes Mauerwerk unvollendet stehen. Es wächst das Werk nicht wie gewöhnlich in die Höhe; kein Bauer setzt auf den Feldern die starken Hacken in Bewegung und lässt ihre Zähne dabei stumpf werden. [480] Der tobende Aufseher ist verstummt, und es gibt keinen Aufruhr, in dem wütende Martern die gewohnten Abgaben einfordern.[207] Ach, es soll doch lieber unser Heer mit Waffen über sie herfallen und soll die feige Schar von flüchtigen Nährkindern zurückführen! Und wenn ihre knechtische Dreistigkeit sie dann so sehr entflammt, [485] dass sie mit Waffen kämpfen wollen, dann soll sogleich ihre ganze Kriegerschar in einem mit dem übrigen Volke fallen: Dann sollen die Mütter ins hitzige Gefecht der Waffen geraten und mit durchbohrter Brust umkommen, und Pfeile sollen die an ihren Brüsten hängenden Säuglinge mit ihnen zusammenheften! Es soll ein jeder, wenn er den eigenen Spross vor seinen Augen hinsinken sieht, [490] seine Kehle darbieten und wünschen, dass der Tod ihm zu Hilfe eile! Möge seine allerletzte Bestimmung[208] dieses Volk von unseren Schmerzen kos-

ultima sors populum: Sic vivens omnia perdat,
tum pereat! Densa campi sub strage latentes
tristi committant inhumata cadavera caelo!
Inde ubi iam totos satiaverit ense furores,
thensauros revocet fugientes dextera victrix!«
Talibus excitas acuebant flatibus iras
inridente deo, solus qui dispicit omnem
conatum rigido meditantem vana tumore
consiliumque ducum cassato dissipat actu.
Ergo bella rogant: Fervens rapit arma iuventus,
spumantes ducuntur equi phalerisque potentes,
suspendunt alacres splendentia frena iugales.
Pugnax pompa nitet, subiectos curribus axes
aurato temone trahunt. Tum cetera pubes
induitur chalybe aut fulvo circumdatur aere.
Hi loricarum vasto sub tegmine gaudent,
intexit creber sibimet quas circulus haerens,
atque catenosi crepitant per corpora panni.
Ast aliis tenui concurrens lammina ferro,
qua se succiduas iunctim scandente per oras
flectitur adsuti cratis compacta metalli,
horrentes habitus diversa fecerat arte.
Et tamen ardentum cuncta inter tela virorum
terribilis plus forma fuit; quis namque furentes
spectet, quos laetos vix possit cernere vultus?
Inclusae galeis facies, et ferrea vestis
cinxerat iratas armorum luce tenebras.
Progreditur collecta manus. Rex ipse frementes
curru cogit equos. Telis tamen undique saeptus

ten lassen, wenn es seine Kinder verloren hat: So soll es lebend um alles kommen und danach selbst umkommen! Mögen die Felder, verborgen unter dichten Leichenhaufen, ihre toten Leiber unbestattet dem traurigen Himmel überlassen! [495] Und möge unsere siegreiche Rechte, sobald sie dann endlich all ihre Wut mit dem Schwert gesättigt hat, die flüchtigen Schätze zurückholen!« Mit solchem Schnauben verschärften sie ihren erregten Zorn noch weiter und wurden damit Gott zum Gespött; er allein durchschaut ja jeden Versuch, der sich in aufgeblasenem Starrsinn auf eitle Ziele richtet, [500] und lässt den Plan der Führer ins Leere laufen, indem er ihr Wirken null und nichtig macht.

Also verlangten sie Krieg: Ihre hitzige Jugend ergriff hastig die Waffen, schäumend wurden mächtige Rösser mit ihrem Zaumwerk vorgeführt, und glänzende Zügel hielten die erregten Gespanne zurück.[209] Kampfeslustig erstrahlte ihre Pracht, und [505] an vergoldeter Deichsel zogen sie die unter die Streitwagen gesetzte Achse. Dann kleidete sich die übrige Mannschaft in Stahl oder legte sich das rotgelbe Erz an. Die einen freuten sich unter der gewaltigen Hülle ihres Panzers, den eine Vielzahl in sich verschlungener Ringe über sie gelegt hatte, und an ihren Körpern klirrten die aus Ketten gefertigten Hemden. [510] Bei anderen aber hatten mit feinen Eisenfäden zusammenlaufende Metallplättchen (sie formten, indem sie sich an den aufeinanderfolgenden Kanten eng übereinander legten, ein festgefügtes Geflecht aus angenähtem Metall) ihren furchterregenden Rock mit ganz anderer Kunst verfertigt. Und doch war inmitten all der Waffen mehr die äußere Erscheinung dieser erhitzten Mannen [515] angsteinflößend; denn wer bekäme die Wut in Gesichtern zu sehen, in denen er auch eine gute Laune kaum erkennen kann? Ihr Antlitz war von einem Helm eingeschlossen, und das Eisenkleid hatte ihren finsteren Zorn mit dem Glanz einer Rüstung umgeben. Gesammelt schritt die Schar voran. Der König selbst zwang die wiehernden [520] Pferde vor seinen Wagen. Doch war er von allen Seiten mit Waffen um-

delituit; densam reddunt hastilia silvam.
Concutitur pulsata rotis et pondere tellus.
Angustavit humum latam stipata iuventus
conclusitque vias. Quidquid virtutis habere
Aegyptus potuit, totum mors proxima ducit.
Iunxerat interea, ponto qua Magdalus instat,
Hebraeus populus rubranti castra profundo
evasos credens securis mentibus hostes.
Dum resident fixoque parant requiescere vallo,
cernunt pulvereas in caelum surgere nubes.
Cunctatis primum mox agmina saeva patescunt;
non tamen infensas patitur conmittere partes
sole sub occiduo vicinus proelia vesper.
Distulit in lucem vallatus bella tyrannus;
et fors ardentes nondum conpesceret iras,
nec servare furor potuisset foedera nocti
auroramque velit motis praecedere signis,
flammea ni retro subsistens forte columna
obiectu medio gentes discerneret ambas.
Contemplans rex ipse tamen mirabile lumen
sic ignem metuit, quod sensu fervidus ardet.
Paulatimque mori non profuit: Itur ad unam,
quae claudat cunctas pelago pandente, ruinam.
Plebs trepidat conclusa loco finemque sequenti
expectat pavefacta die, non tela nec ullas
bellorum molita vices, sed voce levata
vatibus insistens: »O terque quaterque beati,
Aegyptus quos morte tulit tellure vel ampla

schlossen und verborgen; die Speere bildeten einen dichten Wald. Durch den Aufprall der Räder und ihrer Last wurde die Erde erschüttert. Die dicht gedrängte Schar junger Männer machte das weite Land enger und versperrte die Straßen. Was Ägypten nur an Tapferkeit aufzubringen [525] vermochte, all das nahm der nahe bevorstehende Tod unter seine Führung.

Unterdessen hatte das Hebräervolk dort, wo Magdalus an die See angrenzt,[210] sein Lager unmittelbar an den roten Tiefen des Meeres aufgeschlagen und glaubte unbesorgten Sinnes die Feinde hinter sich. Während sie verweilen und durch die Errichtung eines Walls Ruhe finden möchten, [530] sehen sie Wolken von Staub zum Himmel steigen. Nachdem sie zunächst schwanken, tritt ihnen bald der wutschnaubende Heereszug[211] offen vor Augen; dass jedoch die verfeindeten Lager sich eine Schlacht liefern, das lassen die untergehende Sonne und der nahe Abend nicht zu. Der Tyrann hinter seiner Verschanzung schob den Krieg bis zum nächsten Tageslicht auf; [535] und vielleicht hätte er seinen glühenden Zorn nicht im Zaume halten können, und seine Wut hätte es nicht vermocht, die der Nacht geschuldete Waffenruhe einzuhalten, ja wäre am liebsten aufgebrochen und der Morgendämmerung zuvorgekommen, wenn nicht gerade da die Flammensäule rückwärts zum Stehen gekommen wäre und durch ihr Dazwischentreten die beiden Völker voneinander geschieden hätte.

[540] Doch als der König selbst das wundersame Licht betrachtete, war seine Angst vor dem Feuer ebenso groß wie die Glut der Begierde in seinem Sinn. Das schrittweise Sterben hat nichts genützt: Es geht auf den einen Sturz zu, der mit der Öffnung des Meeres die ganze Reihe zum Abschluss führt. Eingeschlossen an seinem Ort zittert das Gottesvolk, und [545] eingeschüchtert erwartet es für den folgenden Tag sein Ende; es bereitet nicht seine Waffen oder das Kriegsgeschehen vor, sondern bedrängt mit erhobener Stimme seine Propheten: »Ach, ihr dreimal und viermal Gesegneten, die Ägyptenland im Tode dahingerafft hat oder denen es

urnam defunctis suprema sorte paravit!
Digni, qui tantos nequeant sentire dolores
nec stragem prolis vel pignora capta videre.
Alitibus nos esca dati nec sede sepulchri
condita deserto solvemur corpora vasto.«
Talia voce viri. Respondit luctibus omne
vulgus, et accenso persultat turba tumultu.
Tum sancti coepere duces promissa referre
solarique metum fletusque abstergere dictis:
»Quaesumus, ingratos deponite mente timores
experti multum, nec desperanda putetis,
quae tantis spondent caelestia munera signis!
Infidisne potest elabi cordibus umquam
Aegyptus tot caesa malis interque flagella
subcumbens, quae sensit humus, vos cunctaque vestra
adflicti regno salvos vixisse sub hostis?
Quid de transactis dicatur? Nempe videtis,
ut mediatricis curet tutella columnae,
ne quid ab adversa liceat nos fraude vereri.
Quin magis erectas firma spe tollite mentes!
Ultima namque dies defixa est crastina genti,
quae nunc bella crepans sumptis confidit in armis.
Non sic pugna foret, nec telis tela feretis
obvia, nec vestro vobis sudore triumphus
hac vice proveniet: Caeli pugnabitur ira,
qua vobis placido peragentur proelia nutu.«
Talibus intenti vates deiecta levabant
corda virum, sancta sedantes voce timorem.

zu ihrer letzten Bestimmung eine Urne in der weiten Erde gespendet hat! [550] Verdientermaßen bleibt es ihnen erspart, solche Schmerzen zu verspüren und die Vernichtung ihrer Sprösslinge oder die Gefangennahme der geliebten Kinder ansehen zu müssen. Wir aber sind den Vögeln zum Fraße preisgegeben und werden ohne festes Grab mit unserem Körper in den Weiten der Wüste der Auflösung anheimfallen.« Solches sprachen die Männer. Alles Volk fiel in ihre Klage [555] ein, und in hitzigem Aufruhr ertönte die Menge.

Da fingen ihre heiligen Führer an, Versprechungen abzugeben, ihrer Furcht Trost zuzusprechen und mit Worten die Tränen zu trocknen: »Wir bitten euch, ihr Vielerfahrenen: Legt aus eurem Sinn die undankbare Furcht ab, und glaubt nicht verloren geben zu müssen, [560] was uns die Gaben des Himmels mit so bedeutenden Zeichen versprechen! Kann es jemals euren ungläubigen Herzen entfallen, wie Ägyptenland von so vielen Plagen geschlagen wurde und unter den Geißeln, die sein Boden verspürte, in die Knie ging; ja, dass ihr und alles, was euch gehört, unter der Herrschaft eines niedergebeugten Feindes unbeschadet weiterleben durftet?[212] [565] Wozu von Vergangenem sprechen? Ihr seht doch wohl, wie die Säule als Mittlerin[213] durch ihren Schutz dafür sorgt, dass wir von der Tücke der Feinde nichts zu fürchten haben. Ja, vielmehr richtet eure Sinne in unerschütterlicher Zuversicht empor! Denn der morgige Tag ist dem Volke als letzter bestimmt, [570] das heute seinen Kriegslärm erhebt und auf die von ihm ergriffenen Waffen baut. Nicht so wird der Kampf sich vollziehen, nicht Waffen gegen Waffen werdet ihr tragen, und nicht aus eurem Schweiß wird sich euch diesmal der Siegeszug anbahnen: Vom Zorn des Himmels wird der Kampf geführt, der mit sanftem Wink alle Schlachten für euch schlagen wird.« [575] Mit solchen Worten munterten die eifrigen Propheten die verzagten Herzen ihrer Mannen auf, und mit heiliger Stimme nahmen sie ihnen die Angst.

At pontum validus ferventi flamine ventus
urebat tota consumens nocte profundum,
contra naturam genitor dum fulminat undas,
ardet et adflatus percusso in gurgite fluctus.
Iam matutinum pervenerat horrida tempus
vix acies, primosque nitens aurora rubores
spargebat mundo, taetris cum protenus omnes
erumpunt castris, fremit undique mota iuventus.
At pavidae plebis postquam pervenit ad aures
clangentisque tubae percussit pectora terror,
arripiunt carpuntque viam, qua proxima ponti
litora sollicitant rubro nudata liquore.
Ut summas pelagi populus pervenit ad oras,
cessit confestim ducti reverentia fluctus
expanditque viam, cui terram clauserat hostis.
Machina, pendentis struxit quam scaena liquoris,
frenatas celso suspenderat aere lymphas.
Adgreditur medium fugiens vincensque sequentes
gens electa dei, figens vestigia terris
in regione maris. Calcantur saxa profundi,
conterit et nudum percurrens orbita limum.
Torridus adspectum scissis sol inserit undis
ignotamque novo contingit lumine terram:
Longior et radius spatium descendere tantum
certavit fessumque iubar vix impulit imis.
Credidit exclusos primum fluctuque repulsos
inque fugam versos Pharius dare terga tyrannus.
Praecipitare moras tali iubet agmina verbo:
»Ecce iterum fugitiva cohors pendentia bella

Ein kräftiger Wind aber trocknete die ganze Nacht hindurch mit glutheißer Luft das Meer aus und zehrte die Tiefen des Wassers auf; entgegen der Natur schleuderte zur gleichen Zeit der Schöpfer Blitze auf die Wogen, und in dem erschütterten Abgrund stand die windgepeitschte Flut in Flammen. Kaum war nun das grausige Flammenheer bis zur Morgenstunde vorgerückt und die glänzende Morgenröte streute ihre erste Röte aus, da brachen alle Ägypter sogleich aus ihrem abscheulichen Lager hervor, und auf allen Seiten brüllte die aufgeregte Schar junger Männer. Aber nachdem der Schrecken der schmetternden Trompete an das Ohr des eingeschüchterten Gottesvolkes gedrungen war und seine Herzen erschüttert hatte, schlugen sie eilig den Weg ein, auf den sie ein Küstenstreifen ganz nahe am Meer einlud, der sein rotes Wasserkleid schon abgelegt hatte. Sobald das Volk zum Meeresrand gelangt war, wich sogleich in Ehrfurcht die Flut, zog sich zurück und breitete einen Weg für das Volk aus, dem der Feind das Land versperrt hatte. Ein Gerüst, aufgebaut mit einer Szenerie hangender Flüssigkeit, hatte die Wasser zurückgehalten und hoch oben in den Lüften festgeknüpft.[214] Das erwählte Volk Gottes beschritt den Weg in der Mitte; es floh und überwand zugleich seine Verfolger und setzte seinen Fuß auf das Land im Meeresgebiet. Sie stampften auf den Fels am Meeresgrund, und ihre Wagenbahn durchlief den freigelegten Schlamm. Die dörrende Sonne richtete ihren Blick zwischen die gespaltenen Wogen und berührte das unbekannte Stück Erde mit ungewohntem Licht. Ihr längerer Strahl mühte sich, eine so große Strecke hinabzureichen und vermochte es kaum, seinen ermatteten Glanz in die Tiefen vorzutreiben.

Der Tyrann von Pharos[215] glaubte zunächst, ihnen sei der Weg abgeschnitten, und sie würden ihm, durch die Flut zurückgedrängt und zur Flucht bestimmt, den Rücken zuwenden. Mit solchen Worten gab er seinem Heereszug Befehl, dem Verweilen rasch ein Ende zu machen: »Seht, wie sich dieser Flüchtlingstrupp

deserit auxilioque pedum confisa recedit:
Vos armis premite et clausis insistite tantum,
cetera pontus aget.« Vix haec perdixerat: Illi
prosiliunt cursuque ruunt adtingere litus.
Ut venere, vident arentis vasta profundi
insolitam praebere viam pansoque recessu
ceu trepidas fugisse piis calcantibus undas;
hos quoque per siccum tutos descendere callem,
securos pelagi atque sui, non arma nec ipsum
formidare satis patientem vincula pontum.
Substitit ad modicum restrictis motibus agmen,
frenaque suspensos tenuerunt ducta iugales.
Atque aliquis, cui vel tenuem permota calorem
tunc scintilla dabat cordis, sic forte locutus:
»Quis deus a prisco detorquet cardine mundum
lege nova mutatque vices et condita turbat?
Nam si servatur rebus natura creatis,
monstriferae quae causa viae? Quid denique restat,
si mare transitur gressu, nisi navibus arva
sulcentur caelumque suo decurrat ab axe,
in superos inferna levent, plaga fervida caeli
algeat, adflatam succendat scorpius ursam,
haec nisi confusus rerum subverterit ordo?
Non duce me quisquam siccum descenderit aequor:
Sit suspecta mihi quae semita dirigit hostem!

schon wieder dem drohenden Krieg entzieht und im Vertrauen auf die Hilfe seiner Füße zurückweicht: Setzt ihr ihnen nur mit Waffen zu, und bleibt ihnen auf den Fersen, das Übrige wird das Meer schon richten.« Kaum hatte er diese Worte zu Ende gesprochen, da stürzten seine Mannen hervor und preschten im Laufschritt voran, um die Küste zu erreichen. Sobald sie dahin gekommen waren, sahen sie, dass die Weiten des trockengelegten Meeresgrundes einen ganz neuen Weg boten und dass die Wogen durch einen Rückzug auf breiter Front gleichsam ängstlich vor den Tritten der Gottesfürchtigen geflohen waren; ja, dass diese ferner auf dem trockenen Pfade sicher hinabstiegen und, unbekümmert um das Meer oder sich selbst, weder vor den Waffen sich sonderlich fürchteten noch vor der geduldig ihre Fesseln ertragenden See.

Einen kurzen Augenblick hielt der Heereszug in seiner Bewegung inne und kam zum Stehen, und die angezogenen Zügel hielten seine Gespanne in vollem Lauf an. Und da traf es sich, dass einer, dem sich in diesem Augenblick ein Funke in seinem Verstande regte und dort eine, freilich nur schwache, Wärme entfaltete, in dieser Weise sprach:[216] »Welcher Gott hebt die Welt durch ein neues Gesetz aus ihren alten Angeln, vertauscht ihren Ablauf und bringt die bestehende Einrichtung durcheinander? Denn wenn der Schöpfung ihre natürliche Ordnung bewahrt bliebe, welchen Grund gäbe es da für einen so ungeheuren Wunderweg? Wenn man nun schon das Meer zu Fuß durchschreitet, was fehlt dann am Ende noch, außer dass Ackerland von Schiffen durchpflügt würde, der Himmel von seiner Achse herabkäme, die Unterwelt sich zur Oberwelt erhöbe, die heiße Himmelszone zu frieren begänne und der Skorpion den Bären anwehte und entflammte, kurz, außer dass eine gestörte Weltordnung mit alldem einen Umsturz herbeiführte?[217] Unter meiner Führung jedenfalls würde niemand zu dem trockenen Meeresboden hinabsteigen: Verdächtig soll mir ein Pfad sein, der unseren Feind leitet!

Nam si bella velit librans aequalia numen,
obice servata fugitivum clauserat agmen.
Nunc abeant, tantumque vagos sua monstra sequantur,
nec satis amplectar, scissum circumvenit alte
quod pelagus nudo celans discrimina fundo!«
Excipit haec ardens cum seditione tumultus,
instantisque latens urget sententia leti.
Vicerat aequoream pedibus plebs inclita vallem,
gurgitis et vacui conexa volumina linquens
post baratrum superas scandebat litore terras.
Effertur nigri dux agminis, et Pharaonem
ira subit proprio vocitatum nomine Cencren.
Arripiunt pariter reserati concava ponti
invaduntque viam. Quid non furor audeat amens?
Hinc equitum pars agmen agit, pars inde citatis
ire iubet stimulis rapidas super arva quadrigas.
Ut medium venit frendens equitatus in aequor,
accusatque moras tam lati gurgitis ardens
ira virum, tremit artato pars altera mundo.
Tum per sublimem splendenti nube columnam
de caelo vox missa tonat, verbique superni
interpres sanctum conpellans nomine Moysen:
»Venit«, ait, »tempus, mea quo mandata probentur.
Aegypto iam finis erit, iam clade suprema
tot castigatam vicibus sententia gentem

Denn wollte die Gottheit durch gerechtes Wägen ein Gleichgewicht des Krieges, dann hätte sie den Meeresriegel beibehalten und den Flüchtlingszug eingeschlossen. Nun sollen sie fortgehen, die heimatlosen Wanderer, und nur ihre ungeheuren Wunderzeichen sollen ihnen folgen; ich aber will mir gar nicht ausmalen, was die gespaltene See tief drunten an Fallen stellt [635] und an Gefahren auf ihrem nackten Grunde birgt.« Diese Worte nahm die hitzige Menge mit einem Sturm der Entrüstung auf, und das noch verborgene Urteil ihres bevorstehenden Todes trieb sie weiter vor sich her.

Das ruhmreiche Gottesvolk hatte mit seinen Füßen das Meerestal bezwungen. Es ließ die festgebundenen Wellen des leeren Abgrundes hinter sich [640] und war gerade dabei, nach diesem Schlund am Gestade zu den Gefilden der Oberwelt hinaufzusteigen. Da gerät der Führer des schwarzen Heereszuges[218] außer sich, und Zorn überkommt diesen Pharao, der sich mit eigenem Namen Cencres nennt.[219] Alle zugleich stürzen sich die Ägypter in den Hohlraum des geöffneten Meeres und beschreiten den Weg. Zu welchen Wagnissen wäre kopflose Wut wohl nicht bereit? [645] Hier setzt ein Teil die Reiterei in Bewegung, dort lässt ein anderer Teil mit schnellen Gertenschlägen die ungestümen Streitwagen über die trockenen Gefilde laufen. Als die Reiterei schnaubend die Mitte der Meeresfläche erreicht hat und der hitzige Zorn der Männer sich über die Verzögerung durch einen so ausgedehnten Abgrund beschwert, zittert die Gegenpartei, weil ihr der Platz auf der Welt eng geworden ist.

[650] Da ertönt durch die erhabene Säule aus glänzendem Wolkendunst vom Himmel herab eine Stimme, ruft als Vermittler des himmlischen Wortes den heiligen Moses bei seinem Namen und spricht: »Gekommen ist die Zeit, da meine Verheißungen sich als wahr erweisen sollen: Mit Ägypten wird es nun zu Ende sein; nun wird mein Urteil [655] das schon so viele Male gezüchtigte Volk mit einer letzten Niederlage strafen und bezwingen.

puniet expugnans: Ensis, succede flagellis!
Tu modo divisum virga iam percute fluctum,
atque reducta suos adsumant aequora vultus!«
Ille genu fixo siccati marginis oras
et litus, cui fluctus abest mox iussus, ut adsit,
percutit insigni credens mysteria ligno.
Hinc subitus crepitare fragor, tonat undique circum
lympha ruens, primumque illic conmittitur unda,
qua monstrabat iter Phario sors ultima regi.
Postquam clausa via est fluctusque rebellat eunti,
paenitet intrati iam gurgitis, et fuga serum
molitur reditum: Trepidae dant terga cohortes
armaque proiciunt. Pontus fugientibus instat
occurritque sequens: Perit undique circumiectus
decurrentis aquae laxatis murus habenis.
Ille ferus semper, iam mitis morte sub ipsa:
»Non haec humanis cedit victoria bellis.
Expugnamur«, ait, »caeloque evertimur hoste.
Effuge quisque potes, victusque evade, satelles,
nec iam tela deo conatibus ingere cassis!«
O si conpunctas humana superbia mentes
ante obitum mutare velit! Quid denique prodest
tunc finem posuisse malis, cum terminus urget,
praesentis vitae spatium dum ceditur aevo?
»Confitearis«, ait, »sanus« scriptura »valensque!«
Si tunc peccatum quisquam dimittere vovit,
cum peccare nequit, luxu dimittitur ipse.
Ergo exaltatis pendens sustollitur undis

Schwert, löse die Geißeln ab![220] Du aber rühre nur mit deinem Stab an die geteilte Flut, und das Meer soll zurückkehren und sein eigentliches Antlitz zurückerhalten!« Jener sinkt in die Knie und schlägt im Glauben an die Geheimnisse Gottes mit dem bedeutenden Holze auf den ausgetrockneten Uferrand [660] und die Küstenlinie:[221] Noch fehlen ihr die Fluten, doch sollen sie auf sein Geheiß bald wieder kommen. Darauf bricht ein plötzliches Krachen los, auf allen Seiten erdröhnt das stürzende Wasser. Zuerst schlagen die Wogen dort zusammen, wo seine allerletzte Bestimmung dem König von Pharos[222] den Weg wies. [665] Als der Weg versperrt ist und die Flut sich gegen seinem Fortgang auflehnt, reut es ihn, dass er den Abgrund betreten hat; zu spät lässt seine Flucht den Rückzug beginnen: Ängstlich kehren seine Kohorten dem Feind den Rücken zu und werfen ihre Waffen von sich. Das Meer bedrängt die Fliehenden hart; es kommt von vorne auf sie zu und setzt ihnen nach: Die Mauer [670] aus herabschnellendem Wasser, die sie von allen Seiten umgibt, stürzt mit dem Lösen der Zügel ein. Jener, sonst stets wild und nun, unmittelbar vor seinem Tode, sanft geworden, spricht: »Dieser Sieg fällt nicht menschlicher Kriegführung zu. Der Himmel ist unser Feind: von ihm werden wir bezwungen und vernichtet.[223] Fliehe, wer kann! Gib dich geschlagen und weiche, mein Gefolge! [675] Richte nicht mehr die Waffen gegen Gott in vergeblichem Bemühen!«

Ach, wenn doch die Hochmut der Menschen noch vor dem Tode willens wäre, reumütig ihren Sinn zu wandeln![224] Was nützt es schließlich, erst dann seinen Fehlern ein Ende zu setzen, wenn das Lebensende herandrängt und die gegenwärtige Lebensfrist der Ewigkeit überantwortet wird? [680] »Beichte«, spricht die Schrift, »solange du gesund und lebenskräftig bist!«[225] Wenn jemand erst dann gelobt, sich von der Sünde zu lösen, wenn er nicht mehr sündigen kann, dann wird er von seiner sündhaften Gier selbst unerlöst entlassen.

Also wird die Phalanx der Ägypter von den aufgetürmten Wo-

mox mergenda phalanx: Lympharum monte levata
pondere telorum premitur, fundoque tenaci
indutum revehunt morientia corpora ferrum.
Pars exarmatis cum primum libera membris
inplicuit nantes miseris conplexibus artus;
auxilio decepta perit pariterque tenentes
alterno sub fasce ruunt nexique necantur.
Ast alii, lassata diu dum brachia iactant,
incurrunt enses iaculisque natantibus haerent,
concolor et rubro miscetur sanguine pontus.
Quin et conspicuus princeps Memphitidis aulae,
candentes ducens nigro rectore iugales,
inspector cladis propriae gentisque superstes
ultimus ingressis per currum naufragat undis.
Bella vacant pugnante salo, vincitque quietus
Israhel solo peragens certamina visu.
Tum vallis conpleta perit, fluctuque reverso
ducitur extentum planati gurgitis aequor.
Litore iactantur tum taetra cadavera toto,
exposuitque suum pelagus super arva triumphum.
Inclitus egregium sollemni carmine ductor
describit factum, toto quod psallitur orbe,
cum purgata sacris deletur culpa fluentis,
emittitque novam parientis lympha lavacri
prolem post veteres, quos edidit Eva, reatus.

gen emporgetragen und hängt obenauf, um bald darauf versenkt zu werden: Durch das Wassergebirge hinaufgehoben wird sie vom Gewicht ihrer Waffen hinabgedrückt; das Eisen, mit dem die sterbenden Leiber angetan sind, zieht sie auf den zähen Grund zurück. Zum Teil verstricken sie ihre Gliedmaßen, sobald sie diese Glied für Glied von den Waffen gelöst und befreit haben, bei den Schwimmbewegungen untereinander in unglückliche Umschlingungen; in der Hoffnung auf Hilfe getäuscht gehen sie zugrunde, stürzen aneinander geklammert unter der Last des anderen in die Tiefe und bringen sich durch ihre Umklammerung gegenseitig um. Andere aber treiben, während sie mit ihren erschöpften Armen rudern, in Schwerter hinein und bleiben an umherschwimmenden Wurfspießen hängen, und das gleichfarbige Meer mischt sich mit ihrem roten Blut. Ja, auch der strahlende Fürst des Hofes von Memphis, der seine weißen Gespanne durch einen schwarzen Lenker führen lässt, erleidet – ein Betrachter seiner eigenen Niederlage und letzter Überlebender seines Volkes – mit seinem Streitwagen Schiffbruch in den Wogen, in die er hineinfuhr.[226] Sein Kriegsheer bleibt ohne Beteiligung, weil das Meer als Kämpfer dafür eintritt: Friedsam siegt Israel und vollführt das Streiten allein mit seinem Blick.[227] Da füllt sich das Tal wieder und verschwindet; darüber zieht sich mit der Rückkehr der Wogen die ausgedehnte Fläche der geglätteten Flut. An der gesamten Küste werden da die abscheulichen Leichen ausgeworfen, und die See hat ihren Triumph über das Land zur Schau gestellt.

Der ruhmreiche Führer schildert diese außerordentliche Tat in einem feierlichen Gesang,[228] der auf dem ganzen Erdkreis angestimmt wird, wenn durch die heiligen Ströme die Schuld abgewaschen und getilgt wird, und wenn das Wasser der lebensspendenden Taufe nach den alten Sünden, die Eva hervorgebracht hat, neue Nachkommenschaft entspringen lässt.[229] Von dieser hat

De qua sermonem praemisso carmine sumpsit,
luctificos replicat tenuis dum pagina lapsus.
Si quid triste fuit, dictum est quod paupere versu,
terserit hic sacri memorabilis unda triumphi,
gaudia quo resonant, crimen quo tollitur omne
per lavacrum vivitque novus pereunte veterno;
quo bona consurgunt, quo noxia facta necantur,
Israhel verus sacris quo tingitur undis;
consona quo celebrat persultans turba tropaeum,
quo praecurrentes conplentur dona figurae:
Quas pius explicuit per quinque volumina vates,
nosque tubam stipula sequimur numerumque tenentes
hoc tenui cumbae ponemus litore portum.

mein bescheidenes Blatt im vorangehenden Gedicht gesprochen, während es die trauerstiftenden Fehltritte neu aufrollte.[230] Wenn da etwas Betrübliches war, von dem in meinen armseligen Versen berichtet wurde, dann wird dies nun die denkwürdige Woge des heiligen Triumphes fortgewischt haben. Von diesem Triumph hallen unsere Freudengesänge wider, durch ihn wird in der Taufe jegliche Sünde aufgehoben und lebt ein neuer Mensch durch Untergang des alten; durch ihn erstehen die guten Taten, durch ihn werden die sträflichen abgetötet und durch ihn wird das wahre Israel in die heiligen Wasser getaucht;[231] durch ihn feiert die Menge jubelnd im Zusammenklang das Siegeszeichen, und durch ihn erfüllen sich die Zeichen, welche den Gnadengaben als Vorläufer vorangingen:[232] Die Geschichte dieser Zeichen hat der fromme Prophet in fünf Büchern ausgebreitet. Und wir folgen seiner Trompete mit der Rohrpfeife,[233] behalten die Anzahl bei und werden für unseren bescheidenen Kahn an dieser Küste hier einen Hafenplatz anlegen.

Prologus

Domino sancto in Christo piissimo et beatissimo Apollinari episcopo Alcimus Ecdicius Avitus frater.

[1] Nuper quidem paucis homiliarum mearum in unum corpus redactis hortatu amicorum discrimen editionis intravi. Sed adhuc te maiora suadente in coturnum petulantioris audaciae durata fronte procedo. Iniungis namque, ut si quid a me de quibuscumque causis metri lege conscriptum est, sub professione opusculi vestro nomini dedicetur. Recolo equidem nonnulla me versu dixisse: adeo ut, si ordinarentur, non minimo volumine stringi potuerit epigrammatum multitudo.

[2] Quod dum facere servato causarum vel temporum ordine meditarer, omnia paene in illa notissimae perturbationis necessitate dispersa sunt. Quae quoniam singillatim aut requiri difficile, aut inveniri inpossibile foret, abieci ea de animo meo, quorum mihi vel ordinatio salvorum, ne dicam dispersorum reparatio, dura videretur.

[3] Aliquos sane libellos apud quendam familiarem meum postea repperi. Qui licet nominibus propriis titulisque respondeant, et alias tamen causas inventa materiae opportunitate perstringunt.

Widmungsbrief

Den heiligen Herrn in Christo, den überaus frommen und gesegneten Bischof Apollinaris, grüßt sein Bruder Alcimus Ecdicius Avitus.[234]

[1] Zwar habe ich mich neulich, nachdem ich einige meiner Predigten zu einer Sammlung zusammengestellt hatte, der Ermunterung meiner Freunde folgend auf das Wagnis einer Ausgabe eingelassen. Aber da Du mir darüber hinaus zu noch bedeutenderen Unternehmungen rietst, habe ich mich gewappnet und schicke mich zu einem noch kühneren und waghalsigeren Auftritt an.[235] Du stellst mir nämlich die Aufgabe, dass ich Dir alles, was von mir, zu welchen Themen auch immer, in gebundener Sprache geschrieben wurde, im Rahmen einer kleinen Veröffentlichung namentlich zueignen solle. Ich erinnere mich in der Tat daran, einiges in Versen verfasst zu haben, und zwar so viel, dass sich diese Vielzahl epigrammatischer Gedichte,[236] wenn sie in eine Abfolge gebracht würden, in keinem ganz kleinen Bande vereinigen ließe.

[2] Während ich mich mit dem Gedanken trug, dies unter Wahrung der thematischen und zeitlichen Anordnung zu bewerkstelligen, ist alles in der Not jener nur allzu bekannten Wirren zerstreut worden.[237] Da das Aufsuchen beziehungsweise das Finden dieser Gedichte im Einzelnen schwierig oder unmöglich wäre, habe ich den Gedanken daran aufgegeben; denn schon das Anordnen der erhaltenen Gedichte erschien mir mühsam, von der Wiederherstellung der verlorenen ganz zu schweigen.

[3] Einige Büchlein immerhin habe ich später bei einem meiner Freunde wiedergefunden: Obwohl sie ihren jeweiligen Überschriften und Titeln inhaltlich entsprechen, berühren sie trotzdem, wenn das Thema Gelegenheit dazu bot, auch andere Stoffe.

Hi ergo, quia iubes, etsi obscuri sunt opere meo, tuo saltem nomine inlustrabuntur.

[4] Quamquam quilibet acer ille doctusque sit, si religionis propositae stilum non minus fidei quam metri lege servaverit, vix aptus esse poemati queat; quippe cum licentia mentiendi, quae pictoribus ac poetis aeque conceditur, satis procul a causarum serietate pellenda sit. In saeculari namque versuum opere condendo tanto quis peritior appellatur, quanto elegantius, immo, ut vere dicamus, ineptius falsa texuerit.

[5] Taceo iam verba illa vel nomina, quae nobis nec in alienis quidem operibus frequentare, ne dicam in nostris conscribere licet: quae ad conpendia poetarum aliud ex alio significantia plurimum valent. Quocirca saecularium iudicio, qui aut inperitiae, aut ignaviae dabunt non uti nos licentia poetarum, plus arduum quam fructuosum opus adgressi divinam longe discrevimus ab humana existimatione censuram. Quoniam in adserendis quibuscumque rebus vel etiam, prout suppetit, explicandis si quacumque ex parte peccandum est, salubrius dicenti clerico non impletur pompa quam regula et tutius artis pede quam veritatis vestigio claudicatur.

Da Du auf ihre Veröffentlichung dringst, werden diese Büchlein nun, wenn sie auch, was meine dichterische Leistung anbetrifft, unbedeutend sind, wenigstens durch Deinen Namen ihren Glanz erhalten.

[4] Freilich mag jemand noch so geistreich und gelehrt sein: Wenn er die Darstellung unserer religiösen Überzeugungen ebenso genau nach den Gesetz des Glaubens wie nach dem Gesetz der Versdichtung ausführte, dann könnte er einem solchen Dichtwerk dennoch kaum gerecht werden; denn die Freiheit, sich eine Lüge auszudenken, die Malern und Dichtern[238] in gleicher Weise zugestanden wird, ist von so ernsten Gegenständen ganz weit fernzuhalten.[239] Bei der Abfassung einer weltlichen Versdichtung wird einem ja bekanntlich umso größere Vollendung zugeschrieben, je gewandter oder, um die Wahrheit zu sagen, je unpassender man seine falschen Geschichten zusammengefügt hat.

[5] Ich will nun nicht auf jene Worte oder Namen eingehen, die wir weder in fremden Werken suchen, geschweige denn in unseren eigenen verwenden dürfen; Worte nämlich, die, indem sie eine Sache durch eine andere bezeichnen, für die konzentrierte Ausdrucksweise der Dichter besonders nützlich sind.[240] Nach dem Urteil meiner weltlichen Leser, die es als fehlendes Können oder fehlendes Bemühen auslegen werden, dass ich von der Freiheit der Dichter keinen Gebrauch mache, habe ich daher zwar ein eher mühseliges als lohnendes Werk in Angriff genommen; doch stelle ich dabei göttliches Urteil weit über menschliche Einschätzung. Denn wenn es unvermeidlich ist, dass man sich bei der Darlegung irgendeines Gegenstandes oder, wo es in Frage kommt, bei seiner Erklärung in der einen oder anderen Hinsicht Fehler zuschulden kommen lässt, dann ist es für das Heil eines geistlichen Dichters besser, auf poetische Prachtentfaltung zu verzichten als auf die Einhaltung seiner Glaubensregel, und sicherer, an dem Fuße seines dichterischen Könnens zu hinken als einen Schritt von der Wahrheit abzugehen.

[6] Non enim est excusata perpetratione peccati libertas eloquii. Nam si pro omni verbo otioso, quod locuti fuerint homines, rationem redhibere cogentur, agnosci in promptu est illud periculosius laedere, quod tractatum atque meditatum, anteposita vivendi legibus loquendi lege, praesumitur.

[6] Die Freiheit dichterischen Ausdrucks ist nämlich keine Entschuldigung für das Begehen einer Sünde. Denn wenn die Menschen dereinst für jedes unnütze Wort, das sie ausgesprochen haben, werden Rechenschaft ablegen müssen,[241] dann ist es jedem leicht einsichtig, dass ein riskanterer Regelverstoß von demjenigen Wort ausgeht, welches man sich mit Vorsatz und voller Absicht herausnimmt, weil man dem Gesetze sprachlichen Ausdrucks den Vorzug vor den Gesetzen der Lebensführung gibt.

Avitus episcopus viro illustrissimo Apollinari.

[1] Diu est, si aut verbo meo creditis aut de affectu mutuo digna sentitis, quod litteras alicuius vestri sumere desiderans plus tamen officii mei offerre cupiebam, quaeque in persona vestra dilectioni primum, deinde necessitudini, ad ultimum etiam dignitati a me debentur, non semper occasionibus commeantum solvenda committere.

[2] Quia licet et ipsa nobis opportunitas portitorum propter frequentiam debeat esse votiva, necesse est tamen, ut illa sollicitudo praecellat, quae se appetitu proprio sine interventu alienae necessitatis insinuat.

[3] Huius obsequii me obnoxium sciens intercludi redhibitionem iustam, iniusta obstaculi praepediente obice, iam dudum tacitus ingemiscebam. Pervenerat quippe non ad notitiam tantummodo, sed ad maestitiam nostram dispositi fumus incendii, quod sanctae ac simplici innocentiae vestrae velut de effetis cineribus coniuratio procellosa ventis mendacibus sufflans in cassum movere temptaverat.

[4] Ob quam causam verebamur anxietatis vestrae sarcinam voto libaminis adgravare et maeroris augmentum pro consolatione transmittere. Sub huius ergo ambiguitatis nubilo confusa expectatione pendentibus litteras vestrae serenitatis pristinae pietatis expertas inopinanti mihi deus obtulit. Recognovi illic, qua satis

Brief an Apollinaris[242]

Avitus grüßt den hocherlauchten Senator Apollinaris.[243]

[1] Es ist (wenn Ihr meinen Worten Glauben schenkt oder die richtige Vorstellung von unserer gegenseitigen Zuneigung habt) schon lange so, dass ich, obwohl ich mich danach sehnte, von einem von Euch einen Brief zu erhalten, trotzdem meiner Pflicht noch besser Genüge zu tun wünschte und nicht immer nur bei Gelegenheit einem Reisenden die Erfüllung dessen zu überlassen, was ich Euch schuldig bin: und zwar einmal meinen freundschaftlichen Gefühlen für Euch, dann unserem Verwandtschaftsverhältnis und schließlich auch Eurem Rang.

[2] Denn obwohl uns auch für sich genommen die Möglichkeit, Briefüberbringer zu nutzen, wegen ihrer Häufigkeit wünschenswert sein muss, ist es doch notwendig, dass dasjenige Bemühen ein Übergewicht besitzt, das sich aus eigenem Antrieb und ohne den Anlass einer äußerlichen Notwendigkeit einstellt.

[3] Da ich darum wusste, dass ich diese Pflicht zu erfüllen hatte, habe ich schon lange immer wieder still darüber geklagt, dass mir deren Erfüllung durch ungerechtes Aufbauen von Hindernissen verwehrt wurde. Denn nicht nur zu meiner Kenntnis, sondern auch zu meiner Betrübnis war der Rauch eines hinterhältigen Brandes herübergekommen, den eine stürmische Verschwörung gegen Eure heilige und arglose Unschuld vergeblich zu entflammen versucht hatte, indem sie mit lügenhaften Winden hineinblies.

[4] Aus diesem Grund fürchtete ich, die Last Eurer Besorgnis durch das Verlangen nach einer Gegengabe zu vergrößern und anstelle von Trost zusätzlichen Kummer zu übermitteln.[244] Wie ich also mit unbestimmten Erwartungen unter der Wolke dieser Unentschlossenheit schwebte, überbrachte Gott mir unerwartet einen Brief Eurer erlauchten Heiterkeit,[245] der von dem Geist unserer alten Verbundenheit erfüllt war. Darin habe ich zu meiner

delectatus sum, manum vestram, qua plus, paternam declamationem, qua maxime, hereditariam benignitatem.

[5] Scripsistis igitur Christo praestante iam redux omnia tuta esse circaque vos dignationem domni regis Alarici illaesam et pristinam permanere. Quamquam ego censeam, quod post quamcumque nutationem gratia talium personarum ita sine augmento non redditur, sicut sine periculo non finitur. Volunt enim quasi satisfacere innocentiae lacessitae, tumque erigunt, credidisse cum cernunt, et sic eis conscientia nostra sufficit, si scientia sua testis accedit.

[6] Ego tamen nuntio vestrae immo nostrae securitatis accepto, ecce deo teste loquor, in lacrimas mixtas laetitia praeteritorum recordatione prorupi. Animo namque, ut ait vester poeta, subiit cari genitoris imago, ut memoria retractavi usque ad nostras quamlibet dispari professione personas quandam parentum communium sortem, parilitatem laborum invidia exequente, perduci.

[7] Illa tamen in dei nomine etiam nobis suppetit, quae illis consolatio fuit: quod toto aemulorum nisu, toto circumlatrantis undique livoris dente temptata, quotienscumque appeti visa est, criminationi subiacuit familia nostra, non crimini. Quoniam, si vos a patre vestro hoc didicistis virum saeculo militantem minus inter arma quam inter obloquia periclitari, exemplum a Sidonio

großen Freude Eure Handschrift wiedererkannt, zu noch größerer Freude den vom Vater übernommenen Sprachstil und zu meiner größten Freude Eure altererbte Freundlichkeit.

[5] Nun, da Ihr mit Christi Hilfe zurück seid, schreibt Ihr, es sei alles in Sicherheit und die Wertschätzung Eures Herrn, des Königs Alarich, sei Euch gegenüber weiterhin unbeschadet und ganz die alte. Ich glaube allerdings, dass die Gnade von solchen Persönlichkeiten nach einem wie auch immer begründeten Schwanken, genauso wie sie nicht ohne Gefahr endet, so auch nicht ohne einen Zuwachs wiederhergestellt wird. Sie wollen nämlich gleichsam der beleidigten Unschuld Genugtuung verschaffen und richten uns empor, wenn sie sehen, dass wir ihnen treu geblieben sind; und so genügt ihnen unser gutes Gewissen, wenn ihr eigenes Wissen noch als Zeuge dafür hinzukommt.

[6] Als ich freilich die Nachricht erhielt, dass Ihr, oder vielmehr dass wir uns keine Sorgen mehr machen müssen, da bin ich – und wahrlich, das sage ich vor Gott als Zeuge – bei der Erinnerung an die Vergangenheit in Tränen und Jubel zugleich ausgebrochen. Denn vor mein inneres Auge »trat«, wie Euer geliebter Dichter sagt, »das Bild meines geliebten Vaters«,[246] als ich mir in Erinnerung rief, dass, so unterschiedlich unsere Berufe auch sein mögen, Neid das gleiche Leid über uns alle verhängt und sich so in gewisser Weise das Schicksal unserer gemeinsamen Verwandten bis zu uns fortsetzt.

[7] Doch steht auch uns in Gottes Namen der gleiche Trost zu Gebote wie jenen: dass unsere Familie nämlich trotz aller Versuche unserer Konkurrenten, und obwohl jeder Zahn des sie umlagernden Neides von allen Seiten gegen sie losging, jedesmal, wenn sie angegriffen wurde, nur Zielscheibe von Verleumdungen, aber nicht von substantiellen Schuldvorwürfen war. Denn wenn Ihr von Eurem Vater gelernt habt, dass ein Mann, der seinen Dienst in dieser Welt tut, weniger im Hagel der Geschosse in Gefahr ist als inmitten der Anwürfe von Verleumdern,[247] dann ziehe ich meinen

meo, quem patrem vocare non audeo, quantum clericus perpeti possit, adsumo.

[8] Quo circa illud divinitas tribuat, ut nobis quam novum non est talia obici, tam nos nulla novitas meritos faciat accusari. Sed desistant nunc laetitiae tempore amaritudines: Ex opportunitate sermo perstrictus, quin potius inepte iocantis audacia, unde rideatis, exhibeat!

[9] Ante aliquot menses datas ad amicum quendam communem magnificentiae vestrae litteras vidi, quibus salutatione praefata in epistulae declamantis parte succidua scribebatis placuisse vobis libellos, quos inter occupationes seria et magis necessaria conscribendi nihilominus tamen de spiritalis historiae gestis etiam lege poematis lusi.

[10] Hic nunc nihil falso, nihil adsentatorie me loqui coram sinceritate vestra imprecor testem deum; tantum me tuo iudicio delectatum, veluti si auribus domni mei patris tui meditata confessus cuiuscumque laudis momentis eo censore donarer.

[11] Primum namque gaudebam, quod sensum vestrum hic liberius quam alibi pendebatis; deinde quod agnovi vos aliquod bonum de conatu fraterni operis non minus velle, quam credere: certe metris distinctionis non quantae volebatis inventis suppeditare vos voto, quod non poteratis implere iudicio.

[12] Libellum tamen amicus, qui ut puto ad vos pervenire fecit, non de librariis sed adhuc ex notarii manu adeo mihi inemendatum crudumque praeripuit, ut non facile denotes, auctoris magis

lieben Sidonius, den meinen Vater zu nennen ich nicht wage, als Beispiel dafür heran, wieviel ein Kleriker ertragen kann.

[8] Deshalb möge Gott es uns gewähren, dass, genauso wie solche Vorwürfe gegen uns nicht neu sind, so auch keine neue Entwicklung dafür sorgt, dass wir verdientermaßen angeklagt werden. Aber nun soll es mit den Bitterkeiten zu dieser Freudenzeit ein Ende haben: Aus gegebenem Anlass soll Euch eine kurze Plauderei, oder vielmehr die Dreistigkeit unbeholfenen Scherzens, Grund zu lachen bieten!

[9] Vor einigen Monaten habe ich den Brief Eurer Herrlichkeit an einen gemeinsamen Freund gesehen, indem Ihr nach dem Gruß und im Anschluss an den in hohem Ton vorgetragenen Hauptteil[248] schriebt, Euch hätten die Büchlein gefallen, die ich inmitten meiner ernsthaften und notwendigeren Schreibverpflichtungen als Werk der Muße trotzdem, und sogar in Versform, über die Ereignisse der geistlichen Geschichte verfasst habe.

[10] Und hier rufe ich nun Gott zum Zeugen auf, dass ich Eurer Aufrichtigkeit gegenüber kein falsches Wort und kein Schmeichelwort rede: dass mich Dein Urteil nämlich so sehr gefreut hat, wie wenn ich meinem Herrn, Deinem Vater, ein vorbereitetes Stück zu Gehör gebracht hätte und dafür von diesem Richter mit einem ganz gewichtigen Lob bedacht worden wäre.

[11] Denn zunächst einmal habe ich mich gefreut, weil Ihr Eure Meinung hier freier als anderswo abgewogen habt; dann, weil ich bemerkte, dass Ihr Euch von dem Produktionsversuch Eures Bruders[249] etwas Gutes ebenso sehr erwünscht wie erwartet habt: dass Ihr jedenfalls dort, wo sich die Verse nicht in einer Euch zufriedenstellenden Qualität zeigten, durch Euer Wunschdenken zugestanden habt, was Ihr nach Eurem Urteil nicht gewähren konntet.

[12] Doch hat der Freund,[250] der es Euch, wie ich glaube, zukommen ließ, das Büchlein nicht vom Buchhändler, sondern noch aus der Hand des Schreibers und vorzeitig in so unbereinigter Rohfassung an sich gerissen, dass Du nicht leicht entscheiden kannst,

scriptorisne vitiis irascaris. Qua propter opusculum ipsum in membranas redactum et adhuc non quanta volueram correctione politum, ne moram desiderio tuo facerem, celeriter destinavi.

[13] Si revera non solum amantibus, sed et iudicantibus vobis placet, quoniam apud extraneos forte non deerit, quem audacis conatus tangat invidia, abunde mihi sufficiet, ut vos, quod cupio, sentiatis.

[14] Quia sicut non minus ad meam quam vestram gloriam pervenit communis Sollii opus illustre, ita vobis favente Christo militari actu magis magisque florentibus si in me nisus tenuis aliquid dignum lectione confecerit, etiam sine me quandocumque Arcadium non pudebit.

ob Du Dich eher über die Fehler des Autors oder des Schreibers ärgern solltest. Deshalb habe ich, um Deinem Verlangen keine Verzögerung zuzumuten, dieses kleine Werk[251] in Pergamentform – und nach wie vor nicht so sorgfältig berichtigt, wie ich es mir gewünscht hätte –, schnell an Dich geschickt.

[13] Wenn es tatsächlich nicht nur Eurer Zuneigung, sondern auch Eurem Urteil gefällt (denn außerhalb unseres Kreises wird es vielleicht nicht an jemandem fehlen, der sich von Missgunst gegen dieses kühne Unterfangen rühren lässt), dann werde ich es zufrieden sein, dass Ihr die von mir erhoffte Meinung davon habt.

[14] Denn so wie das herrliche Werk des uns beiden gemeinsam so lieben Sidonius meinem Ruhm nicht weniger als dem Euren zugute gekommen ist, so wird (Ihr seid ja durch Christi Gnade in Eurem Militärdienst zunehmend erfolgreich), wenn ein bescheidenes Bemühen von mir etwas Lesenswertes zustande gebracht hat, Arcadius[252] sich dessen irgendwann einmal auch ohne mich nicht zu schämen brauchen.

ANHANG

ZUM LATEINISCHEN TEXT DIESER AUSGABE

Die Überlieferung von Avitus' Gedichten beruht auf zwei Handschriften-Familien, die sich in ihren Lesarten teils deutlich unterscheiden.* Die vorliegende Ausgabe folgt grundsätzlich dem Text von Peiper 1883; Abweichungen davon sind im Folgenden unter Angabe der Textzeugen vermerkt.** Nicht verzeichnet wurden grundsätzlich der Verzicht auf Großschreibung zu Versbeginn sowie Anpassungen an die deutsche Orthographie (Großschreibung am Satzanfang; Anpassung der Interpunktion an die Regeln der deutschen Sprache und, soweit nach der lateinischen Sprachlogik möglich, an die Interpunktion der deutschen Übersetzung).

* Peiper 1883, lii–lxxvi, auf den die Bezeichnung der Handschriften-Familien nach ihren Hyparchetypen als α (›Gallicani‹, vorwiegend französischer Herkunft) und β (›Germanici‹, vorwiegend deutscher Herkunft) zurückgeht; Hecquet-Noti 1999, 93–105, präzisiert die Zusammenhänge innerhalb der Familien und reduziert den Apparat ihrem Stemma entsprechend auf die Handschriften *L* und *N* als Vertreter von α, *G* als Vertreter von β sowie *R* als aus beiden Familien kontaminierte Handschrift.

** Dabei sind wie bei Hecquet-Noti 1999 anstelle von α und β die Siglen der Handschriften *L, N* und *G* verwendet; die kontaminierte Handschrift *R* ist hingegen nur ausnahmsweise berücksichtigt (vgl. die Bemerkungen bei Winterbottom 2000, 744f). Zur oft schwierigen Abwägung zwischen den Lesarten von α und β vgl. auch die Arbeiten von Gärtner 2000, 2001a und 2001b, der zu Recht den Wert der β-Überlieferung hervorhebt und gegenüber Peipers grundsätzlicher Bevorzugung der α-Lesarten an einer ganzen Reihe von Stellen (unter Heranziehung dichterischer Vorbilder und Nachahmungen) β-Lesarten plausibel macht. Für *epist.* 51 sind in der vorliegenden Ausgabe die bei Malaspina/Reydellet 2016 aufgeführten Siglen verwendet.

Textstelle	*Diese Ausgabe*	*Peiper*	*Literaturhinweise*
1.79	*segni* (G)	*signi* (LN)	McDonough 1981, 170f; Ramminger 1988, 314, Hecquet-Noti 1999, Gärtner 2001a, 77f
1.202	*pullatis* (G)	*conlatis* (LN)	Hecquet-Noti 1999
1.220	*excelsus* (G)	*sic celsus* (LN)	Gärtner 2001a, 79
1.221	*densante* (G)	*densente* (LN)	Hecquet-Noti 1999, Gärtner 2001a,79
1.249f	Interpunktion nach *foliis*	keine Interpunktion nach *foliis*	Gärtner 2000, 131f
1.292	*flamina* (G)	*flumina* (LN)	Beikircher 1986, Hecquet-Noti 1999
1.293	*praelambens* (G*ante correctionem*)	*praelabens* (LNG*post correctionem*)	Beikircher 1986 [unter Verweis auf Prudentius *cath.* 120], Hecquet-Noti 1999, Gärtner 2000, 133f
2.22	*vitii* (G)	*vitio* (LN)	Gärtner 2001a, 79f
2.149f	Interpunktion nach *ipse*	Interpunktion nach *ut maior*	Gärtner 2001b, 225; Hecquet-Noti 1999
2.150f	Interpunktion nach *amori*	Interpunktion nach *praedulcis coniunx*	Gärtner 2001b, 225
2.159	Interpunktion und Abschluss des Satzgefüges nach *scire velim*	Kein Abschluss des Satzgefüges nach *scire velim*	157 *ut* nicht »pro quod« [Peiper, p.370], sondern in der Bedeutung ›wie‹ (vgl. Ramminger 1988, 317f)
2.159	*dura* (NG)	*dira* (L)	Ramminger 1988, 319; Hecquet-Noti 1999
2.162–165	Interpunktion und Abschluss des Satzgefüges nach *loqui*; kein Abschluss nach *bruto* (Peiper *Corrigenda atque addenda,* p.376); Abhängigkeit des *ut*-Satzes von *pateris.*	Kein Abschluss des Satzgefüges nach *loqui*; Abschluss nach *bruto* (Peiper, *Text*); Abhängigkeit des *ut*-Satzes von *non pudet*	McDonough 1981; Homey 2009

Textstelle	*Diese Ausgabe*	*Peiper*	*Literaturhinweise*
2.252f	Interpunktion nach *anima*	Interpunktion nach *mortis*	
2.284	*discere* (G)	*dicere* (LN)	Hecquet-Noti 1999
2.356	Interpunktion und Abschluss des Satzgefüges nach *tibi*	Interpunktion und Abschluss des Satzgefüges nach *vita*	Nodes 1985b, 80; Gärtner 2000, 127, Anm.7
2.394f	Abschluss des Satzgefüges nach *figuram* (394)	Fortsetzung des Satzgefüges nach *figuram* (konsekutives *ut*)	Gärtner 2001b, 226
3.17	*quos pavit* (Sirmond 1643)	*quosque rapit* (Konjektur)	Hoffmann 2005. Handschriftlich überliefert ist *quosque pavit* [LN, so auch Hecquet-Noti 1999]) bzw. *quosque aluit* (G, so auch Arweiler 330 Anm. 321, Gärtner 2001a, 81f).
3.22f	Interpunktion und Abschluss des Satzgefüges erst nach *invaluit* (Peiper, *Corrigenda atque addenda*, p.376)	Interpunktion und Abschluss des Satzgefüges nach *vitae* (Peiper, *Text*)	Hecquet-Noti 1999, Hoffmann 2005
3.45	*adventum* (G)	*adventu* (LN)	Hoffmann 2005
3.69	*flecti* (G), mit Anpassung der Interpunktion	*flectis* (LN)	Gärtner 2000, 142f
3.89	*quae* [*que* R]	*quia* (LNG)	Gärtner 2001a, 94
3.147	*pendas* (Konjektur Gärtner)	*pendat* (LN)	Gärtner 2000, 143–145 [Korruptel *pendat* unter Einfluss von *poena* 148], Hoffmann 2005
3.148	*prolis* (LNG)	*proles* (Konjektur)	Hecquet-Noti 1999

Textstelle	*Diese Ausgabe*	*Peiper*	*Literaturhinweise*
3.163	*mordacis* (G)	*mordaci* (LN)	Gärtner 2001a, 82
3.186	Komma nicht nach *sufficiet*, sondern nach *vacuus*	Komma nach *sufficiet*	Gärtner 2001b, 226
3.213	*Haut* (Peiper, *Corr., p. 376*)	*Haud* (Peiper, *Text*)	
3.247f	Interpunktion nach *utrumque* (247)	Interpunktion nach *istud* (248)	Gärtner 2001b, 226; Hoffmann 2005
3.347	*quos* (G)	*quod* (LN)	Hecquet-Noti 1999, Hoffmann 2005
3.416f	Abschluss des Satzgefüges nicht nach *rapit*, sondern nach *poenas*	Abschluss des Satzgefüges nach *rapit*; kein Abschluss nach *poenas*	Gärtner 2001b, 226; Hoffmann 2005
4.69	*circumfusus* (G)	*circumfusos* (LN)	Gärtner 2001a, 83; Hecquet-Noti 2005a
4.125	*quem* (G)	*quae* (LN)	Gärtner 2000, 152; Hecquet-Noti 2005a
4.220	*tamen* (G)	*tunc* (LN)	Gärtner 2000, 150; Hecquet-Noti 2005a
4.247	*discreta* (NG)	*dispersa* (L)	Gärtner 2000, 152; Hecquet-Noti 2005a
4.299	*committit* (G)	*cum mittat* (LN)	Gärtner 2001a, 84; Hecquet-Noti 2005a
4.441	*albus* (Peiper, *Corrigenda atque addenda* p.376)	*alvus* (Peiper, *Text*)	
4.445	*locum fecit* (Konjektur Gärtner)	*facit luctam* (Konjektur)	Gärtner 2001a, 85; Hecquet-Noti 2005a. Handschriftlich überliefert ist *facit locum* (LN) bzw. *facit laccum* (G).
4.469	*rapuisse* (Konjektur Jakobi)	*sapuisse* (LNG)	Arweiler 1999

Textstelle	*Diese Ausgabe*	*Peiper*	*Literaturhinweise*
4.472	*salsis* (LNG)	*falsis* (Druckfehler)	Druckfehler korrigiert bei Chevalier 1890.
4.604	*fatiscat* (G)	*patescat* (LN)	Gärtner 2000, 160f; Hecquet-Noti 2005a
4.658	*quia* (G)	*quo* (LN)	Gärtner 2000, 162 (unter Hinweis auf Dracontius *laud. dei* 417–420); Hecquet-Noti 2005a
5.61	*plebem et vano* (Konjektur)	*vanoque gregem* (Konjektur)	Handschriftlich überliefert ist *vanoque plebem* (LN) bzw. *vano et plebem* (G).
5.83	*hos talia* (Konjektur Dittmann), Interpunktion nach *darent*	*hostilia* (N), Interpunktion nach *hostilia*	Dittmann [*TLL* 6, 3050, 79f] aus *hostalia* (L); Ramminger 1988, 323–325, Hecquet-Noti 2005a. Handschriftlich überliefert ist außerdem *hastilia* (G).
5.163	*infecto* (LN)... *aera flatu* (G)	*infecto* (LN)... *aere flatus* (LN)	Gärtner 2000, 164; Hecquet-Noti 2005a
5.184	*fulmina* (G)	*fulmen* (LN)	Gärtner 2000, 165; Hecquet-Noti 2005a
5.216	*ista haec* (LG)	*istaec* (R)	Gärtner 2000, 166; Hecquet-Noti 2005a
5.242–244	Interpunktion und Satzabschluss nach *salutis*; kein Abschluss nach *caedem* (Peiper, *Corrigenda atque addenda*, p. 376)	Kein Satzabschluss nach *salutis*; Abschluss nach *caedem* (Peiper, *Text*)	
5.306f	Kein Komma nach *igni*, Abschluss des Nebensatzes erst nach *manus*	Komma und Abschluss des Nebensatzes nach *igni*	Ramminger 1988, 325; Hecquet-Noti 2005a

Textstelle	*Diese Ausgabe*	*Peiper*	*Literaturhinweise*
5.343	*secum dimissa ferant* (G)	*tecum dimisse feras* (LN)	Hecquet-Noti 2005a
5.390	*valent* (Konjektur Winterbottom)	*vident* (LNG)	Winterbottom 2006, 332
5.455	Komma nach *damnosa*	Kein Komma nach *damnosa*	Hecquet-Noti 2005a
5.480	*turbidus* (G)	*torpidus* (LN)	Gärtner 2001a, 88
5.483	*manum* (LNG)	*manu* (Schreibfehler)	
5.502	Komma nach *potentes* (Peiper, *Text*)	kein Komma nach *potentes* (Peiper, *Corrigenda atque addenda* p.376)	
5.512	kein Komma nach *flectitur*	Komma nach *flectitur*	Hecquet-Noti 2005a
5.562f	Komma nicht nach *flagella*, sondern nach *subcumbens*	Komma nach *flagella*	Hecquet-Noti 2005a
5.601	Orthographische Änderung zu *impulit*	*inpulit*	Arweiler 1999, 159
5.619	*cordis* (G)	*cordi* (LN)	Arweiler 1999, Hecquet-Noti 2005a
5.633	*abeant* (G)	*habeant* (LN)	Arweiler 1999, Hecquet-Noti 2005a
5.646	*arva* (G)	*arma* (LN)	Arweiler 1999, Hecquet-Noti 2005a
5.665	*rebellat eunti* (G)	*repellat euntem* (LN)	Gärtner 2000, 172; Hecquet-Noti 2005a
Prologus, §5	*tutius* (Sirmond; Peiper, *Text*)	*totius* (LN; Peiper, *Corrigenda atque addenda*, p.376)	
epist. 51, §4	*qua plus* (Sirmond)	*quam plus* (L)	
epist. 51, §4	*qua maxime* (Sirmond)	*quam maxime* (L)	
epist. 51, §6	*exequente* (L, Sirmond)	*sequente* (Konjektur)	

Textstelle	*Diese Ausgabe*	*Peiper*	*Literaturhinweise*
epist. 51, §8	*nulla* (Sirmond)	*ulla* (L)	
epist. 51, §8	Interpunktion nach *amaritudines*	Interpunktion nach *perstrictus*	Malaspina/Reydellet 2016
epist. 51, §14	*sine me* (L, Sirmond)	*senem* (Konjektur)	

ERLÄUTERUNGEN

1 Gemeint ist das Vorrecht (*honor*), das der Mensch vor dem Sündenfall und der Vertreibung aus dem Paradies genoss; der gleiche Begriff auch *SHG* 2.46, dort in Bezug auf das Ehrenrecht des Teufels vor seinem Sturz.

2 Den gleichen Ausdruck »Todessamen« (*semen mortis*) gebraucht der Teufel *SHG* 2.104. Der Gedanke der durch Adam begründeten und weiterwirkenden Sünde (vgl. Paulus *Röm* 5,14) wird auch im apokryphen vierten Buch Esra in das Bild eines »bösen Samenkorns« (*Vulg. 4 Esra* 4,30: *granum seminis mali*) gefasst.

3 Zum dem hier erstmals anklingenden Motiv falschlicher menschlicher Wahrnehmung s. die Einführung, S. 25, und *SHG* 2.261–268 mit Anm. 36.

4 Ebenso wie *SHG* 1.75 (*dives sapientia*) spricht Avitus vom Schöpfergott als personifizierter Weisheit (*sapientia*), eine Bezeichnung, die nach christlichem Verständnis (Paulus, *1 Kor* 30) mit der zweiten göttlichen Person verbunden ist und so auch von Prudentius (*Hamartigenia* 345) verwendet wird. Ebenso wie Prudentius (*ham.* 346–353) betont Avitus dadurch hier und *SHG* 1.96 (*conditor unus*) gegenüber der arianischen Lehre die Einheit von Gottvater und Christus. Vgl. dazu auch *SHG* 1.125–127 mit Anm. 10 und *SHG* 3.362ff mit Anm. 84.

5 Zum Bild des »Einkleidens« vgl. *SHG* 4.32–36 und Anm. 102.

6 Bereits in Vers 49 wird Gott als Künstler (*artifex*) bezeichnet. Der hier gebotene Vergleich mit einem bildenden Künstler (*opifex*) schafft über die vorliegende Erzählung hinaus eine Klammer mit der allegorischen Anrede Christi als Töpfer, der die »hinfällige Tonmasse« des später sündhaft zerbrochenen Gefäßes heilen möge (*SHG* 3.363f mit Anm. 85).

7 Avitus geht, wie Hecquet-Noti 1999, 139, Anm. 7 überzeugend darlegt, davon aus, dass den fünf höheren geistigen Wahrnehmungen des Menschen, die ihm eine Verbindung mit dem Göttlichen ermöglichen (im Sinne von Origenes *contra Celsum* 1.48; 7.34), fünf fleischliche Wahrnehmungen entsprechen, die die Seele mit der Materie in Verbindung bringen.

8 Zur Einheit des Schöpfergottes vgl. *SHG* 1.51 und Anm. 4.

9 Avitus folgt in dieser eigentümlichen Beschreibung der Milz der Darstellung des Dichters Claudianus Mamertus (*de anima* 11), der sich wiederum auf die aristotelische Anatomie zu stützen scheint, s. Kuijper 1955; Claudianus Mamertus war der Bruder von Avitus' Taufpate, des Bischofs Mamertus (Avitus *Homilia VI* [Peiper 1883, 110, Z. 20f]).

10 Avitus bezeichnet das Einhauchen des Atems *SHG* 1.125 mit dem auch in der *Vulgata* (*Genesis* 2,7) verwendeten Verb *inspirare*. Die dogmatische Relevanz dieser Verwendung wird (darauf weist Nodes 1993, 59–61, hin; vgl. auch Hecquet-Noti 1999, 75) aus Avitus' Schrift *contra Arrianos* erkennbar (Peiper 1883, 13, Z. 16ff): Die arianischen Bischöfe, so Avitus, gebrauchten stattdessen das Verb *insufflare* und behaupteten damit, der Geist Gottes würde dem bereits lebenden Menschen eingehaucht, während doch der Mensch durch den Vorgang überhaupt erst Seele und Leben erhalte.

11 Avitus bringt hier zum ersten Mal das typologische Deutungsmuster zur Anwendung, indem er Ereignisse aus dem Alten Testament als Vorausdeutung bzw. Modell für Ereignisse im Neuen Testament deutet; hierzu vgl. die Einführung S. 25f. Zusammenfassend wird die Zeichenhaftigkeit des Alten Testaments von Avitus am Schluss des Gedichts ausgesprochen (*SHG* 5.718f mit Anm. 232). Die Typologie vom Schlaf Adams als Vorausdeutung auf den Tod Christi ist etwa bei Augustinus *civ.* 22.17 vorgeprägt.

12 Die typologischen Verweise auf das Sakrament der Taufe in diesen Versen und am Ende des fünften Buches (704ff) bilden eine Klammer um das Gesamtwerk *De spiritalis historiae gestis*. Das Bild vom Leibe des gekreuzigten Christus, dessen geöffneter Seite als Zeichen der Taufe Wasser, als Zeichen des Martyriums Blut entströmen, entwickelt Avitus in einer Predigt (*Homilia II:* Peiper 1883, 105, Z. 34–106, Z. 20, hier: Z. 18f): *Nos ergo excipiamus aquam de latere domini, martyres sanguinem* (»Wir wollen also das Wasser von der Seite des Herrn empfangen, die Märtyrer das Blut.«).

13 Eva verweist als Braut Adams typologisch auf die Kirche als Braut Christi (vgl. Vers 156 *genialis forma*); diese Typologie ist bei Augustinus (*de genesi adversus Manichaeos* 2.24.37; *de civitate Dei* 22.17) vorgeprägt.

14 In programmatischer Weise wandelt Avitus die Jupiterprophezeiung aus Vergils *Aeneis* um: Nicht eine »Herrschaft ohne Ende« (*imperium sine fine dedi*, *Aeneis* 1.279), sondern eine »Nachkommenschaft ohne Ende« (*progeniem sine fine dedi*), also ohne Begrenzung in Zahl und Lebensdauer, hat Gott dem ersten Menschen geschenkt. In gewissermaßen tragischer Ironie weiß der Leser natürlich um den späteren Verlust unbegrenzten Lebens aufgrund des Sündenfalls; vgl. Hardie 2019, 94f.

15 Avitus folgt hier der ursprünglichen Tradition, die das fromme Volk der Äthiopen ganz im Südosten der Welt verortet, wo der Sonnengott aufgeht, vgl. Homer, *Ilias* 1.423; 23.206; *Odyssee* 5.282. Daher galten die Äthiopen nach griechischer Etymologie als von der Sonne dunkel gefärbte ›Brandgesichter‹ (Αἰθίωπες / Aithi-opes); die Vorstellung von westlichen Äthiopen in Afrika (Homer, *Odyssee* 1.23) ist hingegen jüngeren Ursprungs. Mit der negativen ästhetischen

Wertung in den Versen 200ff unterscheidet sich Avitus von dem grundsätzlich positiven Bild der Äthiopen bei Homer (zur Infragestellung menschlichen Urteilens vgl. aber *SHG* 1.42f und Anm. 3). Avitus spielt hier mit der etymologischen Beziehung von Äthiopen und Äther. Vgl. auch *SHG* 5.76 mit Anm. 178 und *SHG* 5.641 mit Anm. 218 für die Beschreibung der Ägypter im fünften Buch.

16 Mit dieser Prolepse wird die kommende Vertreibung aus dem Paradies vorweggenommen, vgl. auch den Hinweis auf »unseren Verbannungsort« *SHG* 1.293f und das Proömium *SHG* 1.6.

17 Auf dem Wege der Korrektur ruft Avitus den Topos exotischer Gewürze aus Arabien auf. Die Sabäer waren ein Volk der sogenannten *Arabia Felix* (›Fruchtbares Arabien‹) im Südwesten der arabischen Halbinsel (vgl. die biblische Erzählung von der Königin von Saba, *1 Kön* 10,1–13; *2 Chr* 9,1–12); die Verbindung der Sabäer mit dem Zimt stellt Statius *Silvae* 4.5.31f und 5.3.42f her (vgl. auch Laktanz *de ave Phoenice* 82f). Zu *fama mentitur* vgl. *SHG* 4.3ff mit Anm. 98.

18 Avitus nennt den Vogel Phönix nicht beim Namen; während der Phönix bereits bei Hesiod (fr. 171) und Herodot (2.73) erwähnt wird, ist die Erzählung von seiner Selbstverbrennung und seinem Wiedererstehen erst in der Kaiserzeit belegt (Ovid, *met.* 15.392ff; Lukian *Peregrin.* 27); poetische Gestaltungen, deren Einfluss auf Avitus erkennbar ist, werden Laktanz (*de ave Phoenice*) und Claudian (*carm. min.* 27) zugeschrieben. Die christliche Deutung des Phönix als Christus-Symbol (vgl. *Physiologus* 7) ist vom Leser hinzuzudenken.

19 Der Paradiesstrom, der sich in vier Flüsse aufteilt: *Gen* 2,10; die Gleichsetzungen des Geon mit dem Nil (*SHG* 1.262f) sowie des Physon mit dem Ganges (*SHG* 1.290) entsprechen Ambrosius *de paradiso* 3.14 und Augustinus *de genesi ad litteram libri duodecim* 8.7.

20 Die Parther waren ein Volk aus dem Gebiet des heutigen Iran, dessen Reich sich freilich lange Zeit über die Flüsse Euphrat und Tigris hinaus erstreckte. »Pfeilbewehrt« sind die Parther in der Dichtung schon bei Catull 11.6 und seither stereotyp, vgl. etwa Vergil *georg.* 3.31.

21 Dieses Motiv der Überflutung Ägyptens kehrt in Buch 4 (434ff) und in der Rede des *aliquis* in Buch 5 (623–625) wieder; an der vorliegenden Stelle gehorcht der Nil freilich den Gesetzen der Natur und lässt sich wieder einhegen. Die Stadt Memphis wird in Avitus' Gedicht außer an der vorliegenden Stelle nur noch einmal *SHG* 5.694 erwähnt; so wie die Stadt hier unter den Fluten liegt, so wird dort der Pharao als ›Fürst des Hofes von Memphis‹ (*princeps Memphitidis aulae*) unter den Fluten des Roten Meeres begraben.

22 Zum Paradiesstrom (*Gen* 2,10) s. Anm. 19 zu *SHG* 1.258.

23 Erneut wird durch eine Prolepse auf die Folgen des Sündenfalls vorgegriffen (s. Anm. 16 zu *SHG* 1.214–217) – hier umso wirkungsvoller, als nur wenige Verse danach die Einsetzung der ersten Menschen ins Paradies folgt.

24 Der Begriff *peccatum originale* (›Ursünde‹) ist theologischer Terminus technicus und taucht nur in der Buchüberschrift auf; Avitus schreibt der Ursünde als ›Erbsünde‹ (*peccatum hereditarium*) im Sinne des Augustinus eine universelle Auswirkung auf die ganze Menschheit zu. In prägnanter Kürze ist der Gedanke in der Absichtserklärung des Teufels *SHG* 2.105f ausgedrückt. Vgl. die Einführung S. 22f sowie Anm. 84 zu *SHG* 3.362.

25 Vgl. *Mt* 22,30 (im Text der *Vulgata*: *In resurrectione enim neque nubent neque nubentur | sed sunt sicut angeli Dei in caelo.* [»Bei der Auferstehung werden sie nämlich weder heiraten noch verheiratet werden, sondern sie sind wie die Engel Gottes im Himmel.«]). Näher beschrieben wird das Sein der Engel im Himmel bei Augustinus *civ.* 11.9 und 22.20 (vgl. Hequet-Noti 1999, 190 Anm.3).

26 Diese Rede des Teufels geht auf *Jesaja* 14,13–14 zurück (im Text der *Vulgata: In caelum conscendam super astra Dei exaltabo solium meum | sedebo in monte testamenti in lateribus aquilonis // ascendam super altitudinem nubium ero similis Altissimo* [»In den Himmel werde ich aufsteigen, über die Sterne Gottes werde ich meinen Thron erhöhen, ich werde sitzen auf dem Berg des Zeugnisses, auf den Flanken des Nordens. // Ich werde emporsteigen über die Höhe der Wolken, ich werde dem Höchsten ähnlich sein.«]).

27 Indem Avitus von einem Verlust des Ehrenrechts (*honor*) spricht, parallelisiert er den Fall von Teufel und Mensch: Vgl. *SHG* 1.6 und Anm. 1.

28 Zur Bezeichnung des Teufels als Räuber (*latro*) vgl. *SHG* 3.422f und Anm. 96.

29 Der lateinische Text verwendet den *Vulgata*-Begriff *subversor* (*Vulg. Hesekiel* 2,6). Er weist nicht nur auf die Verführung Evas voraus (*SHG* 2.141; 2.373), sondern ist auch Gegenbegriff zu den Bezeichnungen Gottes als *auctor* (›Urheber‹; außer an der vorliegenden Stelle z.B. *SHG* 1.299; 2.42; 2.51), *creator* (z.B. *SHG* 2.23, 2.179) oder *conditor* (›Erbauer‹, *SHG* 1.96); in vergleichbarer Weise erhält der Teufel später die Bezeichung *transgressor* (*SHG* 2.120 und Anm. 30). Avitus betont in Bezug auf den Fall sowohl des Teufels als auch der Menschen immer wieder das Moment des freien Willens (Döpp 2009, 67f; Hecquet-Noti 1999, 176). Vgl. zur vorliegenden Stelle *SHG* 2.114 (*sponte*); 2.183 (*sponte*); 2.215 (*ultro*); 2.270 (*vestra... sponte*). Dem steht *SHG* 1.161 die aus freiem Willen (*sponte sua*) vollbrachte Erlösungstat Christi gegenüber, und so nimmt auch der Vater seinen verlorenen Sohn »aus freien Stücken« (*ultro*, *SHG* 3.378) wieder auf.

30 Der lateinische Text verwendet den Begriff *transgressor* (»Überschreiter«); in

der *Vulgata* findet sich dieser Begriff bei *Jesaja* (53,12) und im *Jakobusbrief* (2,11, dort auch die Junktur *transgressor legis* – ›Gesetzesübertreter‹); vgl. auch die Bezeichnung als *subversor* (*SHG* 2.75 mit Anm. 29).

31 Der lateinische Text bezeichnet den Teufel hier als *draco* und stellt sich so in die Tradition der biblischen *Offenbarung* (*Vulg. Offenbarung* 12,9: *et proiectus est draco ille magnus serpens antiquus, qui vocatur Diabolus, et Satanas| qui seducit universum orbem | proiectus est in terram et angeli eius cum illo missi sunt* [»Und niedergeworfen wurde jener große Drachen, die alte Schlange, die Teufel heißt und Satan, der die ganze Welt verführt: Er wurde auf die Erde geworfen, und seine Engel wurden mit ihm hinabgeschleudert.«]); als *antiquus draco* wird der Teufel auch *SHG* 3.26 und 4.146 bezeichnet.

32 *SHG* 2.421 wird sich der Teufel selbst als »Lehrmeister« (*magister*) brüsten; er setzt sich damit an die Stelle Gottes, der *SHG* 1.314 von sich gegenüber Adam als »Lehrer« (*doctor*) spricht. Hinzu kommt, worauf Döpp 2009, 80, hinweist, dass der Begriff sicherlich als Umkehrung zu der Bezeichnung Christi als ›Lehrmeister des Lebens‹ (*magister vitae*) gewählt ist (z.B. Iuvencus 2.120; Prudentius, *cathemerinon* 7.197), vgl. auch *SHG* 4.569.

33 Bereits zuvor hatte der Erzähler die ersten Menschen in aller Unschuld nach erlaubten Äpfeln greifen lassen (*SHG* 2.138f). Der Bibeltext präzisiert hingegen nicht, worum es sich bei der verbotenen Frucht handelt. In der Dichtung sprechen nur der Heptateuchdichter (*Genesis*, Vers 77) und Avitus von einem Apfel; vermutlich wurde die Frucht aufgrund der Ähnlichkeit von lat. *mālum* ›Apfel‹ und *mălum* ›Übel, Böses‹ als Apfel identifiziert, vgl. Hecquet-Noti 1999, 214, Anm. 1. Die Präzisierung der Frucht an dieser Stelle sorgt insofern dafür, dass der innerliche Kampf Evas auch sprachlich um *mālum* bzw. *mălum* kreist; Eva ist *male credula* (Vers 213), schwankt angesichts des *audax malum* (Vers 218) und berückt Adam später mit einem *malesuadus susurrus* (Vers 254).

34 In Evas Gewissenskonflikt wird vor allem die Vermessenheit bzw. Selbstüberhebung (*iactantia*, Vers 222) als Triebfeder für den Sündenfall hervorgehoben. Dies war ja auch das Vergehen des Teufels gewesen (*talia iactantem*, *SHG* 2.45), und so geht dessen Plan, den Menschen durch dieselbe *iactantia* zu Fall zu bringen (*SHG* 2.115f) nun auf. »Avitus' Darstellung entspricht im Wesentlichen der Augustinischen Bibelexegese in *De Genesi ad litteram* (8,6,12; 8,14,31), vor allem was die Betonung des Hochmuts (*superbia*) betrifft« (Döpp 2009, 69). Vgl. auch *SHG* 2.73–76 und Anm. 29 zum Aspekt des freien Willens.

35 Evas Rede verrät, wie Roberts 1980, 404f, zu Recht hervorhebt, durch die antonomastische Verwendung des Jupiter-Epithetons *tonans* (›Donnerer‹) und durch das Sprechen von Göttern im Plural (*numinibus*), dass sie bereits von Gott abgefallen und dem Teufel verfallen ist (vgl. die Rede des Teufels *SHG*

2.202: *aequiperare deos* bzw. *SHG* 2.209: *arcemque deorum*); ansonsten vermeidet Avitus solche paganen Tropen bewusst, vgl. Anm. 240 zu §5 des Widmungsbriefs. Die Verfallenheit Evas an den Teufel und ihre Wandlung von der Verführten zur Verführerin gehen nicht auf die biblische Erzählung, sondern auf die exegetische Tradition zurück (dazu Döpp 2009, 89). Sie spiegeln sich auch in anderen sprachlichen Einzelheiten wider: Beider Reden werden als Säuseln charakterisiert (vgl. *SHG* 2.254 *malesuadi verba susurri* und 2.204 *fallaci... susurro*), und wie der Teufel Eva als »ach so zärtliche Gattin« (*praedulcis coniunx*, *SHG* 2.151) bezeichnet hatte, so redet Eva nun ihrerseits Adam als »zärtlichen Gemahl« (*dulcis... coniunx*, *SHG* 2.242) an. Zur pervertierenden Verwendung des Adjektivs *vitalis* durch Eva vgl. Anm. 133 zu *SHG* 4.325.

36 Die paradoxe Rede von scheinbarem Sehen und tatsächlicher Blindheit geht von dem Vers *Genesis* 3,7a (*et aperti sunt oculi amborum* [»Und die Augen der beiden wurden geöffnet.«]) aus, der vielleicht im Lichte der Parabel vom Auge interpretiert wird (*Mt* 6,22f: *lucerna corporis est oculus / si fuerit oculus tuus simplex / totum corpus tuum lucidum erit // si autem oculus tuus nequam fuerit / totum corpus tuum tenebrosum erit / si ergo lumen quod in te est tenebrae sunt / tenebrae quantae erunt* [»Die Leuchte des Körpers ist das Auge. Wenn dein Auge aufrichtig ist, dann wird dein ganzer Körper hell leuchtend sein. // Wenn aber dein Auge nichts taugt, dann wird dein ganzer Körper finster sein. Wenn also das Licht, das in dir ist, Finsternis ist, wie groß wird die Finsternis sein?«]). Durch die sündhafte Verletzung der von Gott gesetzten Grenzen haben sich die Menschen selbst blind gemacht. Daher durchzieht das Bild der Blindheit gleichsam als Leitmotiv das gesamte Gedicht, s. außerdem *SHG* 1.313; 2.189f; 3.68; 4.83b–85 (mit Anm. 106); 5.31f; im fünften Buch greift der Gedanke in symbolischer Weise auch auf die Naturbeschreibung über: *SHG* 5.198; 5.366–368.

37 Das »ihren Gliedern eingeflößte Gesetz des Fleisches« nimmt Bezug auf die Gegenüberstellung mit dem Gesetz des Geistes im Römerbrief des Paulus (7,23 *Vulgata*): *video autem aliam legem in membris meis | repugnantem legi mentis meae | et captivantem me in lege peccati quae est in membris meis* (»Ich sehe aber ein anderes Gesetz in meinen Gliedern, das widerstreitet dem Gesetz meines Geistes und hält mich gefangen im Gesetz der Sünde, das in meinen Gliedern steckt.«). Von der Wirksamkeit dieses erblichen »Gesetzes der fleischlichen Glieder« spricht Avitus auch *SHG* 4.185f und staunt deshalb über die Aufnahme von Henoch und Elias in den Himmel.

38 Die Kenntnis der Zukunft ist Gott und den Engeln vorbehalten und insoweit dem Menschen verschlossen; lediglich dem Teufel als gefallenem Engel ist die Fähigkeit verblieben, s.o. *SHG* 2.54f.

39 Nachdem sich die Namen der Planeten zunächst von ihrem Erscheinungsbild bzw. ihrer Farbwirkung herleiteten, erhielten sie später die noch heute üblichen Bezeichnungen durch römische Götternamen; Cicero stellt in *De natura deorum* (*nat. deor.* 2.52f) einige Planetennamen gegenüber (z.B. Πυρόεις / Pyroeis, »der Feurige« – Mars) und verweist *nat. deor.* 2.62 auf die Praxis, Sternbildern die Namen von Gottheiten oder Heroen wie Castor und Pollux zu verleihen.

40 Von solchen Verstirnungen sprechen in Bezug auf Caesar und Octavian Vergil *ecl.* 9.47ff bzw. *georg.* 1.32ff.

41 Der Kirchenvater Augustinus unterscheidet, nachdem er *civ.* 10.8 einige Wunder des Pentateuch aufgezählt hat, zwischen diesen legitimen, da »allein kraft des Glaubens und des frommen Gottvertrauens« (*civ.* 10.9 *simplici fide atque fiducia pietatis*) bewirkten Wundern und den frevelhaften Zaubertricks, die auf einer Beschwörung von Dämonen beruhen sollen. Andere frühchristliche Autoren wie Hippolyt von Rom (*Refutatio omnium haeresium* 4.28–41) bemühten sich, solche magischen Praktiken als Scharlatanerie zu erweisen. In gleicher Weise wird die Magie auch hier als Trug (*fraus*) bezeichnet und damit in die Nähe des Teufels gerückt (vgl. oben *SHG* 2.71).

42 *Ex* 7,8–8,1 In epischer Manier wird Moses hier als *legifer vates* bezeichnet, während er *SHG* 5.67 den Titel *legifer heros* erhält. Durch die begriffliche Korrespondenz zwischen beiden Stellen und die ausführliche Erzählung des hier nur als *exemplum* angeführten Stabwunders *SHG* 5.67ff entsteht eine Klammer zwischen dem zweiten und fünften Buch.

43 Nachdem die Weisen und Zauberer des Pharaos (*Ex* 7,11f; vgl. Avitus' Darstellung *SHG* 5.80–91) ihre Stäbe durch Beschwörungen (*per incantationes*) in Schlangen verwandelt haben, werden diese von Aarons Stab verschlungen. Auf Gottes Geheiß lassen Moses und Aaron daraufhin mit der Verwandlung des Wassers in Blut und der Überschwemmung durch Frösche eine doppelte Plage über Ägyptenland kommen (*Ex* 7,14–8,15, vgl. *SHG* 5.127–160).

44 Die Marser, ein Volk in Mittelitalien, waren für ihre Kunst der Schlangenhaltung und -beschwörung bekannt und in dieser Eigenschaft ein Topos der römischen Literatur seit Horaz (*Epode* 17.27ff) und Vergil (*Aeneis* 7.753ff). Die Schlangenbeschwörung durch die Marser wird bereits von Augustinus in seiner Schrift *De genesi ad litteram libri duodecim* (11.28.35) mit der Verführung Evas in Verbindung gebracht, vgl. Wood 2001, 267–269.

45 Das Verb *bacchari* (›in bacchantischer Raserei sein‹) ist in dem Gedicht nur dreimal verwendet: an dieser Stelle, im Zusammenhang mit der orgienhaften Üppigkeit des Reichen in der Geschichte vom armen Lazarus (*SHG* 3.224) und in Bezug auf vergängliche Genüsse im Zeichen des Fleisches (*SHG* 4.322); allen

drei Stellen, die durch dieses Stichwort miteinander verknüpft werden, ist der Gedanke der Gottvergessenheit gemeinsam.

46 Durch die Bezeichnung Lots als *proprius Adam* (vgl. *SHG* 2.400f *iste fortis Adam*) werden beide Erzählungen aufeinander bezogen und ihr Beispielcharakter im tropologischen Sinne betont; gleichzeitig wird dadurch die Reihe der Adam-Typologien eröffnet, die in Christus als *novissimus Adam* gipfelt, vgl. Anm. 55 zu *SHG* 3.21. Die Zerstörung Sodoms bzw. der Pentapolis sowie die Geschichte von Lots Frau wird *Genesis* 18,16–19,29 erzählt; Avitus verweist darauf nochmals *SHG* 4.355f.

47 Die sprachliche Darstellung der Szene setzt die Fürbitten Abrahams bei Gott voraus, Sodom zu verschonen, wenn sich in der Stadt auch gerechte Menschen fänden (*Gen* 18,16–33): Bei Avitus wird Lot zunächst nur als ›ein bestimmter Mann‹ (*quendam*, *SHG* 3.340) eingeführt, der sich im Unterschied zu allen anderen als ein Gerechter erweist, und namentlich erst ganz am Ende von Vers 342 genannt. Die Übersetzung trägt dem Rechnung, indem sie mit »entdeckte« ein Prädikat ergänzt, das wohl (wie *atque* in Vers 342 zeigt) auch von Avitus mitgedacht ist.

48 Das *SHG* 2.142f beschriebene Hinaufwinden der Schlange erhält mit der Formulierung *alta petens* (*SHG* 2.373) spätestens jetzt einen Doppelsinn: In seinem Streben nach Höherem hat der Teufel als *subversor* (*SHG* 2.76 mit Anm. 29) Eva zu Fall gebracht (*SHG* 2.373 *subverterat*; vgl. 2.141 *subvertere*).

49 Das auf modernes Empfinden durchaus etwas befremdlich wirkende lateinische Wortspiel mit den Doppeldeutigkeiten von *sal* (›Salz‹; ›Witz, Geist‹), *salsus* (›salzig‹; ›witzig, geistreich‹), *sapere* (›schmecken‹; ›Verstand bzw. Witz besitzen‹) und *insipidus* (›unverständig, witzlos‹) lässt sich im Deutschen nicht unmittelbar wiedergeben; es stellt eine Steigerung des gleichen Wortspiels dar, das Augustinus in Bezug auf Lots Frau verwendet, um die tropologische Bedeutung der Erzählung hervorzuheben (*civ.* 16.30): *Denique uxor Loth, ubi respexit, remansit et in salem conversa hominibus fidelibus quoddam praestitit condimentum, quo sapiant aliquid, unde illud caveatur exemplum.* (»So blieb denn auch wirklich Loths Frau zurück, als sie umsah, und, in Salz verwandelt, ist sie für die Gläubigen sozusagen eine Würze geworden, die ihnen das einigermaßen schmackhaft machen soll, wodurch man einem ähnlichen Schicksal vorbeugt.«, Übersetzung: A. Schröder).

50 S. o. Anm. 46 zu *SHG* 2.328.

51 Mit Vers 408 nimmt die Erzählung den Handlungsfaden an der Stelle wieder auf, an der sie *SHG* 2.276 stehen geblieben war; s. die Einführung, S. 34f.

52 In Verträge musste mit der ehrbaren rechten Hand eingeschlagen werden, die bei den Römern deshalb auch der *Fides* geweiht war (vgl. Sittl 1890, 135f, mit

Belegstellen); das Einschlagen mit der linken ist somit ein Zeichen von Verschlagenheit und Untreue.

53 Zur Bezeichnung des Teufels als Lehrmeister (*magister*) vgl. die Anm. zu *SHG* 2.183.

54 Der von Avitus verwendete Ausdruck *stigma* kann sowohl die Brandmale bezeichen, mit denen man auch entlaufene Sklaven markierte, als auch die Wundmale Christi; insofern wird begrifflich eine Korrespondenz von Sünde und Erlösung hergestellt.

55 Die Gegenüberstellung von erstem Adam und Christus als letztem Adam geht auf den ersten Korintherbrief des Paulus zurück (*Vulg. 1 Kor* 15,45 *factus est primus homo Adam in animam viventem | novissimus Adam in spiritum vivificantem* [»›Geschaffen wurde als erster Mensch Adam, zu einer lebendigen Seele‹, der letzte Adam aber zu einem Leben gebenden Geist.«]), vgl. auch Hier. *epist.* 46.3 (*ut secundus Adam... primi Adam... peccata dilueret* – »dass der zweite Adam... die Sünden des ersten Adam löst«); die Adam-Typologie an dieser Stelle setzt diejenige des zweiten Buches zwischen Adam und Lot fort, vgl. die Anm. 46 zu *SHG* 2.328.

56 Das Holz (*lignum*) des Baumes der Erkenntnis verweist typologisch auf das Holz des Kreuzes Christi; zu dieser sogenannten *lignum*-Typologie vgl. Hoffmann 2005 zu *SHG* 3.20–26, der zu Recht darauf hinweist, dass diese typologische Interpretation durch »das ursprünglich magische, aber auch der antiken Heilkunst geläufige Prinzip des *similia similibus* [›Ähnliches durch Ähnliches (erg. heilen)‹, Anm. des Verf.] beeinflusst sein« dürfte, »zumal das Heilswirken Christi häufig mit der Tätigkeit eines Arztes gleichgesetzt wird« (Topos des *Christus medicus*, vgl. Hecquet-Noti 1999, 260, Anm. 2); für weitere *lignum*-Typologien vgl. *SHG* 4.325; 5.659–661.

57 Mit der ehernen Schlange wird auf *Numeri* 21,4–9 angespielt, wo Moses auf Gottes Geheiß eine Schlange aus Erz (*serpens aeneus*; die Variation *aereus* bei Avitus ist metrisch bedingt) aufrichtet, deren Anblick die von Schlangen gebissenen Israeliten heilt. Schon das Johannesevangelium bezieht das Bild der ehernen Schlange typologisch auf Christus (*Vulg. Joh* 3,14f: *et sicut Moses exaltavit serpentem in deserto | ita exaltari oportet Filium hominis, // ut omnis qui credit in ipso non pereat | sed habeat vitam aeternam* [»Und so wie Mose die Schlange in der Wüste erhöht hat, so muss der Menschensohn erhöht werden, damit jeder, der an ihn glaubt, nicht zugrunde geht, sondern das ewige Leben hat.«]). Zur Bezeichnung des Teufels als *antiquus draco* s.o. Anm. 31 zu *SHG* 2.183.

58 Die Trennung von Schafen und Böcken beim Weltgericht beschreibt Jesus im Matthäusevangelium (25,32f); dagegen geht die Trennung von Sündern und Gerechten durch einen Schlund (*Vulg. Lk* 16,26: *chaos, chasma*) auf die Ge-

schichte von Lazarus und dem Reichen zurück, die Avitus *SHG* 3.220ff nacherzählt (dort *SHG* 3.292–295).

59 Zum Flammensee vgl. *Vulg. Offenbarung* 20,15: *et qui non est inventus in libro vitae scriptus | missus est in stagnum ignis* (»*Und wer nicht im Buch des Lebens verzeichnet gefunden wurde, wurde in den See aus Feuer geworfen.*«). »Die christliche Vorstellung des Feuers als Höllenstrafe [...] verbindet sich hier mit dem brennenden Unterweltfluss Phlegethon der paganen Mythologie. [...] Das Schleudern von strafenden Blitzen rückt den christlichen Gott natürlich in die Nähe des heidnischen Jupiter.« (Hoffmann 2005 zu *SHG* 3.48–50 bzw. 50–52).

60 Von dem Feuerregen spricht *Genesis* 19,24.

61 Die Bezeichnung des Höllenfeuers als Feuer der Gehenna geht auf das Matthäusevangelium zurück (*Vulg. Mt* 5,22: *qui autem dixerit fatue reus erit gehennae ignis* [»Wer aber ›Du Dummkopf‹ gesagt hat, wird angeklagt werden vor der Hölle des Feuers.«]).

62 Ähnlich wie in *SHG* 3.338f und 4.54–75 wird hier die Vorstellung entwickelt, dass der Sündenfall eine Entwicklung in Gang gesetzt hat, die wie ein wachsender Fluss zunehmendes Verderben über die Menschen bringt (vgl. Hoffmann 2005 zu *SHG* 3.55f, dessen Interpretation von *aliena saecula* die vorliegende Übersetzung folgt.). Die Bezeichnung der späteren Menschengeschlechter als *aliena saecula* stellt zudem eine Beziehung zu *SHG* 1.4 (*aliena... priscorum facta parentum*) her: Wie die späteren Menschen nicht für die ihnen »fremden« Taten der Urahnen verantwortlich sind, so sind die späteren Menschen umgekehrt diesen Taten selbst »fremd«.

63 Es wird nicht ganz deutlich, ob hier an eine Graburne zu denken ist, welche die für die Höllenqualen bestimmten Menschen ausspeit, oder um eine Losurne mit den Namenslosen dieser Unglücklichen; vgl. Hoffmann 2005 zu *SHG* 3.62f.

64 ›Blind‹ ist das Dunkel auch deshalb, weil es sündhaft ist; s. Anm. 36 zu *SHG* 2.261–268.

65 Avitus kombiniert hier die christliche Vorstellung, dass der reuige Sünder Gnade bei Gott findet, mit der juristischen Figur des Bürgen, der die Vollstreckung des Urteils an der Person des Angeklagten abwendet.

66 Wenn Eva vorgeworfen wird, sie habe ihren Gatten mit in den Abgrund gerissen, so wird ihr Verhalten mit demjenigen des Teufels gegenüber seiner Schar parallelisiert, s.o. *SHG* 2.83f und vgl. Arweiler 1999, 59. Dass Gottes vorwurfsvolle Fragen hier nur auf Evas Teil der Schuld eingehen, wird aus dem Vergleich mit der Darstellung des Vorgangs durch den Erzähler deutlich, der *SHG* 2.254–260 Adams mangelnden Widerstand und seine rasche Bereitwilligkeit hervorhebt – betont durch die veränderte Aufnahme von *SHG* 2.255 (*inflexos retro deiecit... sensus*) in *SHG* 3.112 (*sublimi sensum iecisti ex arce virilem*).

67 Mit dem persönlichen Ausdruck *ultima* weist die Rede Gottes auf Maria voraus, die als Gegenfigur zu Eva am Ende den Heiland gebären und so die Erlösung von der teuflischen Schlange ermöglichen wird; vgl. Hoffmann 2005 zu *SHG* 3.135f (mit Belegstellen aus der christlichen Literatur).

68 Die Übersetzung versucht das Adjektiv *succiduus*, ein Lieblingswort des Avitus, in seiner doppelten Bedeutung wiederzugeben. Während *SHG* 1.8 (*succiduae... proli*) die Bedeutung »hinfällig« im Vordergrund steht, ist *SHG* 5.97 (*succiduo... tempore*) und 5.511 (*succiduas... per oras*) sicherlich an die Bedeutung »folgend, nachfolgend« zu denken. So wird die vorliegende Stelle von den Kommentatoren bald im ersten Sinne (Hoffmann 2005 zu *SHG* 3.137–139), bald im zweiten Sinne (Hecquet-Noti 1999, 276, Anm. 3) verstanden. Es hindert aber nichts daran anzunehmen, dass das Wort hier in seiner Doppeldeutigkeit changiert; was Eva nach dem Sündenfall und der Bestrafung bleibt, ist ihre folgende Lebenszeit, die durch den Tod begrenzt und damit ebenso hinfällig ist wie die ganze Existenz ihrer noch folgenden Nachkommen (vgl. *SHG* 1.8). Auch *SHG* 4.61 (*succiduae prolis crescens audacia*) legt die Gegenüberstellung *succiduae – crescens* ein solches Changieren der Bedeutung nahe.

69 Der Text der Verse 146–148 scheint verderbt, und die Herausgeber sind bei ihren Heilungsversuchen sehr unterschiedliche Wege gegangen, womit entsprechend unterschiedliche Interpretationen verknüpft sind. Insbesondere ist umstritten, ob als Subjekt das Kind (so Hoffmann 2005 zu *SHG* 3.146–148), der Mutterleib (so Hecquet-Noti 1999, 277 Anm. 6) oder die angesprochene Mutter selbst (so die hier vertretene Auffassung; vgl. auch Gärtner 2000, 143–145) anzunehmen ist. Dementsprechend wird dann auch *naturale malum* unterschiedlich entweder als (durch die Erbsünde bedingtes) Übel des Kindes oder als Übel der Mutter aufgefasst. Der dieser Übersetzung zugrunde gelegte Text beschränkt sich gegenüber der handschriftlichen Überlieferung auf die Änderung von *pendat* zu *pendas* in Vers 147 (so auch Gärtner a.a.O., der aber weitergehende Änderungen vorschlägt) und beseitigt so die unerträglich erscheinende Härte eines Subjektwechsels.

70 Vgl. demgegenüber den ursprünglichen Zustand der Erdoberfläche bei der Schöpfung *SHG* 1.24f.

71 Die Geschichte des Brudermords wird *Genesis* 4,1–16 erzählt.

72 Das Gleichnis von Lazarus und dem reichen Prasser wird *Lukas* 16,19–31 erzählt.

73 Zu *bacchantem... mensam* vgl. die Anm. 45 zu *SHG* 2.321. Der Wein aus Falernum galt seit der späten Republik als römischer Feinschmeckerwein, vgl. Marquardt/Mau 1886, 445. Bei Petron lässt der neureiche Trimalchio entsprechend etikettierten »hundert Jahre alten Falernerwein aus dem Konsulatsjahr des Opimius« (›*Falernum Opimianum annorum centum*‹, Petron 34) auftischen;

insofern würde der Reiche aus dem Lukasevangelium in die Nähe des dekadenten Trimalchio rücken.

74 Der Reiche ist ein Beispiel dafür, wie sich die Seele »durch die hinfällige Masse des Körpers« (*SHG* 3.213) täuschen lässt. Für den Gedanken, dass angesichts des Todes materielle Güter ohne Bedeutung sind, vgl. auch *SHG* 5.274–282 und Anm. 189 zu *SHG* 5.265f.

75 Avitus bezeichnet die Hölle mit der heidnischen Metonymie *Avernus* und verleiht der Passage gegenüber der Bezeichnung *infernum* der *Vulgata* (*Lk* 16,22) episches Kolorit; einen Widerspruch zu christlichen Vorstellungen scheint er nicht empfunden zu haben, vgl. *SHG* 4.524 (mit Anm. 200) und Anm. 240 zu §5 des Widmungsbriefs.

76 Ganz ähnlich wird das notdüftige Begräbnis der toten Erstgeborenen in Ägypten *SHG* 5.302–307 geschildert; hier wie dort handelt es sich, wie *nuda tellure* zeigt, »nicht um eine Bestattung im eigentlichen Sinne, sondern um eine mit minimalem Aufwand durchgeführte Hygienemaßnahme« (Hoffmann 2005 zu 3.265f).

77 Der Begriff *terminus* (›Grenzstein‹, ›Grenze‹, ›Ende‹, ›Ziel‹) ist hier im Sinne eines Punktes gebraucht, an dem sich die Geschicke von Reichem und Lazarus noch einmal wenden könnten; vielleicht wirkt dabei die Vorstellung der Wendemarke (*meta*) bei Wagenrennen im Zirkus ein.

78 Vgl. *Lukas* 16,26, wo ebenfalls der Begriff *chaos* bzw. *chasma* verwendet wird; die gleiche Vorstellung auch oben *SHG* 3.48ff.

79 Zur Verschwörung von Welt und Elementen gegen den sündigen Menschen vgl. *SHG* 5.310–317 und Anm. 192.

80 Avitus verwendet das aus dem Griechischen stammende Fremdwort *protoplasti* (›erste Gebilde‹, ›erste Geschöpfe‹) als Bezeichnung für Adam und Eva nur hier und *SHG* 2.35, so dass durch diese stichwortartige Bezugnahme die inzwischen eingetretene Wandlung hervorgehoben wird.

81 Der Dichter aus Mantua ist Vergil; ›Mäonier‹ (*Maeonius*) ist ein traditionelles Beiwort Homers, dem unter anderem eine Herkunft aus der Landschaft Lydien (*Maeonia*) zugeschrieben wurde. Beide galten mit ihren Epen in der Antike als die Dichter schlechthin und werden hier auch deshalb angeführt, weil der Unsagbarkeitstopos der hundert Münder und der unzerbrechlichen bzw. eisernen Stimme, den Avitus hier variiert, in der Nachfolge Homers (*Ilias* 2.489f) und Vergils (*Georgica* 2.43f; *Aeneis* 6.625f) zum festen Bestandteil der epischen Dichtungstradition gehört. Vgl. auch *SHG* 5.340f und die Bescheidenheitsformel *SHG* 5.6–8.

82 Ob hier eine Anspielung auf die *Bagaudae* vorliegt, die in Gallien bis in die Mitte des fünften Jahrhunderts gegen die römische Zentralmacht revoltierten

(Nodes 1985a, 58; Hecquet-Noti 1999, 304, Anm. 3), ist kaum mit Sicherheit zu sagen, vgl. Hoffmann 2005 zu *SHG* 3.345f.

83 Eine vergleichbare Gegenüberstellung der Gefahren ziviler und militärischer Auseinandersetzung findet sich in Avitus' Brief an Apollinaris (*epist.* 51 §6).

84 Die Verse 362–425 bilden als hymnisches Gebet einen Abschluss des dritten Buches und stehen zudem »etwa im Zentrum der Dichtung (vorher ca. 1100, danach ca. 1300 Verse)« (Arweiler 1999, 17, Anm. 17). Dem Lobpreis der Gnade Gottes folgt die flehentliche Bitte, der Menschheit, die durch die vorangegangenen Erzählungen als erlösungsbedürftig erwiesen wurde, diese Gnade zu gewähren. Durch seine Darstellung der Gleichnisse betont Avitus im Sinne des Augustinus und gegen die Vertreter des sogenannten Semipelagianismus, dass Glaube und erstes Heilsverlangen des Menschen auf die Initiative göttlicher Gnade angewiesen seien (s. Nodes 1984, bes. 189–194, und die folgenden Anm. zu *SHG* 3.362–364 und 3.365f). Die Freiwilligkeit der Erlösungstat wird auch *SHG* 1.161 und, in allegorischer Rede, *SHG* 3.378, hervorgehoben; sie ist komplementär zu dem aus freien Stücken gewählten Sündenfall der Menschen, vgl. Anm. 29 zu *SHG* 2.74–76. Hoffmann 2005 weist zu *SHG* 3.362–425 darauf hin, dass Avitus »als Anreden abwechselnd Bezeichnungen für Christus (Vers 362 *Christe potens*; Vers 399 *sancte*) und für Gottvater (Vers 384 *praepollens hominum rerumque creator;* Vers 395 *pater*; Vers 420 *pater inclite*)« verwendet und somit gegenüber der arianischen Lehre, der das burgundische Königshaus anhing, »auf der Einheit von Gott und Christus [besteht].« Vgl. auch *SHG* 1.51 und Anm. 4 für die Bezeichnung des Schöpfergottes als *sapientia* sowie Anm. 8 zu *SHG* 1.96.

85 Das Bild des zerbrochenen Krugs unterstreicht die vollständige Abhängigkeit des Menschen von der göttlichen Gnadenzuwendung. Die Gleichsetzung von Gottvater oder Gottsohn mit einem Töpfer (*figulus*) gehört zur Bibeltopik (z.B. *Römerbrief* 9,20f); hier entsteht eine werkinterne Klammer durch den Bezug zum Vergleich des Schöpfergottes mit einem Künstler (*SHG* 1.76–79 mit Anm.). Vgl. auch Hecquet-Noti 1999, 307, Anm.2, die auf das Bild des ›Christus medicus‹ (Christus als Arzt, *SHG* 3.21–23) hinweist.

86 Das Gleichnis vom verlorenen Groschen erzählt Jesus bei *Lukas* 15,8–10. Avitus spricht ebenso wie die *Vulgata* und der griechische Text des Neuen Testaments von einer Drachme (*dragma*); an die Stelle der Frau, die die Münze verliert, lässt er Christus selbst treten, so dass der sündige Mensch in die passive Rolle der Münze rückt und die göttliche Gnade als Vorbedingung für das Wiederfinden des menschlichen Heils hervorgehoben wird, vgl. Roberts 1980, 190. Die drei aus *Lukas* 15 herangezogenen Gleichnisse werden bei Avitus in ihrer Reihenfolge verändert und nach ihrer Länge als Klimax angeordnet: vgl. Hoff-

mann 2005 zu *SHG* 3.362–389, der dort auch überzeugend darlegt, wie die Funktion des biblischen Textes bei Avitus verändert ist, »da es ihm um einen hymnischen Lobpreis der Barmherzigkeit Christi geht. Folgerichtig stellt er das Handeln Christi in den Mittelpunkt, indem er ihn explizit zum Protagonisten der ersten beiden Abschnitte macht, statt des Akteurs, der in den biblischen Gleichnissen von der verlorenen Drachme und vom guten Hirten jeweils seine Entsprechung darstellt«.

87 Das Gleichnis vom guten Hirten stammt aus dem gleichen Zusammenhang bei Lukas 15, 4–7.

88 Das Gleichnis vom verlorenen Sohn: *Lukas* 15,11–13 Auch hier liegt der Akzent im augustinischen Sinne (s. Anm. 84) darauf, dass der Sohn keineswegs aus eigenem Antrieb, sondern gezwungenermaßen zurückkehrt, der Vater den reumütigen Sohn aber »aus freien Stücken« (*ultro*, *SHG* 3.378) wieder aufnimmt; vgl. Anm. 29 zu *SHG* 2.74–76.

89 In der allegorischen Deutung durch die frühchristlichen Bibelexegeten steht der »allererste Rock« bzw. das »erste Gewand« für die göttliche Gnade, die durch Adam verloren ging und durch Christus zurückgewonnen wurde, vgl. Hoffmann 2005 zu *SHG* 3.390–339. Allerdings besteht keine Notwendigkeit, die Doppeldeutigkeit des lateinischen Textes in der Übersetzung aufzuheben; die *prima... pallia* bezeichnen sowohl ein Gewand erster Güte (wie *prima vestis* in Vers 380) als auch das ursprüngliche Gewand, das Adam verloren hatte. Zum Bild des ›Einkleidens‹ s. Anm. 102 zu *SHG* 4.32–36.

90 Jesus erzählt das Gleichnis vom barmherzigen Samariter bei *Lukas* 10,30–37. Avitus identifiziert den nicht namentlich genannten Samariter hier mit dem angesprochenen Christus. Wie Hoffmann 2005, xli–xliv, und zu *SHG* 3.396f und 3.400f gezeigt hat, vermengt er dieses Gleichnis im Anschluss an die Bibelexegese des Ambrosius zudem mit dem zuvor angeführten Gleichnis vom guten Hirten: Wie der gute Hirte im Bibeltext das verlorene Schaf findet und auf seinen Schultern nach Hause trägt (*Lukas* 15,4f), so lässt Avitus Christus den Verletzten »finden« (*forte repertum* 396, *invenis* 400); anders als bei Lukas (*Vulg. Lukas* 10,34*: inponens illum in iumentum suum* [»und er legte ihn auf sein Lasttier«])) bringt er ihn dann auch nicht auf einem wirklichen Lasttier zur Herberge, sondern macht sich selbst bzw. sein eigenes Fleisch zum Lasttier (400f *iumento carnis propriae sub tecta reportas*), wodurch dann auch die Passion Christi vorweggenommen ist.

91 Öl und Wein wendet der Samariter *Lukas* 10,34 zur Heilung an (*Vulgata*: *et adpropians alligavit vulnera eius infundens oleum et vinum* [»und näherte sich und verband seine Wunden und goss Öl und Wein darauf«]). Für die »Gleichsetzung des Öls mit göttlicher Gnade und speziell der Vergebung der Sünden« in

der christlichen Exegese s. Hoffmann 2005 zu *SHG* 3.403f; dort auch zu der auf Auslegung von *Sprüche* 9,2 (*Vulgata:* [sc. *sapientia*] *miscuit vinum et proposuit mensam suam* [Die Weisheit »hat Wein gemischt und ihren Tisch aufgestellt.«]) beruhenden Verbindung von Weisheit und Wein.

92 Avitus verwendet anders als der *Vulgata*-Text *Lukas* 10,35 nicht das Wort *stabularius* (›Stallwirt‹), sondern stattdessen *stabulum* (›Stall‹). Hoffmann 2005 zu *SHG* 3.405 nimmt wohl zu Recht an, dass diese Abweichung nicht nur metrisch bedingt ist, sondern auf die Vermengung mit dem Gleichnis vom guten Hirten zurückzuführen ist, der sein Schaf in den Stall bringt. Gleichwohl spricht die Verwendung von *commendare* ›übergeben, anvertrauen‹, das wohl ein personales Dativobjekt erfordert, doch dafür, die Metonymie *stabulum* – *stabularius*, die Hecquet-Noti 1999, 313, Anm. 8 annimmt, nicht auszuschließen; der deutschen Übersetzung bleibt, will sie diese Doppeldeutigkeit wiedergeben, nur die Verdopplung des Ausdrucks.

93 Die Verse erinnern nochmals an den in den Versen 384ff ausgesprochenen selbstlosen Heilswillen Gottes: Gott will nicht, dass durch den zunehmenden Abfall der sündenbeladenen Menschen und die Entfesselung des Bösen (vgl. *SHG* 3.315f) die Ursachen für den Tod zunehmen.

94 Avitus geht von der Erzählung im Lukasevangelium 23,39–43 aus. Die gleiche Deutung trägt er auch in der Epistel *De subitanea paenitentia* vor (Peiper 1883, 31, Z. 36 – 32, Z. 4), teilweise mit gleichen Formulierungen, die den Räuber charakterisieren (vgl. ebd., 32, Z. 4 *ut de iusta raperet morte martyrium* mit *SHG* 3.416 *martyrium de morte rapit*).

95 Der Räuber erhält schon vor seinem Tod am Kreuz von Jesus die Zusage, er werde noch am selben Tag mit ihm im Paradiese sein (*Vulg. Lk* 23,43: *et dixit illi Iesus | amen dico tibi | hodie mecum eris in paradiso* [»Und Jesus sagte ihm: ›Amen, ich sage dir: Heute wirst du mit mir im Paradies sein.‹«]); Avitus fasst diese Aussicht in der knappen Formulierung *caelo(que) levandus* zusammen. Insofern verschafft der Räuber sich zwar nicht gewaltsam (*pace* Hoffmann 2005 zu *SHG* 3.418f), aber doch vor der Zeit (*praeripuit*) einen Zugang zum Paradies im Himmel.

96 In einem Wortspiel stellt Avitus dem reumütigen Räuber am Kreuz den ebenfalls als *latro* bezeichneten Teufel gegenüber; auch *SHG* 2.59 wird der Teufel als *latro* beschrieben.

97 Mit dem »zum Gesetz gewordenen Frevel« (*legitimum nefas*) ist die *SHG* 3.315–361 beschriebene Entwicklung zum Schlechteren an einem Tiefpunkt angelangt; was *SHG* 2.331–333 von Sodom und Gomorra gesagt war, gilt nun für die ganze Welt. Damit ist der äußerste Gegensatz zu dem *SHG* 1.136f formulierten Gebot erreicht.

98 Die Abgrenzung des eigenen Wahrheitsanspruchs (*SHG* 4.8 *veri compos*) von dem erfundenen bzw. erlogenen Mythos begegnet auch im Widmungsbrief an den Bruder (§4 mit Anm. 239). Dabei ist zu berücksichtigen, dass die literarische Terminologie der Antike auch sonst nicht systematisch zwischen Lüge und Fiktion unterscheidet. Von den »ersponnenen Geschichten« (*commenta ficta*) bzw. der »Lügenfabel« (*mendax fabula*) der Griechen spricht Avitus auch *SHG* 4.94 und 4.104, und ebenso 4.109 vom »erlogenenen Lied« (*carmen mentitum*) griechischer Dichter. Vgl. auch *SHG* 1.238f mit Anm. 17.

99 Locus classicus poetischer Sintflutbeschreibung und Sage von Deukalion und Pyrrha ist Ovid *met.* 1.244–415; von dort (*met.* 1.414f) oder aus Vergil (*Georgica* 1.62) stammt auch die Erklärung der harten Sinnesart der Menschen aus ihrem steinernen Ursprung. Vgl. auch die Einführung, S. 40.

100 Nicht der aufrechte Blick zum Himmel, das *SHG* 1.69f formulierte Privileg des Menschen, bestimmt nun also sein Dasein, sondern eine Gottvergessenheit, die ihn den unbewusst zur Erde gebeugten Tieren gleich macht.

101 Demgegenüber untersagen *Lev* 22,8 und *Deut* 14,21 das Essen von verendetem oder zerrissenem Fleisch; der Passage liegt, wie Arweiler 1999, 337, gezeigt hat, als literarisches Vorbild Prudentius *cath.* 3.58–65 zugrunde; dort wird die vegetarische Ernährung als Möglichkeit christlicher Lebensführung dem Fleischkonsum unzivilisierter Völker gegenübergestellt.

102 Das Bild des »Einkleidens« (*induere*) durchzieht, eigentlich und metaphorisch, die gesamte Erzählung von Schöpfung und Sündenfall: Gott möchte, dass sich der Mensch innerlich sein Abbild anlegt (*induat, SHG* 1.57f), der Teufel gewandet sich in die Gestalt der Schlange (*induit,* 2.136), und in Buch 3 stellen Adam und Eva vorläufige Kleidung her (*indumenta*, 3.10; *induitur* 3.16) und erhalten ein Kleid von Gott (*induit,* 3.196). Die vorliegende Stelle parallelisiert das Menschengewand mit dem Schlangenkleid des Teufels 2.136 und kehrt mit dem Abwerfen der »Zierde seines Geistes« die Schöpfungsszene 1.57f um (vgl. auch die ganz ähnliche Formulierung *SHG* 2.255 in Bezug auf Adam). Auch in seiner Darstellung des Gleichnisses vom verlorenen Sohn betont Avitus das Bild von Verlust und Rückerhalt des Kleides, s. Anm. 89 zu *SHG* 3.393ff. Zum dritten Buch vgl. auch Pollmann 2017, 171f.

103 Zur Doppeldeutigkeit des Adjektivs *succiduus*, die auch hier in der Übersetzung abgebildet wurde, s.o. zu *SHG* 3.139. Adam wird bereits *SHG* 1.11 als »Begründer« (*auctor*) der Sünde bezeichnet; zum Begriff »Lehrmeister« (*magister*) vgl. Anm. 32 zu *SHG* 2.183.

104 Das Bild der Urne entspricht der traditionellen antiken Ikonographie des Flussgottes, der seine Wasser einer Urne entströmen lässt; literarisches Modell ist hier vermutlich die Beschreibung des Flussgottes Inachus bei Vergil *Aeneis* 7.792.

105 Die langen Lebenszeiten Adams und seiner Nachkommen werden in *Genesis* 5 aufgezählt.

106 Blind sind die Sinneswahrnehmungen, weil sie allein auf die gegenwärtige Schöpfung und nicht auf den Schöpfer und seinen Ratschluss für die Zukunft ausgerichtet sind (vgl. Paulus *Röm* 1,25). Hinzu kommt, dass die Menschen die von Gott gesetzten Grenzen nicht akzeptieren wollen und sich durch den Sündenfall selbst blind gemacht haben, dazu s.o. *SHG* 2.261–268 und Anm. 36.

107 Avitus' Darstellung geht von der biblischen Erzählung in *Genesis* 6,1–4, aus, lässt aber insbesondere die dort benannte Entstehung der Giganten aus der Verbindung von Göttersöhnen und Menschentöchtern aus und beschränkt sich darauf, ihre Abstammung in das unhinterfragbare Dunkel der göttlichen Mysterien (*arcana*, *SHG* 4.90) zu rücken. Stattdessen kombiniert er die biblische Erzählung mit den Gigantenerzählungen der heidnischen Antike, die er zwar als »ersponnene Geschichten« (4.94), »Lügenfabel« (4.104) oder »erlogenes Lied« (4.109) abwertet (s. Anm. 98 zu *SHG* 4.3), aber doch mit der Freude am literarischen Spiel und am grausigen Detail genüsslich ausbreitet. Zu diesem Verfahren vgl. auch Ehlers 1985, 364, und Deproost 1991, bes. 94.

108 Die folgende Beschreibung überträgt, über die Schlangenfüße hinaus (vgl. Ovid *met.* 1.183f), Merkmale verschiedener Schreckensgestalten aus der paganen Dichtung auf die Giganten (vgl. die Zusammenstellung bei Hecquet-Noti 2005a, 46, Anm. 2).

109 »Phlegräisch« heißt der Kampf der Giganten gegen die olympischen Götter (Gigantomachie) nach seinem mythischen Austragungsort, der Halbinsel Phlegra auf der Chalkidike in Makedonien (heute Kassandra). Die Gigantomachie gilt seit der Antike als episches Sujet schlechthin (vgl. Properz 2.1.39f); insofern die Giganten als Verkörperung des Unzivilisierten und Barbarischen gelten, wird das Thema poetisch insbesondere in der Zeit der Völkerwanderung, z.B. von Claudian (*carmina minora* 37), wieder aufgegriffen.

110 Die erste erhaltene Erzählung der Gigantomachie stammt von dem frühgriechischen Dichter Hesiod (*Theogonie* 654–735); auch der archaische Chorlyriker Pindar spielt in der ersten *Nemeischen Ode* darauf an (*Nem.* 1.67f).

111 Avitus führt die »erlogene« Erzählung der Gigantomachie im Stile rationalistischer Mythenkritik auf ihren »wahren« Kern zurück und verknüpft sie so mit der biblischen Erzählung vom Turmbau zu Babel (*Genesis* 11,1–9). Der Text der Verse 114–117 lässt offen, ob Avitus, wie schon Eupolemos im zweiten vorchristlichen Jahrhundert, in von der Sintflut verschonten Giganten die Erbauer des Turmes gesehen hat (nach dem Zeugnis des Eusebius, *Praeparatio Evangelica* 9.17, zitiert bei Herzog 2002, 119).

112 Die folgende Rede basiert auf den Worten Gottes in *Genesis* 6,7, erweitert und modifiziert jedoch insbesondere die dort nur kurz nachgeschobene Motivierung (*Vulgata*: *poenitet enim me fecisse eos* [»›Mich reut nämlich, dass ich sie gemacht habe.‹«]). Insofern es das Menschengeschlecht nicht bei dem einmaligen Fehltritt ihres Begründers belässt, sondern auch selbst schuldig wird, weist diese Rede Gottes bei Avitus Berührungspunkte mit dem Proömium (*SHG* 1.5f) auf; während freilich dort nur von einem »Hinzufügen« (*addatur*, 1.5) die Rede ist, spricht Gott hier von »Übertreffen« (*transcenditur*, 4.148).

113 Zur Bezeichnung des Teufels als *antiquus draco* s.o. Anm. 31 zu *SHG* 2.183.

114 Der Teufel ist »Erfinder des Todes«, weil er das Übel aus eigenem Antrieb in die Welt gebracht hat (vgl. Anm. 29); vgl. auch *SHG* 2.183 und Anm. 32 zu seiner Bezeichnung als »Lehrmeister des Todes« (*leti... magister*).

115 Anders als *SHG* 3.48 und 3.293, wo *chaos* einen jeweils trennenden ›Schlund‹ bezeichnet, und anders als *SHG* 4.554, wo der Begriff (wie *SHG* 4.238 und 4.535 *abyssus*) einen ›Schlund‹ als Hort der Wassermassen bezeichnet, ist hier an den Urzustand der Welt vor der Trennung der Elemente durch das göttliche Wort (*SHG* 1.14–16) gedacht. Mit ihren drei zunehmend verdichteten Aussagendoppelungen erinnern die Worte Gottes in den Versen 160–164 an den Parallelismus membrorum der hebräischen Poesie.

116 Die Genealogie in *Genesis* 5 führt Henoch als Urgroßvater Noahs an (*Gen* 5,18–24). Von Henochs Entrückung in den Himmel aufgrund seines Glaubens berichtet der pseudo-paulinische Hebräerbrief (*Vulg. Hebr* 11,5: *fide Enoch translatus est ne videret mortem | et non inveniebatur quia transtulit illum Deus | ante translationem enim testimonium habebat placuisse Deo* [»Durch den Glauben ist Henoch verwandelt worden, um den Tod nicht zu sehen, und er wurde nicht mehr gefunden, weil Gott ihn verwandelt hat. Vor seiner Verwandlung besaß er nämlich das Zeugnis, Gott gefallen zu haben.«]); auf den Hebräerbrief dürfte auch die Verknüpfung mit Noah zurückgehen, obgleich Avitus weniger den Glauben als verbindendes Element zwischen beiden in den Vordergrund rückt (*fide, Vulg. Hebr* 11,5 und 11,7). Die Vergilzitate *prisca fides* (*Aen.* 6.878) und *conscia virtus* (*Aen.* 5.455, 12.668) lenken, wie Hecquet-Noti 2005a, 55, Anm. 4 bemerkt, den Blick darauf, dass Henoch nicht durch die Qualitäten eines epischen Helden, sondern durch seine reine Gesinnung den Himmel für sich gewinnt. Demgegenüber wird bei dem gerechten Noah (*iustus*, 4.167; vgl. *Hebr* 11,7: *iustitiae... heres* [»Erbe der Gerechtigkeit«]) gerade die Größe seines Handelns (*magno...actu, SHG* 4.175) betont.

117 Elias' Fahrt auf dem Feuerwagen wird *2 Kön* 2,1–18 erzählt.

118 Zu dem auf Paulus zurückgehenden »Gesetz der fleischlichen Glieder« vgl. Anm. 37 zu *SHG* 2.276.

119 Die Beschreibung des Wirkens der Engel bildet ein »Ritardando« (Ehlers 1985, 358), das im Bericht der *Genesis,* wo 6,13ff auch Gott selbst und nicht der Erzengel Gabriel zu Noah spricht, kein Vorbild hat. Für die hier angedeutete Engelshierarchie vgl. *Tobias* 12,15 (vgl. Hecquet-Noti 2005a, 57, Anm. 3); von der schier unendlichen Zahl der Engel sprechen im Anschluss an *Daniel* 7,10 z.B. *Offenbarung* 5,11 und 9,16; zum Preisen Gottes durch die Engel vgl. z.B. *Ps.* 103,20. Vom Flug der Engel (Vers 197) berichtet beispielsweise *Daniel* 9,21 mit Bezug auf den Erzengel Gabriel. Die Vermittlungsfunktion der Engel betont Avitus selbst in einer Predigt (Peiper 1883, 125, Z. 31–33).

120 Von der Schutzfunktion der Engel spricht z.B. *Vulg. Ps* 90,11f: *quia angelis suis mandabit de te ut custodiant te in omnibus viis tuis. // in manibus portabunt te ne forte offendat ad lapidem pes tuus* (»denn er wird seinen Engeln um deinetwillen befehlen, dass sie dich behüten auf allen deinen Wegen. Sie werden dich auf ihren Händen tragen, damit dein Fuß nicht etwa an einen Stein stößt.«); möglicherweise ist dieses Bild auch für die Bezeichnung des Lebens als ›zerbrechlich‹ (*fragilis,* Vers 198) verantwortlich.

121 Gemeint ist der Erzengel Gabriel, der auch die Geburt Johannes des Täufers (*Lukas* 1,11–20) und die Geburt Jesu (*Lukas* 1,26–38) verkündigt. In seiner ersten Epistel *contra Eutychianam haeresim* beschreibt Avitus die bevorzugte Stellung Gabriels genauer: »Er ist ja der Fürst unter den Dienern. Da er durch seinen Dienst unermüdlicher Anbetung im Gesichtskreis des ewigen göttlichen Glanzes steht, werden ihm die unaussprechlichen Geheimnisse der sichtbaren Majestät Gottes offenbart, nicht nur, um sie zu begreifen, sondern auch, um sie zu schauen.« (Peiper 1883, 17, Z. 31–33: *principem videlicet ministrorum, cui ineffabilia perspicuae maiestatis arcana, ut pote qui indefessae obsecrationis ministerio conspectibus perpetuae claritatis assistat, non intellegenda tantum modo sed contemplanda monstrantur.*).

122 Gemeint sind Zacharias und Elisabeth als Eltern des Täufers (*Lukas* 1,11ff).

123 »Die Reminiszenzen an das erste Kapitel des Lucas-Evangeliums sind so stark unterstrichen, daß man sagen kann, die Botschaft an Noah werde mit jenen geheiligten Verkündigungen gleichgesetzt.« (Ehlers 1985, 358); daneben ist das Modell von Merkurs Auftritt bei Aeneas in Karthago (Vergil, *Aeneis* 4.221–275) nicht zu übersehen, vgl. Costanza 1968, 37; Deproost 1991, 92f.

124 Der biblische Begriff *abyssus* bezeichnet wie *SHG* 4.535 und wie *chaos SHG* 4.554 einen unterirdischen Schlund als Hort der Wassermassen; diese Vorstellung wird von Isidor *orig.* 13.20.1 näher beschrieben (s. Arweiler 1999, 115f).

125 Die Maße der Arche entsprechen den Angaben *Genesis* 6,15; insofern eine Elle ca. 45 cm entspricht, ergeben sich Abmessungen von etwa 135 x 22,5 x 13,5 m^3.

126 ›Gast‹ (*mansor,* ein Neologismus des Augustinus, vgl. Hecquet-Noti 2005a, 63,

Anm. 6) ist eine gesuchte Bezeichnung für Noah. Die *Vulgata* spricht *Gen* 6,14 bei den Behausungen für die Tiergattungen auf der Arche von *mansiunculae*; vielleicht schwingt bei *mansor* auch der Gedanke daran mit, dass Noah als einziger Mensch auf der Welt ›bleiben‹ (*manere*) soll.

127 Mit der Bezeichnung *parens* (›Vater‹) wird Noah als zweiter Adam bezeichnet (*parens*, vgl. *SHG* 4.151); die Bezeichnung *auctor*, die Avitus sowohl für Adam (›Begründer‹, *SHG* 1.11) als auch für Gott (›Schöpfer‹, *SHG* 1.299: *summus... auctor*) verwendet, rückt ihn zudem auch in die Nähe Gottes (vgl. Anm. 135 zu *SHG* 4.341); dazu passt auch die Einschränkung, die Gabriel in den Versen 259ff anfügt.

128 Die Warnung vor der Schlange ist im Bericht der *Genesis* 7,1–4 ohne Vorbild; Avitus schafft hier also eine künstliche Verknüpfung mit der Geschichte vom Sündenfall in den Büchern 1–3.

129 Die Figurenanrede wird hier, ähnlich wie *SHG* 3.69–73, transparent für eine tropologische Mahnung an den Leser.

130 Mit Pelion, Ossa, Pindus und Atlas werden, ohne Rücksicht auf biblische Geographie, Berge der griechischen Mythologie als Holzspender für die Arche aufgezählt (Belegstellen bei Hecquet-Noti 2005a, 70, Anm. 1); der Bau der Arche wird so mit dem Schiffsbau der Argo parallelisiert (vgl. z.B. Catull 64.1; Valerius Flaccus 1.95) und erhält ein episches Kolorit (vgl. auch Anm. 200 zu *SHG* 5.424f).

131 Zu *bacchatam... carnem* vgl. Anm. 45 zu *SHG* 2.321f.

132 Das Verständnis der Arche als Symbol der Taufe ist formuliert im ersten Petrusbrief 3,19–21, vgl. Lundberg 1942, 98ff. Etwas anders deutet Avitus die Arche in einer Predigt (*Homilia II:* Peiper 1883, 105, Z. 34 – 106, Z. 20) als Leib Christi, dessen geöffnete Seite dem Christen mittels der Taufe Zugang zu dieser Arche verschaffe (diese Deutung liegt *SHG* 1.165–167 zu Grunde, s. Anm. 12). An der vorliegenden Stelle verweist die Arche mit ihrem Holz (*lignum,* Vers 325) typologisch auf das Kreuz Christi (zur *lignum*-Typologie vgl. *SHG* 3.20–23 und Anm. 56; 5.659–661).

133 Das Adjektiv *vitalis* bezieht sich die Bewahrung bzw. Errettung menschlichen Lebens, und zwar vor allem auch im geistlichen Sinne; so hat Adams Sünde den Menschen die *vitalia germina* geraubt (*SHG* 1.8). In der Verwendung des Wortes durch Eva in Bezug auf den verbotenen Baum (*SHG* 2.242) spiegelt sich ihre Perversion als verführte Verführerin wider. Im vierten Buch ist das Wort geradezu leitmotivisch verwendet, vgl. *SHG* 4.325 (*vitali indicio*), 4.401 (*vitalis... carcer*, als Oxymoron mit Bezug auf die Arche), 4.627 (*vitalem... arcum*, mit Bezug auf das Symbol des Regenbogens).

134 Die Verse 337–342 beziehen sich auf die eschatologischen Aussagen vom Kom-

men des Menschensohns bei *Matthäus* (24,37–44) bzw. *Lukas* (17,26–35). Mit *figurae* (›Zeichen, Symbole‹, Vers 343) sind die Gleichnisse der Evangelien angesprochen, insofern sie zeichenhaft auf das Kommen des Menschensohns verweisen; vgl. auch die Einführung, S. 23ff.

135 Avitus wendet, worauf Arweiler 1999, 65, hingewiesen hat, auf Noah die traditionellen Prädikationen des Schöpfergottes an (*opifex, SHG* 4.341, vgl. *SHG* 1.76; *conditor, SHG* 4.344, 4.391, vgl. *SHG* 1.96). Allerdings werden diese Prädikationen Noah »ausschließlich mit Bezug auf den Bau der Arche beigelegt [...].« Er kennzeichnet »den Bau der Arche gewissermaßen als eine Schöpfung in nuce, durch die die spätere Wiederbesiedelung der Welt ermöglicht wird.« (Hoffmann 2000, 1056). Vgl. auch Anm. 127 zu *SHG* 4.257 (*auctor*).

136 Zu *vitali indicio* vgl. Anm. 133 zu *SHG* 4.325. Im Stile einer Predigt stellt Avitus dem beschriebenen Verhalten der Tiere kontrastierend das Verhalten der Menschen gegenüber und formuliert eine allgemeine Einsicht, die im Folgenden durch zwei gegensätzliche Beispiele illustriert wird.

137 Im Zusammenhang mit dem Verhalten von Lots Frau erzählt Avitus von der Vernichtung Sodoms und Gomorras bereits *SHG* 2.326–377; s. Anm. 46 zu *SHG* 2.326ff.

138 Die Geschichte von Jona und Ninive wird im Buch *Jona* 1–3 erzählt. Die Gegenüberstellung von Ninive einerseits und Sodom und Gomorra andererseits findet sich in der christlichen Exegese häufig, z.B. bei Augustinus *civ.* 21.24 (vgl. Hecquet-Noti 2005a, 76, Anm. 3). Von der rettenden Buße der Niniviter (Verse 377–390) spricht Avitus auch im Zusammenhang seines Briefes *De subitanea paenitentia* (Peiper 1883, 30, Z. 14–17).

139 Unter den zahlreichen von Peiper und späteren Herausgebern vermerkten Vergilzitaten ragt dieses (*Aeneis* 1.3: *multum ille et terris iactatus et alto*) aufgrund seiner Länge und Prominenz heraus. Solche Entlehnungen eröffnen stets einen Assoziationsraum, indem sie die Frage aufwerfen, welche weiteren Gemeinsamkeiten und welche Unterschiede zwischen den parallelisierten Figuren bestehen: Beispielsweise entziehen sich sowohl Aeneas als auch Jona zumindest zeitweise ihrem göttlichen Auftrag, Jona durch Flucht übers Meer, Aeneas durch sein »Verligen« bei Dido in Karthago. Zur Übernahme von Junkturen aus früherer Dichtung s. die Einführung, S. 45f.

140 Das härene Trauergewand aus dem Haar kilikischer Ziegen (*cilicium*) wird auch in der *Vulgata* erwähnt (z.B. *Genesis* 37,34).

141 Mit Vers 391 wird die Haupterzählung von Noah wieder aufgenommen. Durch das Futur *gaudebit* in Vers 393 rückt die Erzählung, ähnlich wie später durch *illuxerit* (427) und *dabit* (428), in die zeitliche Perspektive von Bau bzw. Fertigstellung der Arche; vgl. auch *SHG* 5.369f.

142 Avitus betont ausgehend von *Genesis* 7,1 und 7,13, dass die gesamte Familie ohne Unterschied in die Arche aufgenommen wird (vgl. *SHG* 4.186–189), da Sklaverei und Knechtschaft nicht naturgegeben sind, sondern eine Folge des Sündenfalls darstellen. Für die Erzählung von Noahs Sohn Ham, die Avitus unabhängig von der Reihenfolge des biblischen Berichts an dieser Stelle einfügt, vgl. *Genesis* 9,18–27; anders als in der Bibel verflucht Noah nicht Hams Sohn Kanaan, der gar nicht erwähnt wird, sondern Ham selbst, so dass sich daraus eine universelle, nicht an historische Völkerschaften geknüpfte Erklärung des Phänomens Sklaverei ergibt.

143 Indem Avitus nach dem Wort Jesu (*Joh* 8,34) die Sündhaftigkeit zum Kriterium von Knechtschaft und Freiheit erklärt, deutet er die Begriffe in den Versen 414–417 im moralischen Sinn; diese Denkfigur begegnet u.a. bereits in der Stoa (z.B. Seneca *epist.* 47.17).

144 Für die Verwendung des Futurs s. Anm. 141 zu *SHG* 4.393.

145 Die Garamanten sind ein in der östlichen Sahara beheimater Stamm; ebenso wie massylischen Syrten werden sie hier lediglich pars pro toto erwähnt und stehen für die Trockenheit bzw. die Hitze Afrikas.

146 Mit den massylischen Syrten, benannt nach den Massyliern, einem Volksstamm im Gebiet des heutigen Algerien und Tunesien, wird nicht nur die Bucht selbst, sondern auch das Küstengebiet bezeichnet (vgl. Arweiler 1999, 77f).

147 Der Fluss Tanais ist nicht eindeutig identifiziert, wird aber häufig mit dem Don gleichgesetzt; vgl. Arweiler 1999, 81f, der zu Recht darauf hinweist, dass dieser nördliche Fluss wohl gewählt wurde, »um den geographischen Angaben eine Geschlossenheit zu geben, die die vollständige Erfassung der Welt durch die Flut verdeutlicht.« Im Riphäischen Gebirge wurde die Quelle des Tanais lokalisiert; beide werden etwa bei Vergil *Georgica* 4.517f, zusammen genannt.

148 Vgl. *SHG* 5.314–317 und Anm. 192.

149 Die hier gewählte Übersetzung von *vertex rerum* folgt der Auffassung von Arweiler 1999, 92, und nimmt an, dass hierdurch der »Ozean als unabdingbarer Bestandteil des Weltgefüges« bezeichnet wird; anders Shea 1997 (»a seething whirlpool of elements«) und Hecquet-Noti 2005a (»éminence de la création«).

150 Gegenüber *SHG* 4.323f wird die Arche an dieser Stelle entsprechend einer gängigen bibelexegetischen Tradition als Symbol der Kirche aufgefasst (vgl. z.B. Augustinus *civ.* 15.26); s. Lundberg 1942, 73, und Hecquet-Noti 2002, 317 mit Anm. 106.

151 Diese Verse stellen einen Rundumschlag gegen drei von Avitus als Feinde der Kirche identifizierte Gruppen dar. Die Polemik gegen die heidnische Philosophie der Griechen findet ihr Vorbild bei Paulus, etwa im Kolosserbrief (2,8:

videte ne quis vos decipiat per philosophiam et inanem fallaciam | secundum traditionem hominum | secundum elementa mundi et non secundum Christum [»Seht zu, dass euch niemand verführt: durch Philosophie und leere Täuschung, nach der Lehre der Menschen, nach den Elementen der Welt, und nicht nach Christus.«]). Zum Ausfall gegen die Juden vgl. *SHG* 4.569ff und Anm. 158. Mit Bezug auf das schiffezerstörende Seeungeheuer der griechischen Mythologie spricht Avitus von einer Charybdis der Häresien; aufgrund des religionsgeschichtlichen und biographischen Entstehungskontextes von *SHG* wird man dabei vor allem an den Arianismus denken, den Avitus am burgundischen Königshof zurückzudrängen suchte (dazu s. die Einführung, S. 11, und vgl. Shanzer/Wood 2002, 163–166); zu Avitus' augustinischer Position gegenüber dem sogenannten Semipelagianismus s. die Einführung S. 22f und Anm. 84 zu *SHG* 3.362ff.

152 Die Verse schließen sich an einen stoischen Gedanken an, der bei Seneca als Sentenz erscheint (*epist.* 107.11): *Ducunt volentem fata, nolentem trahunt.* (›Es führt das Schicksal den Willigen; den Unwilligen zerrt es mit sich.‹).

153 Othrys: Gebirge im südlichen Thessalien; Parnass: Gebirge bei Delphi in Zentralgriechenland; Lykaion: Gebirge in Arkadien. »Avitus greift aus der Menge aller Berge, die überschwemmt werden, drei Berge heraus, die in der antiken Mythologie mit der Deukalionsage verbunden sind oder durch ihre Bekanntheit die griechische Kultur besonders repräsentieren« (Arweiler 1999, 108).

154 Vgl. Anm. 115 zu *SHG* 4.160 und Anm. 124 zu 4.238.

155 Die Anzahl und Reihenfolge der Vögel, die Noah bei Avitus aussendet, entspricht nicht der biblischen Erzählung *Genesis* 8,6–12; auch die Begründung für das Ausbleiben des Raben (*SHG* 4.565ff) geht nicht auf die Bibel, sondern auf die christliche Ikonographie und Bibelexegese zurück, in der der Rabe als Symbol der Sünde gilt (vgl. Anm. 157 zu *SHG* 4.565–568). Durch die Veränderungen findet eine dramaturgische Straffung statt (vgl. Ehlers 1985, 357f), und es wird der polemische Ausfall gegen die Juden *SHG* 4.569ff vorbereitet.

156 Für die verschiedenen Bedeutungen von *chaos* in Avitus' Gedicht vgl. Anm. 115 zu *SHG* 4.160; hier ist, wie bei dem analogen Begriff *abyssus* (*SHG* 4.238, 4.535), an einen Schlund als Hort der Wassermassen gedacht.

157 Von dem aasfressenden Raben weiß der Bibeltext *Genesis* 8,6f nichts; erst in der späteren nahöstlichen bzw. jüdischen und christlichen Tradition taucht das Motiv auf, vgl. Rooth 1962, 83ff; Hecquet-Noti 2005a, 104, Anm. 1.

158 Mit *Iudaeus* (*SHG* 4.469, 5.451) bzw. *Iudaea* (*SHG* 4.496) bezeichnet Avitus an allen Stellen die Juden, insofern sie die Offenbarung Gottes in Christus nicht anerkennen; zur Verwendung der Bezeichnungen *Hebraeus* bzw. *Israel* vgl. Anm. 227 zu *SHG* 5.698f. Mit seiner beklemmenden Polemik reiht sich Avitus

in eine antijüdische Tradition der Gattung Bibelepos ein, vgl. Hecquet-Noti 2002, 312–316, und Hecquet-Noti 2005a, 104, Anm. 1. Einige dieser Vorwürfe, insbesondere Zügellosigkeit, Absonderung von der Gemeinschaft und Misoxenie, gehören zu den stereotypen Vorurteilen gegen Juden und finden sich beispielsweise auch schon in dem Judenexkurs in Tacitus' *Historien* (besonders *hist.* 5.5.1–3), wozu noch der aus *Matthäus* 13,14f gespeiste Vorwurf kommt, die Wahrheit zu verkennen (*Vulg. Mt* 13,14: *auditu audietis et non intellegetis | et videntes videbitis et non videbitis* [»›Durch Hören werdet ihr hören und nicht verstehen, und obwohl ihr seht, werdet ihr sehen und <trotzdem> nicht sehen.‹«]); für eine Übersicht der von Christen übernommenen paganen Vorwürfe s. Juster 1914, Bd. 1, 45–48, für eine zusammenfassende Betrachtung des Urteils über die Juden in der griechisch-römischen Literatur vgl. Baltrusch 1998, dort bes. 412–419.

159 Wie insbesondere *magistro* zeigt, wird in den vorliegenden Versen Noah als Präfiguration Christi aufgefasst und der Rabe als Präfiguration des Verräters Judas, der wiederum mit den Juden allgemein gleichgesetzt wird; so wird der Vorwurf der Treulosigkeit sowohl gegen den ausgesandten Raben gerichtet als auch gegen die Juden, die wie Judas (*Johannes* 13,26–30) von ihrem Meister entlassen worden seien, ihn aber verraten hätten.

160 Die ›erste Vereinbarung‹ (*primum... pactum*) ist hier einerseits im Sinne von *primum testamentum*, also als erster Bund zwischen Gott und dem Volk Israel, zu verstehen, weist aber andererseits auch auf die Dankesworte Noahs gegenüber dem Erzengel *SHG* 4.289 zurück. In diesem letzteren Sinne wird der Vergleich zwischen dem Raben und den Juden unterstrichen (vgl. Hecquet-Noti 2002, 314f); vorbereitet wird dieser Vergleich bereits in der polemischen Charakterisierung der Juden *SHG* 4.496 (*hinc Iudaea fremit rabidoque inliditur ore*).

161 Die Frage der Wiederholbarkeit der Taufe beschäftigte die Alte Kirche seit dem Ketzertaufstreit im dritten Jahrhundert. Im Zusammenhang mit der Frage, wie mit bereits von Häretikern Getauften umzugehen sei, betont Avitus betont die Unwiederholbarkeit des Taufsakraments auch in der Schrift *contra Arrianos* (Peiper 1883, 8, Z. 22–30).

162 Tatsächlich sind beide Bezeichnungen griechischen Ursprungs. *Thaumantias* heißt die Personifikation des Regenbogens z.B. bei Vergil, *Aen.* 9.5; *Thaumantis* nennt sie Ovid, *met.* 11.647. Die Bezeichnung *Iris* verwenden z.B. Vergil, *Aen.* 4.700, und Ovid, *met.* 1.271.

163 Vgl. *Vulgata Gen* 9,13f: *arcum meum ponam in nubibus | et erit signum foederis inter me et inter terram, // cumque obduxero nubibus caelum | apparebit arcus meus in nubibus* (»Meinen Bogen werde ich in die Wolken setzen, und er wird das Zeichen des Bundes zwischen mir und zwischen der Erde sein. Und wenn

ich den Himmel mit Wolken bedeckt habe, wird mein Bogen in den Wolken sichtbar werden«).

164 Dieser predigtartige Schluss des vierten Buches ist wiederum, auch begrifflich (*forma, signum, figurare*, s. die Einführung, S. 25f und Anm. 77 zur Einf.), durch die Denkfigur der Typologie geprägt. Insofern der Regenbogen als Zeichen (*signum*) auf Christus hindeutet, deuten auch alle anderen Zeichen (*signa*) auf ihn hin (*figurant*).

165 ›Mittler‹ (*mediator*, μεσίτης) zwischen Gott und den Menschen heißt Christus schon bei Paulus (z.B. *1 Tim* 2,5). Die dogmatische Bedeutung dieser Aussagen am Ende des vierten Buches erhellt aus einem Vergleich mit Avitus' Aussagen in der Schrift *contra Arrianos* (Peiper 1883, bes. 8, Z. 38–39, Z. 1): *quia in Christo deus et homo, non alter, sed ipse, non duo ex diversis, sed idem ex utroque mediator; gemina quidem substantia, sed una persona est* (»Denn in Christus ist Gott und Mensch, nicht ein anderer, sondern er selbst, nicht zwei aus Verschiedenen, sondern ein und derselbe Mittler aus beiden; zwar ein doppeltes Wesen, aber nur eine Person.«). Stricte wendet sich Avitus damit gegen die monophysitische Lehre des Eutyches, deren Bekämpfung er weitere Schriften widmet (*contra Eutychianam haeresim I/II* [Peiper 1883, 15–29]). Als ›Mittlerin‹ wird auch Säule in der Wüste bezeichnet (*mediatrix*, *SHG* 5.565–567 mit Anm. 213). Insofern *pignus* sowohl eigentlich ein Pfand als auch im übertragenen Sinne ein Kind als Liebespfand bezeichnet, ist unter dem ›geheiligten Unterpfand‹ (*sacratum pignus*) in gleicher Weise Christus als Gottes Sohn und als Pfand für Gottes Verheißung an die Menschen zu verstehen.

166 Die Stelle im Ersten Petrusbrief (3,19–21) lautet in der *Vulgata*: *in quo* [sc. spiritu] *et his qui in carcere erant spiritibus veniens praedicavit // qui increduli fuerant aliquando | quando expectabat Dei patientia | in diebus Noe, cum fabricaretur arca | in qua pauci, id est octo animae salvae factae sunt per aquam // quod et vos nunc similis formae salvos facit baptisma* (»In diesem [Geist] predigte er auch den Geistern, die im Kerker waren, als er zu ihnen kam. Diese waren einst ungläubig gewesen, als Gottes Langmut wartete in den Tagen Noachs, als der Kasten gebaut wurde, in dem wenige, das heißt acht Seelen, durch das Wasser gerettet wurden. Denn auch euch rettet jetzt in ähnlicher Form die Taufe«). Die acht Seelen sind Noah, seine Frau sowie seine drei Söhne mit ihren Frauen, vgl. *SHG* 4.404f und Anm. 142.

167 Mit den Begriffen *canere* (›singen‹) und *carmen* (›Gesang, Gedicht‹) reiht sich der Erzähler in die epische Tradition ein. Neben der Hauptüberlieferung *potuisse* findet sich in späten Handschriften und bei Sirmond 1643 auch die Lesart *patuisse*. Obwohl diese mit dem in Vers 2 folgenden *aperuit* eine ansprechende und für Avitus nicht untypische Antithese bilden würde, wird aus folgenden

Gründen mit Peiper 1883 und Ramminger 1988, 321, an der lectio difficilior *potuisse* festgehalten: Die wohl an *Genesis* 7,19 orientierte Vorstellung einer Übermacht des Meeres über das Land ist bereits *SHG* 4.613f in das Bild einer Herrschaft gekleidet, und vor allem schließen die Verse *SHG* 5.702f den Machtkampf von Meer und Land dadurch ab, dass die See »ihren Triumph über das Land zur Schau gestellt« hat. Im Epilog erhält dieser Gedanke dann insofern typologische Bedeutung, als die reinigende Kraft des Taufwassers die irdischen Sünden fortspült (*SHG* 5.706; 5.712).

168 Zu der »hochberühmten Reihe von Verfassern«, welche die *Exodus*-Erzählung aufgreifen, gehören z.B. Tertullian, *de baptismo* 8f; Ambrosius, *de sacramentis* 1.20–23; 2.9; Augustinus *de catechizandis rudibus* 20.34.

169 Vgl. hierzu die Einführung, S. 21 und 23ff, und s. auch die Deutung im Epilog *SHG* 5.704ff.

170 Mit Vers 19 beginnt die eigentliche Erzählung im Gefolge von *Ex* 1,8ff. ›Pelusisch‹ werden die Ägypter nach der Stadt Pelusium im Osten des Nildeltas in Unterägypten genannt.

171 Vom Gebot des Pharaos und der Reaktion der Hebammen berichtet *Ex* 1,15–22; ausgelassen ist bei Avitus die Erklärung, dass sich die israelitischen Frauen entziehen können, weil sie selbst über die Hebammenkunst verfügen (*Ex* 1,19).

172 Vgl. *Ex* 1,12.

173 Vom brennenden Dornbusch und Gottes Auftrag an Moses wird *Exodus* 3,1–4,17 erzählt; Avitus, der das Gespräch zwischen Gott und Moses, wohl auch aus dramaturgischen Gründen, auslässt und sich auf die Erscheinung des Dornbuschs (*Ex* 3,1–3) beschränkt, setzt diesen Auftrag in Vers 40 voraus; auch im Folgenden kondensiert Avitus die Erzählung gegenüber dem biblischen Bericht *Exodus* 5–6.

174 Die Stelle ist textkritisch und interpretatorisch umstritten; die vorliegende Übersetzung folgt Peipers Text und geht davon aus, dass der Dornbusch mit dem frommen Menschen (*pium*) gleichgesetzt wird, dem deshalb seine dornigen Sünden mit ihrem Feuer (*spinas nostrae... mentis*; *igne*) nichts anhaben können. Anders Ramminger 1988, 321–323; Gärtner 2001a, 86; Hecquet-Noti 2005a, 152, Anm. 1.

175 Pharos ist der Name einer Halbinsel vor der Stadt Alexandria und wird von Avitus metonymisch für Alexandria bzw. die Hauptstadt Ägyptens verwendet, ohne auf die historische Chronologie Rücksicht zu nehmen, aber sicherlich mit Blick auf das pseudo-etymologische Wortspiel Pharos – Pharao; dementsprechend bedeutet das Adjektiv *Pharius* ›ägyptisch‹ und der Pharao heißt *SHG* 5.114 und 5.664 *Pharius rex* bzw. 5.603 *Pharius tyrannus*. Anubis ist der hundeköpfige ägyptische Gott der Totenriten, der deshalb auch schon bei

Vergil (*Aen.* 8.698) *latrator Anubis* heißt. Die Anrufung des Nil ruft die Beschreibung des Flusses *SHG* 1.284–298 in Erinnerung.

176 Die Drohung des Pharaos ist eine Vorwegnahme aus *Exodus* 10,28.

177 Zur epischen Bezeichnung Mose als *legifer heros* s. Anm. 42 zu *SHG* 2.295 (*legifer vates*); dort auch zu der durch die verdoppelte Darstellung des Stabwunders entstehenden Verknüpfung zwischen zweitem und fünftem Buch, vgl. auch die Einführung, S. 43. Die Ersetzung des Namens durch eine Periphrase verschleiert, dass sich bei Avitus anders als in der biblischen Erzählung (*Exodus* 7,8–10) nicht Aarons Stab verwandelt.

178 Avitus weist mehrfach auf die schwarze Hautfarbe der Ägypter hin (s. Anm. 218 zu *SHG* 5.641); wie hier spielt er auch *SHG* 5.695 mit dem Farbkontrast Schwarz-Weiß; vgl. auch die Beschreibung der Äthiopen *SHG* 1.198–202.

179 Zu Pharos vgl. Anm. 175 zu *SHG* 5.63.

180 Canopus war eine Stadt im westlichen Nildelta und ist hier wohl deshalb genannt, weil die Stadt in römischer Zeit als Inbegriff von Luxus und Wohlleben galt, vgl. etwa Seneca *epist.* 51.3.

181 Avitus rückt gegenüber dem *Exodus*-Bericht 8,13ff die Mücken (*muscae*) vor die Stechfliegen (*scinifes*), so dass er die Mücken in nachvollziehbarer Weise aus den Haufen toter Frösche entstehen lässt (dazu vgl. Ehlers 1985, 357).

182 Während der Bericht *Ex* 10,12–15 nur von einer Heuschreckenart spricht (*Vulgata*: *lucusta*), ergänzt Avitus hier aus Psalm 104 (105),34 noch die als *brucus* / *bruchus* bezeichnete Art, wodurch auf dem Wege der Spezifikation der Eindruck größerer Glaubwürdigkeit entsteht.

183 In dieser Beschreibung der Finsternis verbinden sich sprachliche Anleihen paganer Unterweltbeschreibungen (vgl. Hecquet-Noti 2005a, 173, Anm. 2) mit apokalyptischen Vorstellungen (*Vulgata Offenbarung* 6,8: *et ecce equus pallidus | et qui sedebat desuper nomen illi Mors | et inferus sequebatur eum | et data est illi potestas super quattuor partes terrae | interficere gladio fame et morte et bestiis terrae* [»Und siehe: Ein fahles Pferd, und der, der auf ihm saß, der hatte den Namen Tod, und die Unterwelt folgte ihm, und ihm wurde die Macht gegeben über die vier Teile der Erde, sie durch das Schwert zu töten, durch Hunger und Tod und wilde Tiere der Erde.«]). Vgl. auch die Darstellung der Ägypter *SHG* 5.640f und Anm. 218.

184 Vgl. die Anweisungen Gottes zur Einsetzung des Passahfestes *Ex* 12,1–20.

185 Gemeint ist der *Nisan*, der erste Monat des religiösen Kalenders (vgl. *Esther* 3,7), der in den Zeitraum Mitte März bis Mitte April fällt, also dem nach dem römischen Kriegsgott *Mars* benannten März (*Martius*) nahekommt.

186 Der in den Versen 267ff auftretende ›Todbringer‹ (*percussor*) ist der in Moses' Rede *Ex* 12,23 genannte Strafengel des Herrn (vgl. *2 Sam* 24,16; *2 Kön* 19,35).

Wohl auch aus dramaturgischen Gründen beschränkt sich Avitus gegenüber dem *Exodus*-Bericht auf die Rede Gottes und lässt Moses' folgende Rede an sein Volk aus. Stattdessen fügt er in den Versen 247–259 eine Anrufung Christi ein, die auf der typologischen Deutung des makellosen Lamms (*qui careat macula*, 238f) als Präfiguration Christi beruht. Vgl. Hecquet-Noti 2005a, 176, Anm. 1, die auf die Termini typologischer Auslegung in den Versen 241f (*signabit, indicium, servandae salutis*) verweist.

187 In Vers 254 wendet sich Avitus in einer Apostrophe direkt an den Leser, um die typologische Bedeutung des Passahopfers für die Christen als Vorverweis auf Passion und Opfertod Christi zu betonen.

188 Das Bild vom »Sauerteig der Bosheit und Nichtsnutzigkeit« (*fermentum malitiae et nequitiae*), der den »ungesäuerten Teig der Aufrichtigkeit und Wahrheit« (*azymum sinceritatis et veritatis*) zu durchsetzen droht, geht auf Paulus (*1 Kor* 5,6–8) zurück.

189 Avitus gestaltet die *Ex* 12,29f nur knapp berichtete Tötung der Erstgeborenen in epischer Manier aus, indem er nach einer ausführlichen Zeitangabe den Strafengel (s. Anm. 186 zu *SHG* 5.242ff) auftreten lässt und eine umfassende Schilderung seines Todeswerks anschließt. Der Gedanke, dass materielle Güter angesichts des Todes bedeutungslos sind (Verse 274–282) berührt sich mit ähnlichen Reflexionen im Zusammenhang mit der Geschichte von Lazarus und dem Reichen (*SHG* 3.246–268, dazu vgl. Hoffmann 2005 z.St.); an beiden Stellen wird auch die Bedeutung der Verdienste für das weitere Schicksal nach dem Tode hervorgehoben (vgl. die Verse 285–290 mit *SHG* 3.287f).

190 Das lateinische *iustitium* bezeichnet eine Landestrauer, die in der Kaiserzeit beim Tod des Kaisers ausgerufen wurde und mit einem Stillstand öffentlicher und privater Geschäfte verbunden war; vgl. z.B. Tac. *ann.* 1.16. Das als Wortspiel hinzugesetzte Adjektiv *iustus* bezeichnet diese Landestrauer als ›gehörig‹, d.h. einerseits als ›angemessen‹, andererseits als ›gerecht‹ in dem Sinne, dass sie die schuldig gewordenen Ägypter (*merentes*) trifft.

191 Vgl. Anm. 76 zu *SHG* 3.266 für das ganz ähnlich geschilderte Begräbnis des Lazarus *SHG* 3.261–266.

192 Wie im Falle von *omne malum* und *totus... mundus* (Vers 312) stellt Avitus die Elemente (*elementa*) im vierten und fünften Buch mehrfach als personifizierte, gleichsam selbständige Akteure dar, die aus der gesetzten Ordnung ausbrechen und sich gegen den Menschen wenden, vgl. *SHG* 3. 323f und Hoffmann 2005 z.St., 4.451–453, 4.601–603, 5.183–188. In den Augen der Ägypter erscheinen die bis dahin erlittenen Plagen als eine Aufopferung des Erdkreises und ein Untergehen der Elemente, die Israeliten hingegen, indem sie verschont bleiben, als Überwinder der Elemente. Die Bezeichnung der

Israeliten als ›Überwinder‹ (*victores*) der Elemente erscheint insofern als eine Form tragischer Ironie, als sie unwissentlich auf die spätere Überwindung des Roten Meeres (*SHG* 5.638) und den so durch Gott herbeigeführten Sieg (*SHG* 5.698f) vorausdeutet.

193 Für die Ägypter bleiben die Israeliten trotz der fast 500 Jahre ihres Aufenthalts (*SHG* 5.361; nach *Ex* 12,40 430 Jahre) Fremde bzw. Gäste (*hospites*), weshalb auch der Pharao in Vers 338 noch als Gastgeber (*hospes*) bezeichnet werden kann; vgl. auch Anm. 206 zu *SHG* 5.476 (*accola*).

194 Avitus bedient sich dieses Unsagbarkeitstopos' in vergleichbarer Weise *SHG* 3.334–337; vgl. auch die Bescheidenheitsformel *SHG* 5.6–8. Das Verhalten der Israeliten rückt durch die Wortwahl (*SHG* 5.347 *praedatur, fallit*; zur Verwendung von *praedari* in der *Itala*-Version vgl. Hecquet-Noti 2005a, 187, Anm. 5) ins Zwielicht, findet in den Versen 349–351 eine gewisse Rechtfertigung und in den gnomischen Aussagen der Verse 352–356 eine Begründung. Die Erwähnung der Fallstricke gegen den eigenen Bruder lässt an die Josephsgeschichte denken und bereitet so den kurzen Rückblick *SHG* 5.361–365 vor.

195 In seiner Konzentration auf Moses und den Auszug aus Ägypten übergeht Avitus die Geschichte von Joseph (*Genesis* 37–50) gänzlich (aber s. Anm. 194) und beschränkt sich auf einen kurzen Rückblick, der unmittelbar vor dem episierenden ›Heereskatalog‹ die Dauer des Aufenthalts und die Anzahl der Israeliten hevorhebt.

196 Siehe *Ex* 12,41f und vgl. oben *SHG* 5.231–246 und 5.260–264; zur Verwendung des Futurs s. Anm. 141 zu *SHG* 4.391–394.

197 Indem Moses in einer Nomen-Epitheton-Verbindung als gesetzesbringender Heerführer (*ductor legifer*) bezeichnet wird, erscheint er sowohl inhaltlich als auch sprachlich im Lichte eines epischen Helden. Episch ist auch der gesamte Heereskatalog der Israeliten in den Versen 371–388, dem später in vergleichbarer Ponderierung der Heereskatalog der Ägypter (*SHG* 5.501–518) gegenübertritt; dazu s. die Einführung, S. 43f.

198 Nach dem Heereskatalog wird seine Wirkung auf die persischen Betrachter beschrieben. Zu Pharos vgl. Anm. 175 zu *SHG* 5.63; die ägyptischen Anführer werden hier mit dem Titel persischer Statthalter bezeichnet und so ins Licht eines orientalischen Despotismus gerückt, der seit Herodot stereotyp mit den Persern verknüpft ist.

199 Das Wortspiel mit den Bedeutungen von *acies* – ›Schlachtreihe‹, ›Schärfe‹ (*acie ferri* auch: ›durch die Schärfe des Eisens‹) – lässt sich im Deutschen nicht nachahmen. In einer pathetischen Apostrophe an das Heer der Israeliten wird der Vielzahl der Menschen die entscheidende Hilfe durch den einen Gott gegenübergestellt (darauf weist auch die ›Feldherrnrede‹ Mose *SHG* 5.571–574

hin); die Verse bilden somit zusammen mit *SHG* 5.698 eine Klammer um die Erzählung des ›Kriegsgeschehens‹.

200 Im Anschluss an Beispiele der paganen Dichtung (z.B. Vergil *Aeneis* 9.106; Ovid *met.* 1.212) bezeichnet Avitus den Himmel metonymisch als *olympus* und verstärkt dadurch das epische Kolorit der Passage (vgl. auch *SHG* 3.255 mit Anm. 75 sowie die Aufzählung der griechischen Gebirge *SHG* 4.299ff mit Anm. 130); einen Widerspruch zur christlichen Himmelsvorstellung scheint Avitus darin nicht empfunden zu haben (vgl. Anm. 240 zu §5 des Widmungsbriefs).

201 Der von Avitus gegenüber dem biblischen Bericht hinzugefügte Vergleich mit dem Regenbogen ruft die ausführliche Beschreibung und Deutung *SHG* 4.621–658 in Erinnerung und verknüpft so die Erzählungen des vierten und fünften Buches. In beiden Fällen wird auch die Harmonie des Gegensätzlichen betont, vgl. *SHG* 4.634f und 5.445f.

202 Zur Verwendung des Begriffs *Iudaeus* vgl. Anm. 158 zu *SHG* 4.569ff. Die Verse nehmen ihren Ausgang von der sich in der Säule manifestierenden Fürsorge Gottes für sein Volk und greifen der erzählten Handlung insofern voraus, als die Bibel die Wunder von Schuhwerk, Kleidung und Manna erst nach der Durchquerung des Roten Meeres erzählt (*Ex* 16,35; *Deut* 8,2–4); die Ausbreitung dieser Einzelheiten gegenüber ihrer knappen Erwähnung in der biblischen Erzählung soll wohl die vermeintliche Blindheit der Juden und ihren Undank gegenüber Gott und seiner zeichenhaften Offenbarung (Verse 458ff) betonen (vgl. *SHG* 4.569–573).

203 Der Terminus *figura* verweist auf die typologische Deutung der genannten Wunder, vgl. die Einführung, S. 24ff. Hier wird das Mannawunder als Vorausdeutung auf die Geburt Christi von einer Jungfrau und, zusammen mit dem felsentsprungenen Wasser (Verse 462f; vgl. *Ex* 17,5f), auf das Mysterium des Abendmahls interpretiert. Avitus folgt damit der Deutung des Paulus (*1 Kor* 10,1–4), der die Wolke und die Durchquerung des Roten Meeres als Taufe interpretiert, Manna und Felswasser als geistliche Speise begreift und Christus als wasserspendenden Fels bezeichnet (*Vulgata 1 Kor* 10,4: *et omnes eundem potum spiritalem biberunt | bibebant autem de spiritali consequenti eos petra | petra autem erat Christus* [»… und alle denselben geistlichen Trank getrunken haben. Sie tranken aber vom geistlichen Fels, der ihnen folgte. Der Fels aber war Christus.«]).

204 Die wörtlichen Anklänge an Vers 420 zeigen an, dass nach der Schilderung von Wesen und Wirkung der Säule und ihrer heilsgeschichtlichen Deutung nun die Handlung fortgeführt wird.

205 Zu Pharos s. Anm. 175 zu *SHG* 5.63.

206 Der Wankelmut des ägyptischen Volkes wird auch dadurch betont, dass es die

Israeliten je nach Stimmungslage unterschiedlich betitelt; waren sie in Vers 326 noch ein ›fremder Gast‹ (*hospes*, vgl. Anm. 193 zu *SHG* 5.322–326), so sprechen sie nun, nachdem die Auswirkung des Auszuges sichtbar geworden sind, von einem ›Anwohner‹ (476: *accola*) bzw. von ›flüchtigen Nährkindern‹ (482: *profugi alumni*); vgl. auch die Bezeichnung der Israeliten durch den Pharao als ›Flüchtlingstrupp‹ (605: *fugitiva cohors*) bzw. durch den ungenannten Ägypter als ›heimatlose Wanderer‹ (633: *vagi*).

207 Die Klage der Ägypter setzt inhaltlich das Gegenbild aus *Exodus* 5,6–14 voraus, ist sprachlich aber wohl eine Variation von *Jesaja* 14,4 (im Text der *Vulgata*: *quomodo cessavit exactor quievit tributum* [»Wie ist der Aufseher untätig geworden, wie ist es um die Abgabe still geworden?« (eigene Übersetzung)]). Auch dort wird in einem zweigliedrigen Ausdruck der Unruhe der Unterdrückung die neue Ruhe entgegengesetzt. Es liegt eine gewisse Ironie darin, dass Avitus die ägyptischen Unterdrücker mit den Worten der Unterdrückten aus Jesaja sprechen lässt. Für einen Vergleich der Passage mit dem vergilischen Modell *Aeneis* 4.86–89 s. Roberts 1989, 31–33.

208 Im fünften Buch wird der Tod dreimal als ›letzte / allerletzte Bestimmung‹ (*sors suprema / sors ultima*) bezeichnet, so dass jeweils ein Schlaglicht auf die unterschiedliche Situation der Beteiligten fällt: *SHG* 5.492 wünschen sich die Ägypter in ihrer verzweifelten Wut ein möglichst schmerzhaftes Ende der Israeliten herbei; 5.549 wünschen sich die verzagten Israeliten, es wären ihnen durch den Tod die befürchteten Schmerzen erspart geblieben; 5.664 findet der Pharao, dessen Einsicht zu spät kommt, sein Ende.

209 Mit diesem ägyptischen Heereskatalog (*SHG* 5.501–518) vgl. den Katalog der Israeliten *SHG* 5.371–388 und Anm. 197 zu 5.371.

210 Vgl. *Ex* 14,2; die genaue Lage der Stadt ist ungeklärt; zur Namensform (*Vulgata*: *Magdolum*) s. Arweiler 1999, 118f.

211 Die aus Vergil entnommene Junktur *agmina saeva* (*Aen.* 6.572) »wird dort von den Unterweltsmonstern gebraucht, ein Avitus sicherlich willkommener Anklang« (Arweiler 1999, 121); vgl. auch *SHG* 5.641 (*nigri dux agminis*) und Anm. 218.

212 Mit der Wiederaufnahme des Partizips *afflictus* (›niedergebeugt‹) aus *SHG* 5.23 und 5.34, das nunmehr auf die Ägypter bezogen ist, betonen Moses und Aaron, wie sich das Blatt durch die gottgesandten Plagen zugunsten der Israeliten gewendet hat; vgl. Arweiler 1999, 138.

213 Die Säule ist Mittlerin (*mediatrix*), indem sie in die Mitte zwischen das Heer der Ägypter und der Israeliten tritt (vgl. *Ex* 14,20), vor allem aber, indem sie, gleich Christus (vgl. *SHG* 4.645–647 mit Anm. 165), zwischen Gott und seinem Volk Israel vermittelt.

214 Avitus wählt zur Illustration des wundersamen Schauspiels passenderweise Begriffe aus dem Theaterwesen (*machina, scaena, struere, suspendere*); vielleicht hat er bei *scaena*, wie Arweiler 1999, 154, nahelegt, an Vergil, *Aeneis* 1.164f, gedacht; doch dürfte damit bei Vergil ebensowenig wie bei Avitus »an die aufsteigenden Reihen der Zuschauer im Theater« gedacht sein, sondern vielmehr (vgl. Oxford Latin Dictionary, s.v. *scaena* 1.b) an eine durch die Wälder gebildete Theaterszenerie (*tum silvis scaena coruscis / desuper horrentique atrum nemus imminet umbra.* [»Darüber ragt dann mit einer Szenerie aus schwankenden Wäldern und schaurigem Schatten ein düsterer Hain«]). Die Israeliten sehen das geteilte Meer somit gleichsam wie in der Frontalansicht eines Bühnenbildes.

215 Zu Pharos s. Anm. 175 zu *SHG* 5.63.

216 Reden eines anonymen Sprechers, sogenannte *tis*-Reden, sind seit Homer (z.B. *Ilias* 2.272–276) fester Bestandteil des Epos; während sie dort allerdings häufig ausdrücken, was die Menge denkt, lässt Avitus seinen anonymen Sprecher hier als einen einzelnen Einsichtigen erscheinen, der somit in die Rolle eines vergeblichen Warners gerät. Avitus spaltet die (zu) späte Einsicht der Ägypter gegenüber dem Bibeltext (*Vulg. Ex* 14,25 *dixerunt ergo Aegyptii fugiamus Israhelem | Dominus enim pugnat pro eis contra nos* [»Daher sagten die Ägypter: ›Wir wollen vor Israel fliehen, denn der Herr kämpft für sie gegen uns.‹«]) in die *tis*-Rede und die Rede des Pharaos (*SHG* 5.672–675) auf (Arweiler 1999, 169, zu *SHG* 5.618f). Mit Blick auf Avitus' Gesamtkonzeption, die die Bedeutung rechtzeitiger Reue und Buße hervorheben will (s.u. *SHG* 5.676ff), werden dadurch die zwei Zeitpunkte der beinahe zu späten und der zu späten Reue sichtbar.

217 Das Zusammenstoßen von Skorpion und Bärin als markante Sternzeichen des Südhimmels bzw. des Nordhimmels markiert ebenso die Störung der Weltordnung wie die übrigen hier aufgezählten Adynata; zu diesen topischen Motiven s. Arweiler 1999, 318–323.

218 Ebenso wie Avitus das Verlassen des Meeres in Vers 640 begrifflich als Aufstieg aus der Unterwelt an die Oberwelt charakterisiert, so werden die Ägypter nicht nur aufgrund ihrer Hautfarbe (vgl. *SHG* 5.76 mit Anm. 178, *SHG* 5.295, 5.695) als ›schwarzer Heereszug‹ (*nigrum agmen*) bezeichnet, sondern weil sie so mit den finsteren Scharen der Unterwelt parallisiert werden (Belegstellen für poetische Vorbilder bei Arweiler 1999, 187); vgl. auch die vergilische Bezeichnung als *agmina saeva* in *SHG* 5.531 (mit Anm. 211). Das Bild der Unterwelt ist schon in den Versen *SHG* 5.210–214 vorbereitet (Anm. 183), in *SHG* 5.366f verlassen die Israeliten den »grässlichen, von Finsternis und Trauer blinden Boden« Ägyptens (*diram... humum tenebrisque ac luctibus orbam*), und in *SHG* 5.583f stürzen die Ägypter auch aus ihrem »abscheulichen Lager« hervor (*taetris*

castris... erumpunt); so sind dann die Leichen der Ägypter in *SHG* 5.702 (*taetra cadavera*) in einem doppelten Sinne »abscheulich«.

219 Der *Exodus*-Bericht nennt den Namen des Pharaos nicht; »Avitus übernimmt hier Information und Formulierung aus Eucherius von Lyon *instr.* 2 p.142,2 *Pharao... ille submersus in mare Rubrum proprio vocabulo Cencres vocitatus est.*« (Arweiler 1999, 187). Die namentliche Nennung dient wohl einer Steigerung der historischen Glaubwürdigkeit des Erzählten.

220 Avitus lässt Gott in einer Apostrophe das Schwert direkt ansprechen; dabei bedient er sich einer doppelten Metaphorik, in der die Geißeln (*flagella*) für die bisherigen Plagen (*plagae*) stehen, die nun von dem durch das Schwert (*ensis*) symbolisierten Tod (*mors, nex*) abgelöst werden.

221 Indem er Moses' Stab als »bedeutendes Holz« (*insigne lignum*) bezeichnet, lässt Avitus episches (›ausgezeichnet‹) und christlich-typologisches (›bezeichnend‹) Verständnis von *insignis* zusammenfließen und stellt eine Verbindung des Wunders zu den übrigen *lignum*-Typologien des Werkes her (vgl. *SHG* 3.20–23 mit Anm. 56; 4.325).

222 Zu Pharos s. Anm. 175 zu *SHG* 5.63.

223 Die kurze Rede des Pharaos nimmt durch *expugnamur* (Vers 673) wörtlich Bezug auf Gottes Ankündigung in Vers 656 (*puniet expugnans*). Er erkennt sowohl seine Niederlage als auch das Wirken Gottes – eine Erkenntnis, die sein Volk bereits *SHG* 5.314 und der ungenannte Ägypter bereits *SHG* 5.620 geäußert hatten.

224 »Anstelle der üblichen Schilderung der Reaktionen Beteiligter antwortet der Dichter selbst auf die Rede des Pharao. Avitus nutzt den Höhepunkt der dramatischen Ereignisse für eine moralische Deutung des Berichteten und den Aufruf an die Zuhörer, Lehren aus dem Schicksal der Ägypter zu ziehen [...]. Das Beispiel des Pharao wird ins Allgemeine transponiert, der moralphilosophischen Formulierung in 676–679 folgt dann die Wendung ins spezifisch Christliche 680–688« (Arweiler 1999, 206).

225 Nach *Sirach* 17,27 (*Vulgata: confiteberis vivens* | *vivus et sanus confiteberis et laudabis Deum* | *et gloriaberis in miserationibus illius* [»als Lebender wirst du dich bekennen; lebendig und heil wirst du dich bekennen und Gott loben und ihn rühmen in seinen Erbarmungen.« (eigene Übersetzung)]), vgl. Ehlers 1985, 361 Anm. 32; die Frage der Wirksamkeit einer späten Reue bzw. Buße (*paenitentia*) angesichts des bevorstehenden Todes war unter christlichen Schriftstellern umstritten, s. Shanzer/Wood 2002, 19. In seiner Epistel *De subitanea paenitentia* stellt Avitus freilich in Abrede, dass die von einem Kranken unmittelbar vor seinem Tod gezeigte Bußfertigkeit nichts mehr nütze (Peiper 1883, 30, Z. 5–8).

226 Als Herrscher über Memphis wird der Pharao nur hier bezeichnet; seine ge-

wöhnliche Bezeichnung bezieht sich auf Pharos, vgl. Anm. 175 zu *SHG* 5.63. Zu Memphis und zu der Beziehung zwischen den beiden Erwähnungen dieser Stadt in Avitus' Gedicht s. Anm. 21 zu *SHG* 1.270.

227 An die Stelle der historisch zu verstehenden Bezeichnung des Volkes als Hebräer (*Hebraeus populus, SHG* 5.527; vgl. 5.311, 5.334, 5.467) tritt nun am Werkende die heilsgeschichtlich bedeutsame Bezeichnung als erwähltes Volk Israel (so auch in Vers 716); vgl. Hecquet-Noti 2002, 310–331. Dass die Heeresmacht der Israeliten für den Erfolg ohne Bedeutung sein würde, hat schon die Apostrophe *SHG* 5.391f angekündigt und die ›Feldherrnrede‹ Mose *SHG* 5.571–574 den verzagten Israeliten kundgetan.

228 Moses' Lobgesang: *Ex* 15,1–21.

229 Die typologische Deutung auf die Taufe geht bereits auf Paulus (*1 Kor* 10,1–2) zurück. Die vorliegende Stelle bildet zusammen mit der Typologie der Taufe *SHG* 1.165ff eine typologische »Klammer« um die Erzählung des Gesamtwerks. Von der ›Nachkommenschaft‹ (*proles*) hatte auch *SHG* 1.7f gesprochen; dort war freilich zunächst nicht von Eva, sondern von Adam die Rede, und die Nachkommenschaft war durch den ›Todessamen‹ (*semine mortis*) belastet und ›hinfällig‹ (*succiduae*). Nun wird durch das ›Wasser der lebensspendenden Taufe‹ (Vers 707: *parientis lympha lavacri*) die pessimistische Sicht auf die sündenbehaftete Menschheit von einem hoffnungsfrohen Blick auf Erlösung und ›neue Nachkommenschaft‹ (Vers 707f) abgelöst (s. Einführung, S. 21f); paulinischen Begriffen folgend tritt anstelle des alten Menschen (Adam) der neue Mensch (Vers 714, vgl. *Eph* 4,21–24: *si tamen illum* [i.e. *Christum*] *audistis et in ipso edocti estis | sicut veritas in Iesu // deponere vos secundum pristinam conversationem veterem hominem | qui corrumpitur secundum desideria erroris // renovamini autem spiritu mentis vestrae // et induite novum hominem qui secundum Deum creatus est in iustitia et sanctitate veritatis* [»Wenn ihr ihn [d.i. Christus] trotzdem gehört habt und von ihm selbst gelehrt worden seid, so wie die Wahrheit in Christus ist, dass ihr gemäß der alten Verhaltensweise den alten Menschen ablegt, der entsprechend den Begierden des Irrtums verdorben wird, so erneuert ihr euch doch im Geist eures Verstandes und kleidet euch in den neuen Menschen, der gemäß Gott geschaffen worden ist in Gerechtigkeit und Unverletzlichkeit der Wahrheit.«]).

230 Die Beziehung des Relativpronomens *qua* (709) ist im lateinischen Text nicht eindeutig; vgl. hierzu die Einführung, S. 22 und Anm. 56 zur Einf.

231 Die Vorstellung von der christlichen Kirche als »wahrem Israel« geht aus von *Matthäus* 5,17 (*Nolite putare quoniam veni solvere legem aut prophetas | non veni solvere sed adimplere* [»Glaubt nicht, dass ich gekommen bin, das Gesetz oder die Propheten aufzulösen; ich bin nicht gekommen, aufzulösen, sondern zu

erfüllen.«]) und wird etwa von Augustinus entwickelt (*epist.* 196.3.10 [CSEL 57, S. 229], vgl. Hecquet-Noti 2002, 310, Anm. 67, und Simon 1948, 100f): *Sic itaque sumus Iudaei non carnaliter sed spiritualiter, quemadmodum sumus semen Abrahae, non secundum carnem* [...], *sed secundum spiritum fidei* (»So sind wir also Juden nicht im fleischlichen, sondern im geistlichen Sinne, wie wir Samen Abrahams nicht dem Fleische nach, sondern dem Geiste unseres Glaubens nach sind.«).

232 Der ›neue Mensch‹ und das ›wahre Israel‹ werden nur durch göttliche Gnade möglich; auf diese Geschenke göttlicher Gnade (*dona,* Vers 718) weisen im typologischen Verständnis die Zeichen (*figurae*) des Alten Testaments (Vers 719) hin; dazu s. die Einführung, S. 23ff.

233 Indem Avitus durch die Metapher der Rohrpfeife (*stipula*) auf Vergils Hirtengedichte (*ecl.* 3.27) Bezug nimmt, charakterisiert er seine Dichtung gegenüber Moses' Trompete (*tuba*) als bescheiden und ordnet sie dem *genus humile* zu. Dazu passt auch die *tenuis cumba*, wodurch die Schifffahrtsmetaphorik (vgl. Curtius 1954, 138f) aufgespannt wird, mit der Avitus sein Gedicht enden lässt; zum Aspekt individueller künstlerischer Entscheidung, der vielleicht aus dieser spezifischen Variation des Topos spricht – der Kahn fährt nicht einfach in einen Hafen ein, sondern erhält einen neuen Hafenplatz –, s. die Einführung, S. 19.

234 In den Handschriften wird dieser Brief als *prologus* bezeichnet; er dient neben der Widmung des Werkes an Avitus' Bruder Apollinaris nicht zuletzt einer poetologischen Reflexion von Bibeldichtung. Der lateinische Text folgt, wo nicht anders angegeben, der Ausgabe von Peiper 1883, 201f; die Paragraphengliederung wurde der Übersichtlichkeit halber neu hinzugefügt.

235 Vgl. hierzu die Einführung, S. 13ff.

236 Ob Avitus unter die hier erwähnten *epigrammata* auch das vorliegende Werk *De spiritalis historiae gestis* zählte oder ob er von anderen, zumindest teilweise verlorenen Gedichten spricht, ist in der Forschung umstritten; vgl. Shanzer/Wood 2002, 259f, die davon ausgehen, dass Avitus unter *epigrammata* andere, anlass- und zweckbezogene Gedichte verstand. Allerdings möchte Avitus auch sein Gedicht *De consolatoria castitatis laude* trotz dessen Länge von 666 Versen ein *epigramma* genannt wissen (Widmungsschreiben zu *De consolatoria castitatis laude*, Peiper 1883, 274, Z. 6–8). Nach den überzeugenden Darlegungen von Hecquet-Noti 2011, 58–60, würden sich die *epigrammata* (§1) von den *libelli* (§3) vor allem dadurch unterscheiden, dass sie als einzelne Gedichte keine selbständige Publikation bilden und allenfalls in einer Sammlung veröffentlicht werden könnten. Fest steht jedenfalls, dass die in §3 genannten *libelli* die Dichtung *De spiritalis historiae gestis* bezeichnen. Während sich für diese so eine

Entstehungszeit vor 500/501 ergibt, weist *epist.* 51 auf eine Veröffentlichung vor der Mitte des Jahres 507 (s. Anm. 242 zu *epist.* 51); für das zeitliche Verhältnis zu Dracontius' Werk *De laudibus Dei* s. die Einführung S. 18.

237 Vermutlich spricht Avitus von dem Einfall der Franken in Verbindung mit Godegisel im Jahr 500/501, »der einzige Krieg, von dem wir wissen, dass er zu Zeiten des Bischofs Avitus das Gebiet von Vienne berührt hat« (Burckhardt 1938, 39, unter Verweis auf *epist.* 5 und Gregor von Tours *Historia Francorum* 32f; vgl. auch Shanzer/Wood 2002, 260).

238 Mit der Junktur »Maler und Dichter« (*pictoribus ac poetis*) zitiert Avitus die *Ars poetica* des Horaz (Vers 9f), ohne freilich darauf einzugehen, dass die Aussage dort nur als Einwand eines fiktiven Gesprächspartners formuliert ist: *Pictoribus atque poetis / quidlibet audendi semper fuit aequa potestas* (»Maler und Dichter hatten schon immer die gleiche Möglichkeit, sich jegliche Freiheit herauszunehmen.«).

239 Der lateinische Text ist an dieser Stelle nicht ganz deutlich, der Sinn jedoch klar. Anstelle des lateinischen *si* ein *nisi* zu konjizieren (so Shanzer/Wood 2002, 261), erscheint mir unnötig: Avitus versteht unter ›Dichtwerk‹ (*poema*) an dieser Stelle offensichtlich allein ein aus seiner Sicht lügenbehaftetes heidnisches Werk. Deshalb selbst spricht er von sich selbst auch nicht als *poeta*, sondern als *dicens clericus* (§5) und bezeichnet sein dichterisches Schaffen in Bezug auf die äußere Form mit Formulierungen wie *metri lege conscribere* (§1). Zur Abgrenzung religiöser Wahrheit in christlicher Dichtung von der mythisch-poetischen Lüge vgl. auch das Binnenproömium *SHG* 4.1–10 und Anm. 98.

240 Gemeint ist, wie Roberts 1980 zeigt, vermutlich die tropische Verwendung von Bezeichnungen, die aus christlicher Sicht problematisch sind. Dabei ist insbesondere an die metonymische Verwendung der Namen paganer Gottheiten (z.B. *Mars* als Bezeichnung des Krieges, *Ceres* als Bezeichnung des Getreides) sowie der paganen Religion entspringende Antonomasien zu denken (z.B. die Übertragung des heidnischen Antonomasie *tonans* ›Donnerer‹ von Jupiter auf den christlichen Gott). In der Tat vermeidet Avitus im Unterschied zu seinem Zeitgenossen Dracontius solche Tropen fast vollständig; die ganz seltenen Ausnahmen lassen sich mit Roberts 1980, 404f, überzeugend als Bezugnahme auf heidnische Göttervorstellungen (*tonanti*, *SHG* 4.101, als Bezeichnung für Jupiter) oder als Teil der Figurencharakterisierung Evas erklären, die bereits von Gott abgefallen ist (*SHG* 2.243 mit Anm. 35); zu *Avernus* (*SHG* 3.255) s. Anm. 75, zu *olympus* (*SHG* 5.424) s. Anm. 200.

241 Avitus paraphrasiert *Mt* 12,36 (im Text der Vulgata: *dico autem vobis | quoniam omne verbum otiosum quod locuti fuerint homines | reddent rationem de eo in die iudicii*).

242 Der lateinische Text folgt, wo nicht anders angegeben, der Ausgabe von Peiper 1883, 79–81; die Paragraphengliederung wurde aus Malaspina/Reydellet 2016 übernommen, die den Brief als Nr. 48 führen. Die Erwähnung des im Sommer 507 in der Schlacht von Vouillé gefallenen Alarich II. (§5) liefert einen terminus ante quem des wohl in der ersten Hälfte des Jahres 507 (Binding 1868, 296; Burckhardt 1938, 34) verfassten Schreibens. Anlass ist ein Brief, den Avitus von seinem Adressaten Apollinaris erhalten hat. Apollinaris, Sohn des berühmten Sidonius Apollinaris und ein Verwandter des Avitus, vermutlich sein Cousin (vgl. Anm. 249 zu §11) steht in Diensten des westgotischen Königs Alarich II. (§5). Während er dabei offenbar zunehmend erfolgreich eine nicht näher bestimmte Form von *militia*, d.h. militärischer oder ziviler Tätigkeit, erfüllt (§§7, 14), ist er Opfer gefährlicher Verleumdungen geworden, vermutlich verbunden mit dem Vorwurf des Hochverrats (§3). In diesem Zusammenhang gibt Avitus zu verstehen, dass er selbst und seine Verwandten auf burgundischem Boden vergleichbaren Gefahren ausgesetzt waren (§6). Wie sehr die veränderten politischen Rahmenbedingungen auch mit persönlichen Zumutungen verbunden sind, zeigt sich an Avitus' Verzicht auf eine briefliche Kontaktaufnahme zu Apollinaris, die diesen zusätzlich in Gefahr hätte bringen können (§4).

243 Der von Briefkonventionen geprägte Stil des Schreibens ist Ausweis von Avitus' Standesbewusstsein als Mitglied des senatorischen Adels in Gallien (s. die Einführung, S. 11f). Apollinaris wird in der Grußformel mit der Steigerung des senatorischen Titels *vir illustris* angesprochen und mit ehrenvollen Prädikaten wie *magnificentia vestra* (§9) oder *sinceritas vestra* (§10) belegt (was einen gelegentliches Scherz nicht ausschließt, s. Anm. 245 zu §3 *serenitas vestra*); die respektvolle Anrede in der zweiten Person Plural wird erst im gesprächsförmigen Teil teilweise durch den Singular (§§10,12) abgelöst (zu den konventionellen Teilen des Briefes s. Anm. 248 zu §9). An Apollinaris' Brief lobt Avitus den vom Vater Sidonius Apollinaris übernommenen anspruchsvollen Sprachstil (*paterna declamatio* §4) und die »altererbte Freundlichkeit« (*hereditariam benignitatem* §4), die sich wohl nicht zuletzt auf standesgemäße lange und floskelhafte Betonungen der gegenseitigen Verbundenheit bezieht, wie sie Avitus selbst vor allem in der Einleitung seines Briefes (§1) vorführt; auch die Bescheidenheitstopik in Bezug auf das eigene Werk (*nisus tenuis; aliquid dignum lectione* §14) gehört hierher. In diesem Zusammenhang ist auch die Identifikation mit der römischen Dichtungstradition zu nennen, wie sie aus der Formulierung *vester poeta* (§6) und dem nachfolgenden Vergilzitat spricht (vgl. die Bemerkungen zu Avitus' 57. Brief an Viventiolus in Anm. 22 zur Einf.). Dies zeigt sich auch in dem Verweis auf Sidonius Apollinaris (§14), vor allem aber in dem Austausch literarischer Produkte, wie sie aus unserem Brief hervorgeht

(§§9–14, vgl. die Einführung, S. 12). Der Vergleich mit dem Lob des Sidonius Apollinaris für ein vorbereitetes Stück (§10) zeigt zudem, dass diese Praxis literarischen Austauschs in unmittelbaren Zusammenhang mit der erfahrenen rhetorischen Bildung gesehen wird. Der sicherlich topische Hinweis auf mangelnde Vollkommenheit der Verse, der auch in der Dichtung selbst wiederkehrt, die Hinweise auf Abschreibfehler und mangelnde Feile (§§11,12) und schließlich die Erwähnung von missgünstigen Kritikern (§13) legen immerhin nahe, dass die Dichtungen einem anspruchsvollen Publikum ausgesetzt sind. Schließlich wird das durch literarische Werke erwachsende soziale Ansehen dadurch betont, dass Avitus einerseits auf den Prestigegewinn durch das Werk des Sidonius Apollinaris verweist und andererseits allen Bescheidenheitsfloskeln zum Trotz seine poetische Leistung neben die öffentliche Tätigkeit des Apollinaris stellt (§14); gemeinsam, soll das wohl heißen, vermögen sie dem politischen und literarischen Gesamtwerk des Vorbildes gerecht zu werden.

244 Ein Brief von Avitus hätte Apollinaris der Erwartung ausgesetzt, ein Antwortschreiben als Gegengabe zu schicken zu müssen.

245 Die Anrede als *serenitas* war Ehrentitel des römischen Kaisers (›Durchlaucht‹) und ist hier wegen seiner eigentlichen Bedeutung (›Heiterkeit, heiteres Wetter‹) in scherzhaften Gegensatz zur ›Wolke dieser Unentschlossenheit‹ gestellt, s. Malaspina/Reydellet 2016, Anm. 594.

246 Zitat aus Vergil *Aeneis* 2.560.

247 Für eine ähnliche Gegenüberstellung von zivilen und militärischen Auseinandersetzungen vgl. *SHG* 3.350f.

248 Avitus setzt offenbar voraus, dass in einem regelrechten Brief auf die Höflichkeiten eines Grußteils (*salutatione praefata*) der in einem rhetorischen Stil vorgetragene Hauptgegenstand folgt und sich daran ein in Gesprächsform gehaltener Teil anschließt (vgl. Goelzer 1909, 730, Anm. 1). Der vorliegende Brief führt diesen Übergang in §8 auch selbst durch; er spricht daher von dem Folgenden als *sermo* und geht dann auch zur Du-Anrede über.

249 Der lateinische Adjektiv *fraternus* kann sowohl im eigentlichen Sinne »brüderlich, Eures Bruders«, als auch im übertragenen Sinne »Eures Cousins« bedeuten. In der hier angenommenen Bedeutung »brüderlich« wird Apollinaris vielleicht doppelsinnig als Bruder von dem als gemeinsamer (geistiger) Vater betrachteten Sidonius (§7) und als Bruder im Glauben bezeichnet. Doch ist auch mit Mathisen 1981, 100, daran zu denken, dass Sidonius Apollinaris vermutlich der Onkel des Avitus und mithin der adressierte Apollinaris sein Cousin war; zu den Verwandtschaftsbeziehungen näher Hecquet-Noti 2005b, bes. 158–161.

250 Dieser Freund ist wohl mit dem in *epist.* 43 erwähnten, »schon lange gesuchten

Räuber meines kleinen Werkes« (*opusculi mei iam diu quaesitum praedonem*) zu identifizieren, vgl. Shanzer/Wood 2002, 340f, die vermuten, dass es sich dabei um den Bischof der Auvergne, Eufrasius, handelt. Er ist außer dem Sohn des Sidonius Apollinaris und Avitus' Bruder Apollinaris als Widmungsträger des Werkes der einzige explizit genannte Leser (s. die Einführung, S. 13). Hinzu kommen ein im Widmungsbrief nicht näher bezeichneter Vertrauter (*familiaris*, §3), der eine Anzahl von Gedichtbüchern aufbewahrt haben soll, sowie einige im Widmungsbrief zu *De consolatoria castitatis laude* genannte gute Bekannte (*sodales*; Peiper 1883, 274, Z. 3–5).

251 Die Bezeichnung der Dichtung als ›Werklein‹ (*opusculum*, §12) sollte ebensowenig wie der Gedanke des Scherzens (*lusi*, §9) darüber hinwegtäuschen, dass Avitus seine Dichtung mit tiefem Ernst und hohem literarischen Anspruch verknüpft. Darauf deutet im Übrigen auch der aus dem Brief hervorgehende Produktionsprozess (§12) hin, der sich mit einer Konzeptschrift und danach vorgesehener Korrektur (*adhuc ex notarii manu... praeripuit*), der Reinschrift auf Pergament (*in membranas redactum*), erneuter Korrektur (*et adhuc non quanta volueram correctione politum*) und der Verbreitung durch Buchhändler (*librarii*) als durchaus aufwändig erweist.

252 Gemeint ist Apollinaris' Sohn Arcadius; zu Textkritik und Interpretation der Stelle vgl. Hecquet-Noti 2005b, bes. 151–155. »Auch ohne mich« (*etiam sine me*) ist wohl im Sinne von ›auch wenn ich nicht mehr da bin‹ gesagt.

LITERATUR

Textausgaben, Übersetzungen, Kommentare, Konkordanzen zu Avitus

Rudolf Peiper (ed.), Alcimi Ecdicii Aviti Viennensis episcopi Opera quae supersunt (MGH, Scriptores 1; 6,2), Berlin 1883.

Alexander Arweiler, Die Imitation antiker und spätantiker Literatur in der Dichtung ›De spiritalis historiae gestis‹ des Alcimus Avitus. Mit einem Kommentar zu Avit. Carm. 4.429–540 und 5.526–703 (Untersuchungen zur antiken Literatur und Geschichte, 52), Berlin/New York 1999.

Ulysse Chevalier (ed.), Oeuvres complètes de Saint Avit, Lyon 1890.

Nicole Hecquet-Noti (ed.), Avit de Vienne: Histoire spirituelle. Introduction, texte critique traduction et notes par N.H., tome 1: chants 1–3 (Source chrétiennes 444), Paris 1999.

Nicole Hecquet-Noti (ed.), Avit de Vienne: Histoire spirituelle. Introduction, texte critique traduction et notes par N.H., tome 2: chants 4–5 (Source chrétiennes 492), Paris 2005 [= Hecquet-Noti 2005a].

Nicole Hecquet-Noti (ed.), Avit de Vienne: Éloge consolatoire de la chasteté (sur la virginité). Introduction, texte critique, traduction, notes et index (Sources chrétiennes 546), Paris 2011.

Manfred Hoffmann (ed.), Alcimus Ecdicius Avitus, De spiritalis historiae gestis, Buch 3. Einleitung, Übersetzung, Kommentar (BzA 217), München / Leipzig 2005.

Gustav Krüger, Die Bibeldichtung am Ausgang des Altertums. Mit einem Anhang: Des Avitus von Vienna ‚Sang vom Paradiese', 2. Buch, im Versmass der Urschrift übertragen von G.K. (Vorträge der Theologischen Konferenz zu Gießen 37), Gießen 1919.

Elena Malaspina / Marc Reydellet (edd.), Avit de Vienne, Lettres. Introduction et texte établi par E.M.; traduction et notes par M.R., Paris 2016.

Luca Morisi (ed.), Alcimi Aviti De mundi initio. Introduzione, testo, traduzione e commento, Bologna 1996.

Daniel J. Nodes (ed.), Avitus: The fall of man: de spiritalis historiae gestis libri I–III (Toronto medieval Latin texts 16), Toronto 1985 [= Nodes 1985a].

Johann Ramminger (ed.), Concordantiae in Alcimi Ecdicii Aviti carmina = Kritische Wortkonkordanz zu den epischen Gedichten des Alcimus Ecdicius Avitus, Hildesheim u.a. 1990.

Abraham Schippers (ed.), Avitus: De mundi initio, Amsterdam 1945.
Danuta R. Shanzer / Ian N. Wood (edd.), Avitus of Vienne: Letters and selected prose. Translated with an introduction and notes, Liverpool 2002.
George W. Shea (ed.), The Poems of Alcimus Ecdicius Avitus. Translation and Introduction (Medieval & Renaissance Texts & Studies 172), Tempe / Arizona 1997.
Jacques Sirmond (ed.), S. Aviti Archiepiscopi Viennensis opera, Paris 1643.

Andere zitierte Textausgaben und Übersetzungen

Augustinus *de catechizandis rudibus*:
Johannes Baptist Bauer (ed.), Sancti Aurelii Augustini de catechizandis rudibus, in: Aurelii Augustini opera, Corpus Christianorum Series Latina XVI, pars XIII,2, Turnhout 1969, 115–178.
Augustinus *de civitate Dei*:
Bernhard Dombart / Alfons Kalb (edd.), Sancti Aurelii Augustini episcopi De civitate Dei libri XXII, 2 Bände, Stuttgart 1928–1929.
Alfred Schröder (ed.): Des heiligen Kirchenvaters Aurelius Augustinus zweiundzwanzig Bücher über den Gottesstaat, aus dem Lateinischen übersetzt von A.S., (Bibliothek der Kirchenväter, 1,1; 1,16; 1,28), Kempten / München 1911–16.
Augustinus *de genesi ad litteram libri duodecim*:
Joseph Zycha (ed.), Sancti Aurelii Augustini opera: De genesi ad litteram libri duodecim. Eiusdem libri capitula. De genesi ad litteram inperfectus liber. Locutionum in Heptateuchum libri septem (CSEL 28,1), Wien 1894.
Carl Johann Perl (ed.), Augustinus. Über den Wortlaut der Genesis, zwei Bände, Paderborn 1961.
Augustinus *Epistulae*:
Alois Goldbacher (ed.), Sancti Aurelii Augustini opera, 2: Epistulae. Recensuit et commentario critico instruxit A.G. (CSEL 57), Wien 1911.
Dracontius *de laudibus Dei*:
Friedrich Vollmer (ed.), Fl. Merobaudis reliquiae. Blossii Aemilii Dracontii carmina. Eugenii Toletani Episcopi carmina et epistulae (MGH 14, Scriptores 1), Berlin 1905.
Claude Moussy / Colette Camus (edd.), Dracontius. Oeuvres, Tome I: Louanges de Dieu, Livres I et II, Paris 1985.

Gregor von Tours *Historia Francorum*:
Bruno Krusch / Wilhelm Levison (edd.), Gregorii Episcopi Turonensis Libri Historiarum X (Scriptores rerum Merovingicarum 1,1). Editionem alteram curaverunt B.K. et W.L., Hannover 1951.

Isidor von Sevilla *de viris illustribus*:
Jacques-Paul Migne (ed.), Opera Omnia Sancti Isidori Hispalensis Episcopi, in: Patrologia Latina, Band 83, Paris 1850.

Vulgata:
Robert Weber / Roger Gryson (edd.), Biblia sacra. Iuxta Vulgatam versionem. Recensuit et brevi apparatu critico instruxit R.W. 5., verbesserte Auflage, bearbeitet von R.G., Stuttgart 2007.

Andreas Beriger / Widu-Wolfgang Ehlers / Michael Fieger (edd.), Biblia sacra, 5 Bände, Berlin / Boston 2018.

Sekundärliteratur

Ernst Baltrusch, Bewunderung, Duldung, Ablehnung: Das Urteil über die Juden in der griechisch-römischen Literatur, in: Klio 80 (1998), 403–421.

Otto Bardenhewer, Geschichte der altkirchlichen Literatur, Fünfter Band: Die letzte Periode der altkirchlichen Literatur mit Einschluss des ältesten armenischen Schrifttums, Freiburg 1932.

Hugo Beikircher, Spezereien aus dem Paradies (zu Prud. *cath.* 5.120 und Alc. Avit. *carm.* 1.292f), in: Wiener Studien 20 (1986), 261–266.

Gerhard Binder, Aeneas und Augustus: Interpretationen zum 8. Buch der Aeneis, Meisenheim am Glan 1971.

Carl Binding, Das burgundisch-romanische Königreich. Bd. 1: Die Geschichte des burgundisch-romanischen Königreichs, Leipzig 1868.

Max Burckhardt, Die Briefsammlung des Bischofs Avitus von Vienne, Abhandlungen zur mittleren und neueren Geschichte 81, Berlin 1938.

Franca Ela Consolino, Il senso del passato: Generi letterari e rapporti con la tradizione nella ›parafrasi biblica‹ latina, in: Isabella Gualandri, Nuovo e antico nella cultura Greco-Latina di IV–VI secolo, Mailand 2005, 447–526.

Salvatore Costanza, Avitiana I. I modelli epici del »De spiritalis historiae gestis«, Messina 1968.

Ernst Robert Curtius, Europäische Literatur und lateinisches Mittelalter, Bern 1948.

Paul-Augustin Deproost, La mise en oeuvre du merveilleux épique dans le poème De diluvio mundi d'Avit de Vienne, in: Jahrbuch für Antike und Christentum 34 (1991), 88–103.

Siegmar Döpp, Eine weithin unbekannte Schöne: Die lateinische Bibelepik der Spätantike, in: Tom Kleffmann (ed.), Das Buch der Bücher. Seine Wirkungsgeschichte in der Literatur, Göttingen 2004, 29–52.

Siegmar Döpp, Eva und die Schlange. Die Sündenfallschilderung des Epikers Avitus im Rahmen der bibelexegetischen Tradition, Speyer 2009.

Wilhelm Ehlers, Bibelszenen in epischer Gestalt: ein Beitrag zu Alcimus Avitus, in: Vigiliae Christianae 39 (1985), 356–369.

John Martin Evans, Paradise Lost and the Genesis tradition, Oxford 1968.

Ludwig Fladerer, Augustinus als Exeget: zu seinen Kommentaren des Galaterbriefes und der Genesis, Wien 2010.

Jacques Fontaine, Naissance de la poésie dans l'Occident chrétien, Paris 1981.

Manfred Fuhrmann, Rom in der Spätantike. Porträt einer Epoche, Zürich 1994.

Luciana Furbetta, Avit de Vienne et Dracontius en rapport. ›Chanter‹ et ›expliquer‹ la Bible entre formation scolaire et création poétique, in: Michele Cutino (ed.), Poetry, Bible and Theology from Late Antiquity to the Middle Ages, Berlin / Boston 2020, 57–74.

Thomas Gärtner, Zu der Bibeldichtung ›de spiritalis historiae gestis‹ des Alcimus Avitus, in: Jahrbuch für Antike und Christentum 43 (2000) 126–186.

Thomas Gärtner, Untersuchungen zum Text und zu den literarischen Vorbildern der Dichtungen des Alcimus Avitus, in: Jahrbuch für Antike und Christentum 44 (2001), 75–109 [= Gärtner 2001a].

Thomas Gärtner, Rezension von Hecquet-Noti 1999, in: Jahrbuch für Antike und Christentum 44 (2001), 222–227 [= Gärtner 2001b].

Thomas Gärtner, Zum spätantiken und mittelalterlichen Nachwirken der Dichtungen des Alcimus Avitus, Filologia Mediolatina 9 (2002), 109–221.

Günter Glauche, Schullektüre im Mittelalter: Entstehung und Wandlungen des Lektürekanons bis 1200 nach den Quellen dargestellt, München 1970.

Christian Gnilka, Interpretation frühchristlicher Literatur. Dargestellt am Beispiel des Prudentius, in: Heinrich Krefeld (ed.), Impulse für die lateinische Lektüre. Von Terenz bis Thomas Morus, Frankfurt / Main 1979, 138–180.

Christian Gnilka, Chresis. Die Methode der Kirchenväter im Umgang mit der antiken Kultur I: Der Begriff des »rechten Gebrauchs«, Basel / Stuttgart 1984.

Henri Goelzer, Le Latin de Saint Avit, Le latin de Saint Avit, évêque de Vienne (450?–526?), Paris 1909.

Isabella Gualandri (ed.), Nuovo e antico nella cultura Greco-Latina di IV–VI secolo, Mailand 2005.

Philip Hardie, Classicism and Christianity in Late Antique Latin Poetry (Sather classical lectures 74), Oakland 2019.

Nicole Hecquet-Noti, Le corbeau nécrophage, figure du juif, dans le *De diluvio mundi* d'Avit de Vienne: à propos de l'interprétation de Gn 8, 6–7 dans *carm.* 4.544–584, in: Revue des Études Augustiniennes 48 (2002), 297–320.

Nicole Hecquet-Noti, Faut-il lire *senem Arcadium* dans la lettre 51 d'Avit de Vienne? Étude sur le lien familial entre Avit et Sidoine Apollinaire, in: Museum Helveticum 62 (2005), 148–161 [= Hecquet-Noti 2005b].

Nicole Hecquet-Noti, Ève et le serpent, une réécriture chrétienne de la rencontre entre Médée et Jason. Approche intertextuelle du récit de la tentation dans l'Histoire spirituelle d'Avit de Vienne (2, 204–231), in: Dictynna 4 (2007) [URL: http://journals.openedition.org/dictynna/148; DOI: https://doi.org/10.4000/dictynna.148, abgerufen am 13.12.2020].

Nicole Hecquet-Noti, Entre exégèse et épopée: présence auctoriale dans Juvencus, Sédulius et Avit de Vienne, in: Henriette Harich-Schwarzbauer / Petra Schierl (edd.), Lateinische Poesie der Spätantike, Basel 2009, 197–215.

Nicole Hecquet-Noti, Rezension von Döpp 2009, in: Gnomon 83 (2011), 127–130.

Nicole Hecquet-Noti, Artikel »Avitus, Alcimus Ecdicius«, in: Karla Pollmann / Willemien Otten (edd.), The Oxford Guide to the Historical Reception of Augustine, Bd. 2, Oxford 2013, 610–612.

Nicole Hecquet-Noti, L'auteur et son public. Les différentes lectures de l'épopée biblique selon Avit de Vienne, in: Michele Cutino (ed.), Poetry, Bible and Theology from Late Antiquity to the Middle Ages, Berlin / Boston 2020, 27–40.

Richard Heinze, Virgils epische Technik, Leipzig 1903.

Hendrik Hess, Das Selbstverständnis der gallo-römischen Oberschicht. Übergang, Hybridität und Latenz im historischen Diskursraum von Sidonius Apollinaris bis Gregor von Tours, Berlin / Boston 2019.

Reinhart Herzog, Metapher – Exegese – Mythos. Interpretationen zur Entstehung eines biblischen Mythos in der Spätantike, in: M. Fuhrmann (ed.), Terror und Spiel. Probleme der Mythenrezeption, München 1971, 157–185 (erneut abgedruckt in: P. Habermehl (ed.), Spätantike. Studien zur römischen und lateinisch-christlichen Literatur (Hypomnemata Suppl. 3), Göttingen 2002, 115–153).

Reinhart Herzog, Die Bibelepik der lateinischen Spätantike, Bd. 1: Formengeschichte einer erbaulichen Gattung, München 1975.

Reinhart Herzog, Exegese—Erbauung— delectatio. Beiträge zu einer christlichen Poetik der Spätantike, in: W. Haug (ed.), Formen und Funktionen der Allegorie, Stuttgart 1979, 52–69 (erneut abgedruckt in: P. Habermehl (ed.),

Spätantike. Studien zur römischen und lateinisch-christlichen Literatur (Hypomnemata Suppl. 3), Göttingen 2002, 155–177).

Manfred Hoffmann, Rezension von Arweiler 1999, in: Göttinger Forum für Altertumswissenschaft 3 (2000), 1053–1059.

Manfred Hoffmann, Principles of structure and unity in Latin Biblical Epic, in: Willemien Otten / Karla Pollmann (edd.), Poetry and Exegesis in Premodern Latin Christianity: The encounter between classical and Christian strategies of interpretation, Leiden 2007, 139–145.

Heinz Hofmann, Von Africa über Bethlehem nach America: Das Epos in der neulateinischen Literatur, in: Jörg Rüpke (ed.), Von Göttern und Menschen erzählen. Formkonstanzen und Funktionswandel vormoderner Epik, Stuttgart 2001, 130–182.

Helge Hanns Homey, Evas Schuld (Alcimus Avitus, »De spiritalis historiae gestis« 2,145–182), in: Hermes 137 (2009), 474–497.

Rainer Jakobi, Zur Datierung der Heptateuchdichtung, in: Hermes 138 (2010), 124–129.

Jean Juster, Les juifs dans l'empire romain: leur condition juridique, économique et sociale, 2 Bde., New York 1914.

Dieter Kartschoke, Bibeldichtung: Studien zur Geschichte der epischen Bibelparaphrase von Juvencus bis Otfrid von Weißenburg, München 1975.

Dirk Kuijper, Lienis regula, in: Vigiliae Christianae 9 (1955), 50–60.

Henri de Lubac, Exégèse médiévale, 4 Bände, Paris 1959–1964.

Per Lundberg, La typologie baptismale dans l'ancienne église, Leipzig 1942.

Max Manitius, Zu spätlateinischen Dichtern (Fortsetzung), in: Zeitschrift für die österreichischen Gymnasien 37 (1886), 241–254.

Max Manitius, Geschichte der lateinischen Literatur des Mittelalters, Band 1, München 1911.

Joachim Marquardt, Das Privatleben der Römer, 2. Auflage besorgt von August Mau, Leipzig 1886.

Ralph W. Mathisen, Epistolography, Literary Circles and Family Ties in Late Roman Gaul, in: Transactions and Proceedings of the American Philological Society 111 (1981), 95–109.

Ralph W. Mathisen, Roman Aristocrats in Barbarian Gaul. Strategies for survival in an age of transition, Austin 1993.

Patrick McBrine, Biblical Epics in Late Antiquity and Anglo-Saxon England: Divina in Laude Voluntas, Toronto 2017.

Christopher J. McDonough, Notes on the text of Avitus, in: Vigiliae Christianae 35 (1981), 170–173.

Pieter G. van der Nat, Zu den Voraussetzungen der christlichen lateinischen Literatur: Die Zeugnisse von Minucius Felix und Laktanz, in: M. Fuhrmann (ed.), Christianisme et formes littéraires de l'antiquité tardive en occident: huit exposés suivis de discussions (Entretiens sur l'Antiquité Classique 23), Genève 1977, 191–225.

Daniel J. Nodes, Avitus of Vienne's Spiritual History and the Semipelagian Controversy. The Doctrinal Implications of Books I–III, in: Vigiliae Christianae 38 (1984), 185–195.

Daniel J. Nodes, Further Notes on the Text of Avitus, in: Vigiliae Christianae 39 (1985), 79–81 [= Nodes 1985b].

Daniel J. Nodes, *De subitanea Paenitentia* in Letters of Faustus of Riez and Avitus of Vienne, in: Recherches de Théologie ancienne et médiévale 55 (1988), 30–40.

Daniel J. Nodes, Doctrine and exegesis in Biblical Latin poetry, Leeds 1993.

Eduard Norden, Die antike Kunstprosa. Vom 6. Jahrhundert v.Chr. bis in die Zeit der Renaissance, 2 Bände, Berlin/Leipzig 1898.

Karla Pollmann, Das lateinische Epos in der Spätantike, in: Jörg Rüpke (ed.), Von Göttern und Menschen erzählen. Formkonstanzen und Funktionswandel vormoderner Epik, Stuttgart 2001, 93–129 (in englischer Übersetzung erneut abgedruckt in: Pollmann 2017, 37–75).

Karla Pollmann, The Baptized Muse. Early Christian Poetry as Cultural Authority, Oxford 2017.

Johann Ramminger, Zu Text und Interpretation von Alcimus Avitus' De spiritalis historiae gestis, in: Wiener Studien 101 (1988), 313–325.

Michael Roberts, The Prologue to Avitus's *De spiritalis historiae gestis*: Christian poetry an poetic license, in: Traditio 36 (1980), 399–407.

Michael Roberts, Rhetoric and poetic imitation in Avitus' account of the crossing of the Red sea (›de spiritalis historiae gestis‹ 5.371–702), in: Traditio 39 (1983), 29–80.

Michael Roberts, Biblical epic and rhetorical paraphrase in late antiquity (ARCA 16), Liverpool 1985.

Michael Roberts, The Jeweled Style. Poetry and poetics in late antiquity, Ithaca / London 1989.

Angelo Roncoroni, L'epica biblica di Avito di Vienne, in: Vetera Christianorum 9 (1972), 303–329.

Anna Birgitta Rooth, The raven and the carcass: an investigation of a motif in the deluge myth in Europe, Asia and North America, Helsinki 1962.

Johanna Schenk, Der Bischof als Rhetor, oder: Wie reagiert man auf ›rufschädigende Gerüchte‹? Zu Alc. Avit. *epist.*57P, in: Gernot M. Müller /

Sabine Retsch / Johanna Schenk (edd.), Adressat und Adressant in antiken Briefen. Rollenkonfigurationen und kommunikative Strategien in griechischer und römischer Epistolographie, Berlin / Boston 2020, 497–517.

Christoph Schubert, Between imitation and transformation: the(un)conventional use of epic structures in the Latin biblical poetry of Late Antiquity, in: Christiane Reitz / Simone Finkmann (edd.), Structures of epic poetry, vol. III: continuity, Berlin / Boston 2019, 79–133.

Marcel Simon, Verus Israel: Étude sur les relations entre chrétiens et juifs dans l'empire Romain (135–425), Paris 1948.

Carl Sittl, Die Gebärden der Griechen und Römer, Leipzig 1890.

Kurt Smolak, Die Bibelepik als ›verfehlte Gattung‹, in: Wiener humanistische Blätter 41 (1999), 7–24.

Karl Friedrich Stroheker, Der senatorische Adel im spätantiken Gallien, Tübingen 1948.

Klaus Thraede, Artikel »Epos«, in: Reallexikon für Antike und Christentum, Band 5, Stuttgart 1962, 983–1042.

Max Wehrli, Sacra poesis: Bibelepik als europäische Tradition, in: Siegfried Gutenbrunner (ed.), Die Wissenschaft von deutscher Sprache und Dichtung: Methoden, Probleme, Aufgaben (Festschrift für Friedrich Maurer), Stuttgart 1963, 262–283 (wieder abgedruckt in: Max Wehrli, Formen mittelalterlicher Erzählung: Aufsätze, Zürich 1969, 51–71).

Michael Winterbottom, Rezension von Hecquet-Noti 1999, in: Journal of Theological Studies 51 (2000), 744–745.

Michael Winterbottom, Rezension von Hecquet-Noti 2005a, in: Journal of Theological Studies 57 (2006), 331–333.

Charles Witke, Numen litterarum: the old and the new in Latin poetry from Constantine to Gregory the Great, Leiden u.a. 1971.

Ian N. Wood, Avitus of Vienne, the Augustinian Poet, in: Danuta R. Shanzer / Ralph W. Mathisen (edd.), Society and Culture in Late Antique Gaul: Revisiting the sources, Ashgate 2001, 262–277.

VERZEICHNIS DER EIGENNAMEN IM LATEINISCHEN DICHTUNGSTEXT

Zu Eigennamen gebildete Adjektive sind in Klammern gesetzt.